DIE GROSSEN
PERSONEN
DER GESCHICHTE

500 KURZPORTRÄTS VON A-Z

DIE GROSSEN PERSONEN DER GESCHICHTE

500 KURZPORTRÄTS VON A-Z

Projektleitung	Daniela Kluge
Redaktion	Sabine Ernst, Ariane Greiner, Claudia Renner-Blanchard, Dr. Martin-Andreas Schulz, Sabine G. Smith, Kunigunde Wannow, Inga Westerteicher
Bildredaktion	Anka Hartenstein
Layout	Andreas Ziegelmayer
Satz	Dirk Bischoff
Datentechnik	Ute Dieckmann, Nionex GmbH, Gütersloh
Produktion	Olaf Braun
Herstellung	Martin Kramer
Einbandgestaltung	INIT, Büro für Gestaltung, Bielefeld
Druck und Bindung	GGP Media GmbH, Pößneck

Das Werk und seine Teile sind urheberrechtlich geschützt. Jede Nutzung in anderen als den gesetzlich zugelassenen Fällen bedarf der vorherigen schriftlichen Einwilligung des Verlages. Hinweis zu §52a UrhG: Weder das Werk noch seine Teile dürfen ohne eine solche Einwilligung eingescannt und in ein Netzwerk eingestellt werden. Dies gilt auch für Intranets von Schulen und sonstigen Bildungseinrichtungen.

© 2007 Wissen Media Verlag GmbH, Gütersloh / München
Printed in Germany
ISBN 978-3-577-14630-2

Vorwort

Warum ist Adenauer heute noch so beliebt? Was erforschte Alexander von Humboldt? Was steckt wirklich hinter Machiavellis Theorien? Und wer war eigentlich Lao Zi?

500 spannende Porträts von Menschen, die unsere nahe und ferne Geschichte prägten, bieten beeindruckende Einsichten in Leben und Werk der Menschen, die mit ihren Taten, Ideen, Erfindungen und Leistungen Geschichte geschrieben haben.

Sie finden in diesem Band interessante Fakten, wissenswerte Details und überraschende Erkenntnisse über die einflussreichsten Frauen und Männer, Herrscher und Politiker, Wissenschaftler und Entdecker, Künstler und Sportler, Dichter, Visionäre und Denker der Welt – von der Antike bis zur Gegenwart.

Lassen Sie sich informieren, überraschen und mitreißen von den „Großen Personen der Geschichte"!

Viel Freude beim Lesen!

GROSSE PERSONEN DER GESCHICHTE

Wer?	**Konrad Adenauer**
Wann?	1876–1967
Welcher Beruf?	Bundeskanzler
Woher?	Köln
Wodurch berühmt?	Erster Kanzler der BRD
Größte Leistung?	Heimführung dt. Kriegsgefangener

Konrad Adenauer war der erste Kanzler der Bundesrepublik und Gründungsmitglied der CDU. Er wurde dreimal zum Kanzler gewählt und regierte von 1949 bis 1963. Adenauers Außenpolitik galt vor allem der »Westintegration«: Deutschland sollte an die Westmächte gebunden werden, unter anderem durch den Beitritt zur NATO, die Errichtung einer »Europäischen Wirtschaftsgemeinschaft« (EWG) und den deutsch-französischen Freundschaftsvertrag (»Elysée-Vertrag«). Der enorme wirtschaftliche Aufschwung der Adenauer-Ära ging als »Wirtschaftswunder« in die Geschichte ein.

Wer?	**Theodor W. Adorno**
Wann?	1903–1969
Was war er?	Philosoph und Soziologe
Woher?	Frankfurt am Main
Zeitgenossen?	Hannah Arendt, Max Horkheimer
Sein Hauptwerk?	»Negative Dialektik« (1966)

Theodor Wiesengrund Adorno war ein bedeutender deutscher Philosoph des 20. Jahrhunderts und Mitbegründer der »Frankfurter Schule«. Deren auf Karl Marx und Sigmund Freud aufbauende »Kritische Theorie« kritisiert das moderne zweckbestimmte Denken, das sich in den Herrschaftsverhältnissen des Menschen gegenüber Mensch und Natur zeige. Deswegen fordern Adorno und sein Kollege Max Horkheimer in ihrer Aufsatzsammlung »Dialektik der Aufklärung« eine Stärkung der moralisch-praktischen und der ästhetisch-expressiven Vernunft. Adorno war außerdem Musiktheoretiker und Komponist.

500 KURZPORTRÄTS VON A–Z

Wer?	**Albertus Magnus**
Wann?	1193–1280
Was war er?	Universalgelehrter
Woher?	Lauingen a.d. Donau
Berühmt als?	Heiliger und Kirchenlehrer
Schüler?	Thomas von Aquin

Albertus Magnus war Philosoph, Theologe und Naturforscher des Mittelalters und gehörte dem Dominikanerorden an. An der Pariser Universität lernte das Universaltalent die Schriften des Philosophen Aristoteles kennen und schätzen. Albertus Magnus war der erste Gelehrte, der die im Christentum bis dahin umstrittenen aristotelischen Lehren in den theologischen Unterricht aufnahm. Er gilt deswegen als Begründer der sogenannten christlichen Aristotelik. Sein Schüler Thomas von Aquin trug in entscheidender Weise zu ihrer Verbreitung bei. 1931 wurde Albertus Magnus heiliggesprochen und zum »Kirchenlehrer« ernannt.

Wer?	**Woody Allen**
Wann?	Geboren 1935
Welcher Beruf?	Filmregisseur, Schauspieler und Schriftsteller
Woher?	New York, USA
Richtiger Name?	Allen Stewart Konigsberg

Woody Allen ist der unbestrittene Meister der amerikanischen Kinokomödie und Musiker. Seine Filme nehmen subtil die Neurosen des modernen amerikanischen Großstädters aufs Korn. In komplexer Dramaturgie und schnellen Dialogen parodieren sie die existenzielle Verunsicherung eines urbanen Intellektuellenmilieus. Oft spielt Allen selbst die Hauptrolle des mit sich hadernden Intellektuellen. Vor dem Beginn seiner Filmkarriere arbeitete der Klarinettist als Gagschreiber und Komiker in Nachtclubs und TV-Shows. Zu seinen berühmtesten Filmen gehören »Was Sie schon immer über Sex wissen wollten« und »Der Stadtneurotiker«.

GROSSE PERSONEN DER GESCHICHTE

Wer?	**Alexander der Große**
Wann?	356–323 v. Chr.
Was war er?	Eroberer eines Weltreichs
Woher?	Pella, Makedonien
Berühmte Zeitgenossen?	Aristoteles, Dareios III.
Woduch berühmt?	Das erste Weltreich der Geschichte und die Zerschlagung des Gordischen Knotens

Was gelang Alexander?

Alexander eroberte in knapp zehn Jahren das größte Reich in der Geschichte der Alten Welt. Als König von Makedonien dehnte er die Grenzen seines Reiches nach Persien und Ägypten und bis an den indischen Subkontinent aus. Der Feldzug gegen die Perser ging als »Alexanderzug« in die Geschichte ein. Im Jahr 332/331 v. Chr. ließ sich Alexander zum Pharao krönen und gründete die Stadt Alexandria. In der Folge benannte er noch weitere Städte nach sich selbst, zum Beispiel »Alexandreia« oder »Alexandropolis«.

Was ist der Gordische Knoten?

König Gordios, der griechischen Legende nach König von Phrygien und Gründer von Gordion, weihte seinen Wagen im Zeus-Tempel mit einem Knoten aus kunstvoll verschlungenen Seilen zwischen Deichsel und Joch. Er prophezeite, dass derjenige, der den Knoten lösen könne, die Herrschaft über ganz Kleinasien erlangen würde. Viele Männer versuchten es vergeblich. Jahrhunderte später kam Alexander nach Gordion. Er zerschlug den Knoten kurzerhand mit einem Schwert.

Welche Wirkung hatte Alexander?

Mit dem Regierungsantritt Alexander des Großen begann eine neue Epoche, der »Hellenismus« – von »Hellas«, Griechenland. Die Durchdringung des Orients von der griechischen Kultur einerseits und der Einfluss orientalischer Kultur auf die Griechen andererseits ließ ein gewaltiges Imperium persisch-griechischer Kultur entstehen. Dessen Kunst, Literatur, Philosophie und Wissenschaft hat unser heutiges Kultur- und Wissenschaftsverständnis entscheidend geprägt.

Wer?	**Roald Amundsen**
Wann?	1872–1928
Was war er?	Polarforscher
Woher?	Borge, Norwegen
Publikation?	»Mein Leben als Entdecker« (1929)
Zeitgenossen?	Fridtjof Nansen, Robert F. Scott

Roald Amundsen erreichte am 14. Dezember 1911 als erster Mensch den Südpol. Damit war er um vier Wochen schneller als sein britischer Rivale Robert Falcon Scott, der bei seiner Rückkehr starb. Zuvor hatte Amundsen schon den Nordpol erkundet und von 1903 bis 1906 mit der »Gjöa« die Nordwestpassage bezwungen. 1926 überflog er zusammen mit Umberto Nobile und Lincoln Ellsworth auf dem Luftschiff »Norge« das Polargebiet und den Nordpol. Zwei Jahre später kam er bei einem Rettungsflug für seinen vermissten Freund Nobile ums Leben. Seine Leiche wurde nie gefunden.

Wer?	**Hans Christian Andersen**
Wann?	1805–1875
Was war er?	Dichter und Schriftsteller
Woher?	Odense, Dänemark
Zeitgenossen?	Gebrüder Grimm
Wodurch berühmt?	Anders'sche Märchen

Hans Christian Andersen erlangte als Märchendichter weltweite Popularität. Zwar schrieb er auch Romane, doch seinen Platz in der Weltliteratur verdankt er seinen Kunstmärchen, die – anders als die Volksmärchen der Grimms – nicht mündlich überliefert wurden, sondern Erfindungen des Dichters sind. In bewusst naivem Stil schafft Andersen eine Märchenwelt für Erwachsene, in der sich polemisch-didaktische Elemente mit psychologisch-sehnsuchtsvollen vermischen. Zu seinen berühmtesten Märchen gehören »Des Kaisers neue Kleider«, »Die Prinzessin auf der Erbse« und »Das hässliche Entlein«.

GROSSE PERSONEN DER GESCHICHTE

Wer?	**Kofi Annan**
Wann?	Geboren 1938
Was war er?	UN-Generalsekretär
Amtsvorgänger?	Boutros Boutros-Ghali
Nachfolger?	Ban Ki Moon

Kofi Annan war von 1997 bis 2006 der siebte Generalsekretär der Vereinten Nationen. Sein Engagement galt in erster Linie dem Kampf gegen weltweite Armut und Ungleichheit und gegen die Verbreitung der Krankheit HIV/AIDS. Er trat für den Erhalt des Friedens und die Wahrung der Menschenrechte ein. Das Recht auf Bildung und der Umweltschutz gehörten zu seinen Hauptanliegen. Innerhalb der UN versuchte er mit Reformen deren Handlungsfähigkeit zu verbessern – unter anderem durch die Einschränkung des Vetorechts des UN-Sicherheitsrats. Im Jahr 2001 erhielt Annan gemeinsam mit der UNO den Friedensnobelpreis.

Wer?	**Anselm von Canterbury**
Wann?	1033–1109
Was war er?	Erzbischof von Canterbury
Woher?	Aosta, Piemont
Wodurch berühmt?	Ontologischer Gottesbeweis

Anselm von Canterbury zählte zu den herausragenden Theologen des Mittelalters. Er gilt als »Vater der Scholastik«. Diese der christlichen Lehre untergeordnete Philosophie versuchte, die Dogmen der Kirche zu verteidigen und logisch zu begründen. Anselm fand dafür die berühmte Formel: »Credo, ut intelligam« – »Ich glaube, um zu erkennen«. Er entwickelte den sogenannten ontologischen Gottesbeweis: Gott sei das, über dem Größeres nicht gedacht werden könne. Dieses Argument gehört zu den meistdiskutierten in der Philosophiegeschichte. 1494 wurde der Theologe heiliggesprochen und 1720 zum Kirchenlehrer ernannt.

500 KURZPORTRÄTS VON A–Z

Wer?	**Jasir Arafat**
Wann?	1929–2004
Beruf?	Politiker
Woher?	Kairo, Ägypten
Berühmt als?	Palästinenserführer
Markenzeichen?	schwarz-weiße Kopfbedeckung (Kuffiyah)

Jasir Arafat kämpfte zeitlebens für einen unabhängigen Staat Palästina. Dazu gründete er die Untergrundorganisation Al Fatah und später die anti-israelische PLO, die »Palestine Liberation Organization« (Organisation zur Befreiung Palästinas). Als Präsident des 1988 proklamierten Staates Palästina bemühte Arafat sich um eine friedliche und diplomatische Verständigung mit Israel. Für das Gaza-Jericho-Abkommen von 1993 erhielt er im Jahr darauf gemeinsam mit Shimon Peres und Izhak Rabin den Friedensnobelpreis. Nach dem Zusammenbruch des Friedensprozesses Ende 2000 wurde Arafat von Israel in Ramallah unter Hausarrest gestellt.

Wer?	**Archimedes**
Wann?	285–212 v. Chr.
Beruf?	Mathematiker
Woher?	Syrakus, Sizilien
Wodurch berühmt?	»Archimedisches Prinzip«
Zeitgenossen?	Aristoteles, Euklid

Archimedes ist heute als genialer Mathematiker, Physiker und Techniker der griechischen Antike bekannt. Neben den Hebelgesetzen und anderen Naturprinzipien entdeckte er den Auftrieb: Ein Körper verliert in einer Flüssigkeit exakt so viel an Gewicht wie die verdrängte Flüssigkeitsmenge wiegt. Der Legende nach hat Archimedes dieses Prinzip beim Spiel in der Badewanne mit einer Krone entdeckt und daraufhin »Heureka!« gerufen – »Ich hab's!« Er entwarf zudem technische Vorrichtungen und mit seinen Methoden zur Berechnung infinitesimaler Größen legte Archimedes den Grundstein zur heutigen Differenzial- und Integralrechnung.

Wer?	**Manfred von Ardenne**
Wann?	1907–1997
Was war er?	Physiker und Erfinder
Woher?	Hamburg, Deutschland
Berühmte Erfindung?	Rasterelektronenmikroskop

Manfred Baron von Ardenne war ein großer Erfinder im Bereich der Elektrotechnik, später auch der Kernphysik. Schon als Kind ein emsiger Tüftler gehen viele Erfindungen auf den Gebieten Funktechnik, Fernsehen, Elektronenoptik und angewandte Kernphysik auf ihn zurück. So zum Beispiel das Rasterelektronenmikroskop (1937) und das Universal-Elektronenmikroskop (1939). Ab den 1960er Jahren arbeitete er vor allem in der medizinischen Forschung, insbesondere an der Krebstherapie – so ist die von ihm entwickelte Sauerstoffmehrschritt-Therapie ein wichtiger Beitrag zur Krebsbehandlung.

Wer?	**Hannah Arendt**
Wann?	1906–1975
Was war sie?	Philosophin, Soziologin und Politologin
Woher?	Linden bei Hannover
Wodurch berühmt?	Die »Banalität des Bösen«

Hannah Arendt gilt als eine der wichtigsten politischen Denkerinnen des 20. Jahrhunderts. Zu ihren Lehrern gehörten Martin Heidegger und Karl Jaspers. Ihre jüdische Herkunft trieb sie 1933 ins französische Exil und 1940 in die USA. Berühmt wurde sie durch Forschungen zur totalitären Herrschaft. Schwerpunkte in Arendts Werk sind die Analyse des Verhältnisses von Macht und Gewalt sowie des politischen Handelns. 1961 beobachtete sie in Jerusalem den Prozess um SS-Obersturmbannführer Adolf Eichmann. Ihr Buch »Eichmann in Jerusalem. Ein Bericht von der Banalität des Bösen« wurde weltberühmt.

Wer?	**Aristoteles**
Wann?	384–322 v. Chr.
Was war er?	Philosoph und Lehrer
Woher?	Stageira, Thrakien
Zeitgenossen?	Alexander der Große, Philipp von Makedonien, Platon

Aristoteles ist neben Platon der einflussreichste Denker und Gelehrte der Antike, der über 180 Abhandlungen verfasst hat. Er gilt als Begründer der Logik. Aufgabe der Philosophie ist es für ihn, Wissen zu systematisieren und das fängt bei der Definition an: Um eine Sache zu definieren, muss man immer beide Seiten von ihr betrachten: ihre »Akzidenz« und ihre »Substanz«, das heißt ihre zufälligen Eigenschaften (die sich ständig wandeln) und ihr Wesen, also das, was abgesehen von allem Wandel bleibt. So kann eine Rose verwelkt oder frisch sein, es bleibt trotzdem immer eine Rose. Aristoteles verdanken wir unser heutiges Wissenschaftssystem.

Wer?	**Giorgio Armani**
Wann?	Geboren 1934
Beruf?	Modeschöpfer
Wodurch berühmt?	Anzug-Stil für Frauen, Auftritt im T-Shirt
Filmausstattung?	»American Gigolo«, »Die Unbestechlichen«

Giorgio Armani ist einer der erfolgreichsten und beliebtesten Modedesigner der Welt. Bevor er Mitte der 1970er Jahre sein eigenes Label gründete, arbeitete er für Nino Cerruti. Kennzeichnend für seinen Stil sind schlichte, edle, sehr klare Schnitte, neutrale Farben wie Grau, Beige und Weiß und bequeme Materialien. Man könnte die Armani-Mode mit »ungezwungene, ruhige Eleganz« beschreiben. Giorgio Armani führte das kragenlose Hemd in die Herrenmode ein, die Damenmode revolutionierte er mit der Übernahme des männlichen Anzug-Stils. Der Italiener selbst tritt öffentlich meist im legeren schwarzen oder weißen T-Shirt auf.

GROSSE PERSONEN DER GESCHICHTE

Wer?	Arminius
Wann?	Um 18 v. Chr.–21 n. Chr.
Was war er?	Cheruskerfürst und Feldherr
Genannt?	Hermann
Wodurch berühmt?	Varusschlacht im Teutoburger Wald

Wer?	Lance Armstrong
Wann?	Geboren 1971
Beruf?	Radsportler
Woher?	Plano, Texas, USA
Konkurrenten?	Ivan Basso, Floyd Landis, Jan Ullrich
Buch?	»Tour des Lebens«

Arminius war einer der bedeutendsten Feldherren der Antike. Er besiegte die Truppen des Römers Publius Quinctilius Varus in der berühmten Varusschlacht im Jahr 9 n. Chr. Ab dem 17. Jahrhundert stilisierten die Dichter Arminius zum deutschen Nationalhelden. Im aufkommenden Nationalismus des 19. Jahrhunderts wurde die an Arminius angelehnte Gestalt Hermann der Cherusker zur Mythen- und Symbolfigur erhoben. Ihm zu Ehren wurde im Teutoburger Wald das rund 50 Meter hohe Hermannsdenkmal errichtet. Einige Historiker vermuten, dass Arminius die historische Vorlage zu Siegfried bot, dem berühmten Drachentöter aus dem Nibelungenlied.

Lance Armstrong ist Amerikas erfolgreichster Profiradsportler. Von 1999 bis 2005 gewann er die Tour de France siebenmal in Folge. Das hatte bis dahin noch niemand geschafft. Besondere Bedeutung hatte der Erfolg von 1999, da Armstrong mit ihm gleichzeitig den Sieg über seine 1996 diagnostizierte Krebserkrankung demonstrierte. Allerdings ist dieses Rennen auch von Dopingvorwürfen überschattet, die noch immer nicht ausgeräumt werden konnten. 1997 gründete er die »Lance Armstrong Foundation«. Deren Ziel ist die Unterstützung von Krebskranken durch Hilfestellung, Aufklärung und Förderung der Krebsforschung.

500 KURZPORTRÄTS VON A–Z

Wer?	**Louis Armstrong**
Wann?	1900–1971
Was war er?	Jazzmusiker
Woher?	New Orleans, Louisiana (USA)
Auch genannt?	Satchmo / King of Jazz
Zeitgenossen?	Ella Fitzgerald, Billie Holiday

Louis Armstrong brillierte zu Lebzeiten als hervorragender Jazzmusiker. Weil er den Jazz salonfähig machte, nennt man ihn auch den »King of Jazz«. Der Trompeter, Sänger und Komponist aus ärmlichen Verhältnissen spielte 1944 als erster Jazzmusiker in der Metropolitan Opera in New York. Zum Weltstar wurde er in den 1950er Jahren, als er sich der Unterhaltungsmusik zuwandte und in einigen Hollywoodfilmen mitspielte. Aus dieser Zeit stammt auch der von George Weiss und Bob Thiele geschriebene Song »What a Wonderful World«, der für immer mit Armstrongs Stimme verbunden sein wird.

Wer?	**Neil Armstrong**
Wann?	Geboren 1930
Was war er?	Astronaut
Woher?	Wapakoneta, Ohio (USA)
Wodurch berühmt?	Erster Mensch auf dem Mond
Raumschiffe?	Apollo 11, Gemini 8

Der US-Amerikaner Neil Armstrong betrat als erster Mensch den Mond. Im Rahmen der Apollo-11-Mission der amerikanischen Raumfahrtbehörde NASA landete die Raumfähre »Eagle« am 20. Juli 1969 auf dem Mond (»The Eagle has landed«). Mit an Bord waren die Astronauten Edwin Aldrin und Michael Collins. Einen Tag später, am 21. Juli 1969 um 3.56 Uhr (MEZ), trat Armstrong aus der Raumfähre. Dabei sprach er die berühmten Worte: »That's one small step for a man, one giant leap for mankind«. Zu Deutsch: »Dies ist ein kleiner Schritt für einen Mann, jedoch ein riesiger Sprung für die Menschheit«.

GROSSE PERSONEN DER GESCHICHTE

Wer?	**Mustafa Kemal Atatürk**
Wann?	1881–1938
Was war er?	Türkischer Staatsmann und Feldherr
Woher?	Thessaloniki, Griechenland
Auch genannt?	Vater der Türken

Atatürk gilt als Begründer der modernen Türkei. Nach der militärischen Niederlage des Osmanischen Reiches im Ersten Weltkrieg stellte er sich 1919 an die Spitze der nationalen Erhebung. Er rief in Anatolien eine Gegenregierung aus und machte sich zum Vorsitzenden der Großen Nationalversammlung in Ankara. Kurz darauf vertrieb er die Griechen aus Kleinasien. Als erster Präsident der neu entstandenen Republik Türkei beseitigte er Sultanat und Kalifat und führte weitreichende gesellschaftliche Reformen nach westlichem Vorbild durch. Der selbst gewählte Name »Atatürk« bedeutet »Vater der Türken«.

Wer?	**Rudolf Augstein**
Wann?	1923–2002
Beruf?	Journalist und Publizist
Woher?	Hannover, Deutschland
Pseudonyme?	Jens Daniel, Moritz Pfeil
Skandalartikel?	»Bedingt abwehrbereit«

Rudolf Augstein war Mitbegründer und Herausgeber des Nachrichtenmagazins »Der Spiegel«. Das Politmagazin erscheint seit 1947 einmal pro Woche. In der berühmten »Spiegelaffäre« von 1962 wurde die Zeitschrift aufgrund eines kritischen Artikels von der Bundesregierung stark unter Druck gesetzt. Gipfelpunkt der Affäre war die Inhaftierung Rudolf Augsteins wegen Verrats von Staatsgeheimnissen. Nach 103 Tagen wurde Augstein aus Mangel an Beweisen entlassen. Dies wurde im ganzen Land als Sieg der Pressefreiheit und der Demokratie gefeiert. 1972/73 saß er kurzzeitig für die FDP im Bundestag.

Wer?	**Augustus**
Wann?	63 v. Chr.–14 n. Chr.
Was war er?	Römischer Kaiser
Woher?	Rom, Italien
Name?	Octavian
Verwandter?	Cäsar (Großonkel)

Wer?	**Paul Auster**
Wann?	Geboren 1947
Beruf?	Schriftsteller
Woher?	Newark, USA
Berühmte Romane?	»Stadt aus Glas«, »Schlagschatten«, »Hinter verschlossenen Türen«

Augustus war der erste römische Kaiser. Mit ihm, dem Großneffen Cäsars, begann das römische Kaisertum, das »Prinzipat«. Bei dieser Regierungsform ist der Herrscher durch bestimmte Rechte legitimiert, deren Zusammenspiel faktisch eine Monarchie ergeben. Augustus führte das Römische Reich zu kultureller und wirtschaftlicher Blüte. So förderte er zum Beispiel die Kunst und die Dichtung. Vergil, Horaz, Livius und Ovid wären ohne Augustus nicht zu derartigen Dichtergrößen geworden. Neben der Kunstförderung schuf er auch die Grundlagen der Verwaltungs- und Herrschaftsorganisation für die nächsten Jahrhunderte.

Paul Auster ist einer der bedeutendsten Vertreter der US-amerikanischen Gegenwartsliteratur. Berühmt sind seine Großstadtromane »Stadt aus Glas«, »Schlagschatten« und »Hinter verschlossenen Türen«, die in der »New-York-Trilogie« zusammengefasst sind. Austers zentrales Thema sind fiktive und rekonstruierte Lebensläufe. Auch das »Buch der Illusionen« ist ein Verwirrspiel um Identitäten. Auster schrieb anfänglich wenig erfolgreiche Gedichte und machte zwischenzeitlich auch Filme. So war er als Drehbuchautor und Regisseur oder Co-Regisseur an den Filmen »Smoke«, »Blue in the Face« und »Lulu on the Bridge« beteiligt.

GROSSE PERSONEN DER GESCHICHTE

Wer?	**Johann Sebastian Bach**
Wann?	1685–1750
Was war er?	Komponist
Woher?	Eisenach, Deutschland
Wo gewirkt?	Köthen und Leipzig
Epoche?	Barock
Zeitgenossen?	Georg Friedrich Händel, Charles de Montesquieu, Antonio Vivaldi

Was gelang Bach?

Johann Sebastian Bach hat die Musikgeschichte revolutioniert. Mit der sogenannten temperierten Stimmung erweiterte er die Möglichkeiten des Komponierens entscheidend. Das neue Stimmungssystem machte es möglich, auf einem Tasteninstrument in allen Tonarten zu spielen. In seinem Werk »Das wohltemperierte Klavier« demonstrierte Bach diese neue Technik, die der klassischen Musik letztlich den Weg in die Moderne ebnete.

Was komponierte er?

Bach komponierte in erster Linie Kirchenmusik. Als langjähriger Thomaskantor in Leipzig schrieb er für jeden Sonntagsgottesdienst eine Kantate. Berühmt sind seine »Johannespassion« und »Matthäuspassion« sowie das »Weihnachtsoratorium«. Aus den insgesamt fünf Messen ragt die große »h-Moll-Messe« hervor. Aber er schrieb auch weltliche Werke, wie zum Beispiel die »Brandenburgischen Konzerte«, »Die Kunst der Fuge« oder die »Goldberg-Variationen«.

Für was ist er berühmt?

Bach wird oft als großer »Harmonist« bezeichnet. Kein anderer schöpfte die Möglichkeiten der Tonarten durch den gesamten Quintenzirkel so aus wie er. Das zeigte sich auch in seinem außergewöhnlichen Cembalo- und Orgelspiel, besonders in seiner hohen Improvisationskunst im »polyphonen« (vielstimmigen) Stil. Wegen seiner streng geometrischen Kompositionstechnik wird Bach auch als »Mathematiker der Musik« bezeichnet. Verstand und Seele lassen sich bei Bach nicht trennen – daher rührt die noch heute tiefe Wirkung eines Bach-Chorals.

500 KURZPORTRÄTS VON A–Z

Wer?	**Ingeborg Bachmann**
Wann?	1926–1973
Beruf?	Schriftstellerin und Lyrikerin
Woher?	Klagenfurt, Österreich
Berühmter Kreis?	Mitglied der Gruppe 47
Hauptwerk?	»Die gestundete Zeit«

Ingeborg Bachmann ist eine der größten Schriftstellerinnen der Nachkriegszeit. Bekannt wurde sie mit Gedichten über die Einsamkeit des modernen Menschen. Ihr Sprachstil verbindet literarische Tradition mit moderner Artistik. Berühmt ist ihr Gedichtband »Die gestundete Zeit« von 1953. Die Botschaft: Solange die »Zeit noch gestundet ist«, muss der Mensch zur Selbstfindung den Ausbruch aus gesetzten Grenzen wagen. Im Zentrum ihrer Prosa stehen Frauen, deren individuelle Selbstverwirklichung planmäßig zerstört wird. In Klagenfurt wird seit 1977 alljährlich der Ingeborg-Bachmann-Preis vergeben.

Wer?	**Francis Bacon**
Wann?	1909–1992
Was war er?	Maler
Woher?	Dublin, Irland
Wodurch beeinflusst?	Surrealismus

Francis Bacon schuf in einer verstörenden Mischung aus Abbild und Verfremdung ein einzigartiges Werk über die Einsamkeit und Zerrissenheit des modernen Menschen. Darstellungen von menschlichen Körpern – schmerzhaft sich windend, verkrüppelt, ineinander verschlungen – bestimmen sein Motivrepertoire. Alkohol, Glücksspiel und Gewalt sind Konstanten seiner Biografie, aber auch große Belesenheit und die Bewunderung von Sigmund Freud, Friedrich Nietzsche, James Joyce und T.S. Eliot. Seine alptraumhaften Porträts gehen häufig auf aktuelle Fotografien oder Reproduktionen älterer Kunstwerke zurück.

GROSSE PERSONEN DER GESCHICHTE

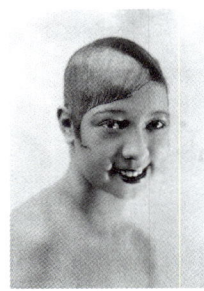

Wer?	**Josephine Baker**
Wann?	1906–1975
Was war sie?	Tänzerin und Sängerin
Woher?	St. Louis, Missouri (USA)
Richtiger Name?	Freda Josephine McDonald
Markenzeichen?	Bananenröckchen

Josephine Baker war der erste farbige weibliche Showstar der Welt. Ihre Darbietungen des Charleston in der Pariser »Revue Nègre« und ihr eigenwilliger elegant-komischer Tanzstil machten »La Baker« weltberühmt. Als »Schwarze Venus« oder auch »Mädchen mit dem Bananengürtel« machte sie den Jazz in Europa populär. Genauso leidenschaftlich wie sie tanzte, kämpfte sie für die Gleichberechtigung der Rassen. Sie war eine der ersten Integrations- und Symbolfiguren der unterdrückten schwarzen Bevölkerung – noch vor Martin Luther King, den sie 1963 bei seinem legendären Marsch auf Washington unterstützte.

Wer?	**Honoré de Balzac**
Wann?	1799–1850
Was war er?	Schriftsteller
Woher?	Tours, Frankreich
Epoche?	Realismus
Zeitgenossen?	Heinrich Heine, Victor Hugo

Honoré de Balzac ist der Begründer des französischen realistischen Romans. Er hinterließ ein gewaltiges Werk, das in der Gestaltung der Charaktere unübertroffen ist. Balzac war ein scharfer Beobachter der menschlichen Gesellschaft in all ihren Erscheinungen, die er in der unvollendeten 40 Bände umfassenden Romanreihe »La comédie humaine« (1829–1854. Deutsch: »Die menschliche Komödie«) in ihren Höhen und Tiefen darstellte. Zur Weltliteratur gehören: »Das Chagrinleder«, »Die Frau von dreißig Jahren«, »Oberst Chabert«, »Eugénie Grandet«, »Der Vater Goriot« und die »Tolldreisten Geschichten«.

Wer?	**Béla Bartók**
Wann?	1881–1945
Was war er?	Komponist und Pianist
Woher?	Südungarn
Beeinflusst von?	Claude Debussy, Franz Liszt

Wer?	**Georg Baselitz**
Wann?	Geboren 1938
Was ist er?	Maler, Grafiker und Bildhauer
Woher?	Deutschbaselitz, Sachsen
Richtiger Name?	Hans-Georg Kern

Béla Bartók schuf durch die Integration ungarischer Folklore in seine Kompositionen ein einzigartiges Werk. Seine frühen Arbeiten orientieren sich an Richard Wagner, Richard Strauss und Franz Liszt. Unverkennbar wurde sein Stil erst durch die Begegnung mit der ungarischen Volksmusik. Der glühende Patriot sammelte und erforschte die Volkslieder Ungarns und später auch des Balkans, der Ukraine, Bulgariens, der Türkei und Nordafrikas. Den Charakter dieser Musik nutzte er immer wieder für seine Kompositionen, was sich einerseits an den Melodien zeigt, vor allem aber an der Betonung des Rhythmischen in seinen Werken.

Georg Baselitz ist einer der bedeutendsten deutschen Künstler der Gegenwart. Er malt Figuratives in stark expressiver Manier. Häufig stellt er seine Bilder auf den Kopf – eine zusätzliche Verfremdung des Bildmotivs. Seit den 1980er Jahren schafft er neben der Malerei auch roh behauene Holzskulpturen in Anlehnung an traditionelle afrikanische Kunst. Will man ihn kunstgeschichtlich einordnen, zählt man ihn in der Regel zu den »Neuen Wilden«. Sein Werk drückt bis heute die Distanzierung von zeitgenössischen Kunstströmungen aus. Zu seinen Hauptwerken gehören »Die große Nacht im Eimer«, »Der Maler« und »Tränenkopf«.

Wer?	**Charles Baudelaire**
Wann?	1821–1867
Was war er?	Dichter
Woher?	Paris, Frankreich
Wodurch berühmt?	Erfinder der Gattung Prosagedicht
Hauptwerk?	»Les fleurs du mal«

Charles-Pierre Baudelaire ist als herausragender Lyriker des 19. Jahrhunderts bekannt. Der Franzose revolutionierte die bis dahin herrschende Ästhetik, indem er das Hässliche und Böse, das Kranke und Morbide in den Rang des sonderbar Schönen erhob. In »Les fleurs du mal« (»Die Blumen des Bösen«) schildert der Melancholiker Baudelaire die Großstadt – Vorlage war Paris, wo er die meiste Zeit seines Lebens verbrachte – als eine Welt des Verfalls und des faszinierenden Bösen. Die Wirkung dieser für damalige Verhältnisse ungewöhnlichen Gedichtsammlung auf ganze Generationen von Dichtern war enorm.

Wer?	**Simone de Beauvoir**
Wann?	1908–1986
Was war sie?	Schriftstellerin und Philosophin
Woher?	Paris, Frankreich
Berühmter Lebensgefährte?	Jean-Paul Sartre

Simone de Beauvoir war die weibliche Ikone des französischen Existenzialismus. Ihr Werk knüpft an die Existenzphilosophie Jean-Paul Sartres an. Das Ideal sieht sie in der Verbindung von Freiheit mit der sozialistischen Gesellschaftsform. Ihre Romane und Essays sind kritische Auseinandersetzungen mit der gesellschaftlichen Bedingtheit des Individuums. Ihr besonderes Interesse galt der kulturellen Konstruktion der traditionellen Frauenrolle. Berühmt ist ihre Schrift »Le deuxième sexe« von 1949 (deutsch »Das andere Geschlecht«, 1951). Es ist zu einer Art Bibel der Frauenbewegung geworden.

500 KURZPORTRÄTS VON A–Z

Die besten Maler aller Zeiten
in chronologischer Reihenfolge:

Leonardo da Vinci
(1452–1519)
➜ *Porträt S. 152!*

Peter Paul Rubens
(1577–1640)
➜ *Porträt S. 230!*

Albrecht Dürer
(1471–1528)
➜ *Porträt S. 65!*

Rembrandt
(1606–1669)
➜ *Porträt S. 222!*

Michelangelo
(1475–1564)
➜ *Porträt S. 180!*

William Turner
(1775–1851)
➜ *Porträt S. 262!*

Raffael
(1483–1520)
➜ *Porträt S. 219!*

Pierre-Auguste
Renoir
(1841–1919)
➜ *Porträt S. 222!*

Caravaggio
(1571–1610)
➜ *Porträt S. 42!*

Vincent van Gogh
(1853–1890)
➜ *Porträt S. 93!*

GROSSE PERSONEN DER GESCHICHTE

Wer?	**August Bebel**
Wann?	1840–1913
Was war er?	Politiker
Woher?	Köln, Deutschland
Zeitgenossen?	Wilhelm Liebknecht, Friedrich Wilhelm Nietzsche

August Bebel gilt mit Wilhelm Liebknecht als Gründungsvater der Sozialdemokratischen Arbeiterpartei, der späteren SPD. Als Mitglied des Reichstags kritisierte er den Deutsch-Französischen Krieg 1870/71 als Eroberungskrieg. Dafür wurde er wegen Hochverrats und Majestätsbeleidigung zu zwei Jahren Festungshaft verurteilt. 1875 setzte Bebel den Zusammenschluss der Sozialdemokratischen Arbeiterpartei mit dem Allgemeinen Deutschen Arbeiterverein zur Sozialistischen Arbeiterpartei durch. Bebel wurde deren anerkannter Führer und einer der eindrucksvollsten Parlamentsredner seiner Zeit.

Wer?	**Franz Beckenbauer**
Wann?	Geboren 1945
Was war er?	Fußballspieler und -trainer
Woher?	München, Deutschland
Auch genannt?	»Der Kaiser«
Verein?	Bayern München

Franz Beckenbauer ist Deutschlands erfolgreichster Fußballprofi. Als Libero von Bayern München trug er zur Spitzenstellung des Vereins bei. Nach drei Jahren beim US-Verein Cosmos New York und zwei Jahren beim Hamburger HSV trat er 1982 vom aktiven Fußballsport zurück. Als Teamchef (1984–1990) verhalf er der deutschen Nationalelf 1986 zur Vize- und 1990 zur Weltmeisterschaft. Beckenbauer ist Präsident von Bayern München und Vizepräsident des Deutschen Fußball-Bunds DFB. Für seine Rolle als Chef des Organisationskomitees für die WM 2006 bekam er das Große Bundesverdienstkreuz.

500 KURZPORTRÄTS VON A–Z

Wer?	**Boris Becker**
Wann?	Geboren 1967
Was war er?	Tennisspieler
Woher?	Leimen bei Mannheim, Deutschland
Wodurch berühmt?	Jüngster Wimbledon-Sieger

Wer?	**Samuel Beckett**
Wann?	1906–1989
Was war er?	Schriftsteller
Woher?	Dublin, Irland
Zeitgenossen?	James Joyce, Jean-Paul Sartre
Preis?	Literaturnobelpreis

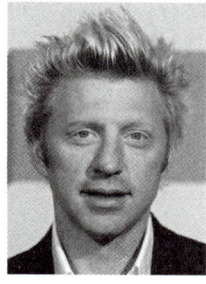

Boris Becker ist einer der größten Tennisspieler aller Zeiten. Er hat dem Tennissport in Deutschland zu breiter Popularität verholfen. Mit 17 Jahren gewann er als bis dahin jüngster Spieler das Wimbledon-Turnier. Extrem risikofreudig und willensstark, entschied er oft selbst schon verloren gegebene Spiele im letzten Moment doch noch für sich. Berühmt wurden die »Becker-Faust« und der »Becker-Hecht«. Das Davis-Cup-Match 1987 gegen John McEnroe gilt heute als legendäres Ereignis: Es dauerte sechs Stunden und 39 Minuten. Insgesamt errang Becker sechs Grand-Slam-Titel. 1999 trat »der rote Baron« vom Profisport zurück.

Samuel Beckett ist neben Eugène Ionesco der bedeutendste Vertreter des absurden Theaters. Seine Dramen zeigen in vieler Hinsicht sinnentleerte Welten, die von den Themen Tod, Selbstentfremdung und Zerfall bestimmt werden. Werte wie Geist, Erkenntnis und Glaube werden angesichts der Ziellosigkeit der Geschichte verneint, logische und rationale Prinzipien außer Kraft gesetzt. Dementsprechend dient die Sprache nicht mehr als sinnstiftendes Zeichensystem. Die Dialoge sind unsinnig, eben »absurd«. Die berühmtesten Stücke sind »Warten auf Godot« und »Endspiel«. 1969 erhielt Beckett den Nobelpreis für Literatur.

GROSSE PERSONEN DER GESCHICHTE

Wer?	**Max Beckmann**
Wann?	1884–1950
Was war er?	Maler
Woher?	Leipzig, Deutschland
Zeitgenossen?	Franz Kafka, Pablo Picasso, Arnold Schönberg

Max Beckmann zählt zu den Hauptvertretern des deutschen Expressionismus. Starke schwarze Konturen und scharfe Hell-Dunkel-Kontraste schaffen eine Grundstimmung des Unheilvollen. Dieser Beckmann-Stil, wie er sich etwa im Bild »Die Nacht« von 1918/19 zeigt, ist geprägt vom Grauen des Ersten Weltkriegs. Die Darstellungen der Vereinzelung des modernen Menschen haben eine deutlich sozialkritische Tendenz. Verkleidung und Kostüm sind Grundmotive bei Beckmann, der sich oft selbst mit ins Bild malt. Im Zentrum seines späten Schaffens stehen Triptychen mit oft mythologischen Themen.

Wer?	**Henri A. Becquerel**
Wann?	1852–1908
Was war er?	Physiker
Woher?	Paris, Frankreich
Zeitgenossen?	Heinrich Hertz, Wilhelm Conrad Röntgen

Henri Antoine Becquerel gilt als der Entdecker der natürlichen Radioaktivität. Bei seinen Untersuchungen zur Fluoreszenz von Uransalz entdeckte er durch einen Zufall, dass das Uran von sich aus strahlt, nicht nur unter Sonneneinwirkung. Seine Kollegin Marie Curie erforschte mit ihrem Ehemann Pierre diese neue Strahlung dann genauer. Zusammen mit dem Ehepaar Curie wurde Becquerel 1903 der Nobelpreis für Physik verliehen. Fünf Jahre später starb er an den Folgen radioaktiver Strahlung. Nach dem Physiker wurde die Einheit der Aktivität radioaktiver Stoffe benannt: 1 Becquerel (Bq).

Wer?	**Ludwig van Beethoven**
Wann?	1770–1827
Was war er?	Komponist
Wo gewirkt?	Wien, Österreich
Berühmte Werke?	»9. Sinfonie«, »Mondscheinsonate«, »Fidelio«
Berühmte Zeitgenossen	Napoleon I. Bonaparte, Alexander v. Humboldt, W. A. Mozart

Was gelang Beethoven?

Ludwig van Beethoven bildet mit Haydn und Mozart das Dreigestirn der Klassik. Er führte diese Epoche zum Höhepunkt und gilt gleichzeitig als Wegbereiter der Romantik, weil er die musikalischen Ausdrucksmöglichkeiten in bis dahin ungeahnter Weise steigerte. Im Zentrum seiner Kompositionen steht die subjektive Empfindung. Als bedeutendstes künstlerisches Vermächtnis gelten seine Sinfonien und die Oper »Fidelio«.

Wer war Beethoven?

Beethovens Vater wollte aus ihm ein Wunderkind wie Mozart machen und gab ihm schon mit vier Jahren Klavierunterricht. Als Elfjähriger begann Ludwig sein Studium in Klavier und Musiktheorie bei Christian Gottlob Neefe, der ihn auch mit den Gedanken der Aufklärung bekanntmachte. Einen künstlerischen Wendepunkt bildete 1792 der Umzug nach Wien, dem Zentrum der Klassik, wo Beethoven unter anderem bei Joseph Haydn Unterricht nahm. Ab 1800 wurde er schwerhörig und litt an Ohrgeräuschen. Bis 1819 war er völlig ertaubt. Trotzdem schuf er danach noch viele Meisterwerke.

Was wollte Beethoven?

Beethoven wollte die Ideale der Französischen Revolution – Freiheit, Gleichheit, Brüderlichkeit – in musikalische Sprache verwandeln. Besonders deutlich wird das in der 3. Sinfonie (»Eroica«), in der 5. (»Schicksalssinfonie«) und in der 9. Sinfonie mit dem berühmten Schlusschor aus Schillers Ode »An die Freude«. Die späten Werke wie beispielsweise die »Missa Solemnis« sind geprägt von einer humanistischen Religiosität.

GROSSE PERSONEN DER GESCHICHTE

Wer?	**Alexander Graham Bell**
Wann?	1847–1922
Was war er?	Physiologe und Erfinder
Woher?	Edinburgh, Schottland
Zeitgenossen?	Karl Benz, Gottfried Daimler, Thomas Alva Edison, Otto Lilienthal

Alexander Graham Bell gilt als der Erfinder des Telefons. Zwar hatte schon der deutsche Lehrer Philipp Reis 1861 einen funktionsfähigen Fernsprecher erfunden, seine Erfindung aber nie weiterentwickelt. Bell führte etwa ein Jahrzehnt später akustische Experimente zur Aufzeichnung von Schallwellen durch. 1876 meldete er ein Patent für das Prinzip der Übertragung von Tönen an. Ob es dabei ganz korrekt zuging, ist bis heute umstritten. Fest steht aber, dass Bell auf der Weltausstellung 1876 in Philadelphia seine neue Erfindung vorführte. Gemeinhin gilt dies als die Geburtsstunde des Telefons.

Wer?	**David Ben Gurion**
Wann?	1886–1973
Was war er?	Politiker
Woher?	Płońsk, Polen
Wodurch berühmt?	Staatsgründung Israels
Zeitgenossen?	Charles de Gaulle, Benito Mussolini

David Ben Gurion gilt als Vater des modernen Israel. Als Gründer der zionistisch-sozialistischen Arbeiterpartei Mapai und Vorsitzender der Exekutive Jewish Agency, des wichtigsten jüdischen Selbstverwaltungsorgans in Palästina, war er maßgebend an der Gründung Israels beteiligt. Am 14. Mai 1948 wurde der selbständige Staat Israel ausgerufen. Im Jahr darauf wurde Ben Gurion zu dessen erstem Premierminister ernannt. In seine Amtszeit fielen zahlreiche Projekte zur Entwicklung des Landes sowie zur Ansiedlung von Juden aus der ganzen Welt. Er befürwortete energisch eine Aussöhnung mit Deutschland.

Wer?	**Karl Benz**
Wann?	1844–1929
Was war er?	Ingenieur
Woher?	Karlsruhe, Deutschland
Zeitgenossen?	Gottlieb Daimler, Friedrich Nietzsche

Karl Benz wurde als Erfinder des Automobils berühmt. Hatten Gottlieb Daimler und Wilhelm Maybach mit dem Verbrennungsmotor die Grundlagen geschaffen, sorgte Benz mit seiner elektrischen Zündung dafür, dass daraus ein Auto werden konnte. Das erste Auto der Welt war ein dreirädriges »Fahrzeug mit Gasmotorenbetrieb« und wurde 1886 von Benz in Mannheim angemeldet. 1888 unternahm seine Frau Bertha Benz mit ihren Söhnen die erste »Fernfahrt« der Automobilgeschichte – von Mannheim nach Pforzheim. Aus der 1883 gegründeten Firma Benz & Cie. wurde 1926 die Daimler-Benz-AG.

Wer?	**Vitus Jonassen Bering**
Wann?	1680–1741
Was war er?	Asienforscher
Woher?	Horsens, Dänemark
Woran gestorben?	Skorbut
Zeitgenossen?	Charles de Montesquieu, Voltaire

Vitus Jonassen Bering entdeckte die nach ihm benannte Beringstraße, eine Meerenge zwischen Sibirien und Alaska. Zar Peter der Große hatte ihn beauftragt, als russischer Seeoffizier die Ostspitze Asiens zu umfahren. Als Leiter der »Großen Nordischen Expedition« war es sein Ziel, die Küsten Asiens zu erforschen und die Westküste Nordamerikas zu finden. Auf diese Weise brachte die Expedition Gewissheit über die gewaltigen Ausdehnungen der Küsten und Meere des nordöstlichen Asien in allen Himmelsrichtungen. Bering starb nach der Entdeckung der Alaskaküste auf der Beringinsel an Skorbut.

GROSSE PERSONEN DER GESCHICHTE

Wer?	**Leonard Bernstein**
Wann?	1918–1990
Was war er?	Komponist, Pianist und Dirigent
Woher?	Lawrence, Massachusetts (USA)
Berühmtes Werk?	Musical »West Side Story«
Studium?	Musik, Philosophie, Literatur

Leonard Bernstein war ein außergewöhnliches musikalisches Multitalent. Er war gleichermaßen begabt als Komponist, Dirigent (unter anderem war er Chefdirigent der New Yorker Philharmoniker), Interpret und Pädagoge. Sein kompositorisches Werk umfasst ein breites Spektrum von Stücken verschiedenster Gattungen. Der Durchbruch gelang ihm 1957 mit dem Musical »West Side Story« – einer modernen Version des Romeo-und-Julia-Stoffes. Einer der letzten Höhepunkte seines Lebens war das Konzert zur deutsch-deutschen Wiedervereinigung am 25. Dezember 1989 im Berliner Schauspielhaus.

Wer?	**Joseph Beuys**
Wann?	1921–1986
Was war er?	Maler, Bildhauer und Objektkünstler
Woher?	Krefeld, Deutschland
Berühmtes Zitat?	»Jeder Mensch ein Künstler«

Joseph Beuys war einer der bekanntesten Künstler des 20. Jahrhunderts. Ende der 1950er Jahre schloss er sich der »Fluxus«-Bewegung an, die mit ihrer Aktionskunst den herrschenden Kunstbetrieb provozierte und kritisierte. Mit seinem Konzept der »Sozialen Plastik« dehnte Beuys das traditionelle Kunstverständnis – hier Künstler, da Publikum – aus: Indem jeder Einzelne die Gesellschaft mitgestaltet, ist er ein Künstler. Für seine Objekte verwendete er Materialien mit hohem Symbolgehalt: Fett, Filz, Honig, Wachs, Schokolade und Blut. Beuys engagierte sich auch für Politik und Umweltfragen.

500 KURZPORTRÄTS VON A–Z

Wer?	**Otto Fürst von Bismarck**
Wann?	1815–1898
Wo geboren?	Schönhausen bei Stendal
Welcher Beruf?	Politiker
Bedeutend durch?	1. Kanzler des dt. Reichs ab 1871
Zeitgenossen?	Karl Marx, Wilhelm II.

Bismarck war seit den 1870er Jahren entscheidender Lenker sowohl der Innen- als auch der Außenpolitik des Deutschen Reichs in der Ära Kaiser Wilhelms I. Innenpolitisch führte er den »Kulturkampf« gegen den politischen Katholizismus und setzte die sog. Sozialistengesetze durch. Außenpolitisch verstand es Bismarck, durch eine ausgleichende Bündnispolitik die Position des Deutschen Reichs in Europa zu stabilisieren und auszubauen. Die Umstände seiner Absetzung durch Kaiser Wilhelm II. machten ihn zum Gegner der Politik des Kaisers. Trotzdem wurde er von vielen Deutschen fast schon mythisch verehrt.

Wer?	**Ernst Bloch**
Wann?	1885–1977
Was war er?	Philosoph
Woher?	Ludwigshafen, Deutschland
Zeitgenossen?	Bertolt Brecht, Max Weber
Professur?	Leipzig, Tübingen

Bloch war einer der bedeutendsten deutschen Philosophen des 20. Jahrhunderts. Sein Denken ist von Hegel und Marx geprägt. Anders als andere marxistische Philosophen sah Bloch eine enge Beziehung zwischen sozialistischem und christlichem Denken. Im Zentrum stehen bei ihm die Tagträume und Hoffnungen der Menschen, die »konkrete Utopie«, das heißt das, was zwischen dem Nicht-Mehr und dem Noch-Nicht liegt. »Geist der Utopie« ist auch der Titel seines 1918 erschienenen Hauptwerks. Bloch gilt als einer der geistigen Wegbereiter der Studentenbewegung Ende der 1960er Jahre.

Wer?	**Giovanni Boccaccio**
Wann?	1313–1375
Was war er?	Dichter
Woher?	Florenz, Italien
Epoche?	Humanismus
Zeitgenosse?	Francesco Petrarca

Giovanni Boccaccio gilt als Vater der Novelle. Sein »Decameron« ist die erste Novellensammlung überhaupt. Die insgesamt 100 Geschichten enthalten die verschiedensten Neuigkeiten – daher der Ausdruck »Novelle«. Mit einem damals völlig neuen Realismus und Witz porträtiert Boccaccio hier die facettenreiche Gesellschaft des 14. Jahrhunderts. In den Erzählungen geht es immer um geschicktes und vorbildliches Meistern schwieriger, oft peinlicher oder gefährlicher Situationen. Ziel ist es, gleichzeitig zu belehren und zu unterhalten. Boccaccio ist einer der bedeutendsten Dichter des Humanismus.

Wer?	**Humphrey Bogart**
Wann?	1899–1957
Was war er?	Filmschauspieler
Woher?	New York (USA)
Berühmte Filme?	»Casablanca«, »Die Spur des Falken«

Humphrey Bogart war einer der bekanntesten und beliebtesten Filmschauspieler der USA. Er ist die Ikone des Hollywoodfilms der 1940er und 1950er Jahre. Er spielte zumeist den einsamen Helden, der dem kalten Großstadtleben mit Zynismus begegnet, sich letzten Endes aber immer behauptet. Mit seiner Art der Darstellung prägte er den Kriminalfilm der 1940er Jahre maßgeblich – und damit die sogenannte Schwarze Serie Hollywoods. Legendär sind seine Rollen in »Casablanca« (1942), als Privatdetektiv Sam Spade in »Die Spur des Falken« (1941) und als Philip Marlowe in »Tote schlafen fest« (1946).

500 KURZPORTRÄTS VON A–Z

Wer?	Simon Bolívar
Wann?	1783–1830
Was war er?	Unabhängigkeitskämpfer
Woher?	Caracas, Venezuela
Welche Zeitgenossen?	Napoleon I. Bonaparte, Alexander von Humboldt

Simon Bolívar war südamerikanischer Unabhängigkeitskämpfer und wird in den meisten südamerikanischen Staaten als Nationalheld, als »Libertador« (Befreier) von der spanischen Kolonialherrschaft verehrt. Er führte unter anderem Venezuela und Kolumbien in die Unabhängigkeit. Sein Plan einer Konföderation aller amerikanischen Staaten wurde aber nie verwirklicht. Viele Orte und ganze Staaten tragen seinen Namen: So wurde Bolivien nach ihm benannt und die »Bolivarianische Republik Venezuela«. Die hier herrschende Politik heißt Bolivarismus und hat den wirtschaftlichen Zusammenschluss aller lateinamerikanischen Staaten zum Ziel.

Wer?	Bono
Wann?	Geboren 1960
Was ist er?	Rocksänger und politischer Aktivist
Woher?	Dublin, Irland
Richtiger Name?	Paul David Hewson
Hits?	»Pride«, »Desire«

Bono ist Sänger der äußerst erfolgreichen irischen Rockband U2. Seine Bekanntheit nutzt er immer wieder für politische und soziale Zwecke. Er setzt sich vor allem für die Bekämpfung von Armut und AIDS ein. Dafür gründete er 2002 zusammen mit Bill Gates und anderen die Organisation DATA (Debt, AIDS, Trade in Africa). Im Jahr 2005 organisierte Bono mit dem Musiker Bob Geldof unter dem Namen »Live 8« ein gleichzeitig an zehn Orten der G8-Mitgliedstaaten und in Südafrika stattfindendes Rockkonzert. Damit sollte der Druck auf die reichen Staaten verstärkt werden, einen Schuldenerlass für die Dritte-Welt-Länder zu beschließen.

GROSSE PERSONEN DER GESCHICHTE

Wer?	**Sandro Botticelli**
Wann?	1445–1510
Was war er?	Maler
Zeitgenossen?	Leonardo da Vinci, Michelangelo, Raffael
Berühmtes Bild?	»Die Geburt der Venus«

Botticelli ist einer der Hauptmeister der italienischen Renaissancemalerei. Er schuf Werke wie die Fresken im Vatikanischen Palast und Miniaturen für Dantes »Göttliche Komödie«. Im Zentrum seines Werks stehen religiöse, allegorische und mythologische Darstellungen. Typisch für den Florentiner sind ein zarter Linearstil, gefühlvolle Bewegung und helle, lichte Farben. In der zweiten Schaffenshälfte widmete er sich fast ausschließlich religiösen Themen, insbesondere Madonnendarstellungen. Zu seinen bekanntesten Bildern gehören »Die Geburt der Venus«, »Die Verkündigung« und »Maria mit Kind«.

Wer?	**David Bowie**
Wann?	Geboren 1947
Was ist er?	Rockmusiker und Schauspieler
Woher?	London, England
Musikstil?	Glam-Rock
Richtiger Name?	David Robert Jones

David Bowie ist einer der erfolgreichsten Musiker der Pop- und Rock-Geschichte. Er war die Ikone des Glam-Rock der 1970er Jahre. Der Style: viel Schmuck, Schminke, ausgefallene (Frauen-)Kleidung. Die Musik: elektronisch und rockig. Mit seinem androgynen Erscheinungsbild inszenierte sich der Popstar als Wesen zwischen Mensch und Maschine. Der Durchbruch gelang Bowie 1969 mit dem Song »Space Oddity«. Im Laufe seiner weiteren Karriere probierte Bowie noch viele weitere Musikstile aus – durchweg erfolgreich. Darüber hinaus wirkte er in einigen Filmen mit, etwa in »Begierde« und »Basquiat«.

500 KURZPORTRÄTS VON A–Z

Wer?	**Louis Braille**
Wann?	1809–1852
Was war er?	Blindenlehrer
Woher?	Coupvray, Frankreich
Wodurch berühmt?	Erfindung der Braille-Schrift
Zeitgenossen?	Charles Darwin, Abraham Lincoln

Louis Braille gilt als Erfinder der Blindenschrift. Selbst als Kind erblindet, lernte er als 13-Jähriger die von dem Offizier Charles Barbier für militärische Zwecke erfundene »Nachtschrift« kennen, ein kompliziertes System aus erhabenen Punkten und Silben. Der junge Braille vereinfachte es, unter anderem indem er die Anzahl der Punkte pro Zeichen reduzierte. 1825 hatte der 16-Jährige seine Blindenschrift fertiggestellt. Doch erst 1850 wurde sie offiziell an französischen Blindenschulen eingeführt. Heute ist die »Braille-Schrift«, die auch als Notenschrift angewendet wird, international gültig.

Wer?	**Donato Bramante**
Wann?	1444–1514
Was war er?	Baumeister
Epoche?	Hochrenaissance
Zeitgenossen?	Sandro Botticelli, Michelangelo Buonarroti, Leonardo da Vinci

Bramante gilt in der Architektur als Begründer der italienischen Hochrenaissance. Nach ersten größeren Projekten in Mailand entwickelte er in Rom einen an antiken Vorbildern orientierten klassischen, monumentalen Stil, der richtungsweisend wurde. Von Bramante stammt auch der erste Entwurf zum Neubau des Petersdoms in Rom, ein Projekt, dessen Bauleiter er bis zu seinem Tod war. Eines der wenigen noch erhaltenen Bauwerke Bramantes ist sein »Tempietto« neben der Kirche San Pietro in Montorio bei Rom. Kunsthistorikern gilt der Tempel als Musterbeispiel der Hochrenaissance-Architektur.

GROSSE PERSONEN DER GESCHICHTE

Wer?	**Willy Brandt**
Wann?	1913–1992
Beruf?	Politiker
Woher?	Lübeck, Deutschland
Richtiger Name?	Herbert Ernst Karl Frahm
Zeitgenossen?	Erich Honecker, John F. Kennedy

Willy Brandt war der vierte Bundeskanzler der Bundesrepublik Deutschland. Davor war er Außenminister der BRD und wiederum davor Regierender Bürgermeister von Berlin. Brandts »Ostpolitik« zielte auf Entspannung und Ausgleich mit den osteuropäischen Staaten. Dafür erhielt der SPD-Politiker 1971 den Friedensnobelpreis. Von großer Symbolkraft war sein Kniefall vor dem Mahnmal für die Opfer des Warschauer Ghettos im Jahr 1970. Als sich vier Jahre später herausstellte, dass sich in seinem engsten Mitarbeiterkreis der DDR-Spion Günter Guillaume befand, trat Willy Brandt 1974 vom Amt des Bundeskanzlers zurück.

Wer?	**Wernher von Braun**
Wann?	1912–1977
Beruf?	Raketeningenieur
Woher?	Wirsitz (heute Wyrzysk, Polen)
Wodurch berühmt?	Entwicklung der »V2«

Wernher Freiherr von Braun gilt als Pionier der Raumfahrt. Während des Zweiten Weltkriegs war er technischer Entwicklungschef der Heeresversuchsanstalt Peenemünde auf Usedom. Dort entstand unter seiner Leitung die erste Flüssigkeits-Großrakete der Welt, die später unter der Bezeichnung »Vergeltungswaffe 2« (kurz »V2«) in Serie gebaut und gegen Kriegsende massenhaft eingesetzt wurde. Sie gilt außerdem als erstes von Menschen konstruiertes Objekt, das die Grenze zum Weltraum durchstieß. Nach dem Krieg wurde das ehemalige SS-Mitglied Wernher von Braun in den USA einer der führenden Raketen- und Raumfahrtfachleute.

500 KURZPORTRÄTS VON A–Z

Wer?	**Bertolt Brecht**
Wann?	1898–1956
Was war er?	Dichter und Schriftsteller
Woher?	Augsburg, Deutschland
Wirkstätten?	München, Berlin
Berühmtes Zitat?	»Erst kommt das Fressen, dann die Moral.«
Künstler, mit denen er zusammenarbeitete?	Charlie Chaplin, Lion Feuchtwanger, Aldous Huxley, Heinrich Mann

Was gelang Brecht?

Bertolt Brecht gilt als der einflussreichste deutsche Dramatiker des 20. Jahrhunderts. Mit seinem »Epischen Theater« entwickelte er eine neue Theorie darüber, was das Theater leisten soll. Anders als beim klassischen aristotelischen Theater sollte die intellektuelle Auseinandersetzung mit dem Bühnengeschehen den Menschen bessern. Zu diesem Zweck »verfremdete« Brecht das Spiel absichtlich. Es sollte deutlich als Schauspiel erkennbar sein, im Unterschied zur Realität des Lebens.

Was lag Brecht am Herzen?

Die Politik. In der zweiten Hälfte der 1920er Jahre entwickelte sich Brecht zum überzeugten Kommunisten. Mit seinen Stücken wollte er gesellschaftliche Strukturen durchschaubar machen und zeigen, dass man sie verändern kann. So etwa in den weltberühmten Stücken »Mutter Courage und ihre Kinder« oder »Der gute Mensch von Sezuan«. Seine politische Haltung machte ihn zur Zielscheibe der Nationalsozialisten. Nachdem auch seine Wahlheimat Amerika wegen ihrer antikommunistischen Politik für ihn unbewohnbar wurde, zog er nach Ostberlin.

Wie wirkte Brecht in seiner Zeit?

Der Name Brecht ist unmittelbar verbunden mit dem Berliner Ensemble. Das heute weltberühmte Theater wurde 1949 von Brecht und seiner Frau, der Schauspielerin Helene Weigel, gegründet. In den 1920er Jahren wirkte er als Dramaturg an Max Reinhardts Deutschem Theater. Mit seiner von Kurt Weill vertonten »Dreigroschenoper« (Uraufführung: 31. August 1928) feierte er einen der größten Theatererfolge der Weimarer Republik.

GROSSE PERSONEN DER GESCHICHTE

Wer?	**Leonid Iljitsch Breschnew**
Wann?	1906–1982
Was war er?	Politiker
Woher?	Kamenskoje, Sowjetunion (heute Ukraine)
Vorgänger?	Nikita Chruschtschow

Breschnew war langjähriges Staatsoberhaupt der Sowjetunion. Von 1964 bis zu seinem Tod war er Parteichef der Kommunistischen Partei KPdSU. Seine restaurative Politik zielte auf Stabilisierung des Regimes, strategischen Gleichstand mit den USA durch Aufrüstung, aber auch Entspannung im Verhältnis zum Westen. Zur Sicherung der sowjetischen Vorherrschaft über die Ostblockstaaten schreckte er vor militärischen Mitteln nicht zurück. Ein Beispiel ist der als »Prager Frühling« in die Geschichte eingegangene Einmarsch von Truppen des Warschauer Pakts in die Tschechoslowakei am 21. August 1968.

Wer?	**Pieter Bruegel der Ältere**
Wann?	1525–1569
Was war er?	Maler
Berühmtes Bild?	»Der Turmbau zu Babel«
Auch genannt?	Bauernbruegel
Zeitgenossen?	Johann Caloin, Gerhard Mercator

Pieter Bruegel der Ältere wurde vor allem durch seine Darstellungen des ländlich-bäuerlichen Lebens berühmt. Sein Werk umfasst Zeichnungen, Kupferstiche und Gemälde. Höhepunkt seiner Landschaftsmalerei sind die Monatsdarstellungen. Häufig werden figurenreiche Szenen (»Wimmelbilder«) mit Landschaft verbunden. Ein Gegenpol zu seinen Bauernbildern sind die Sittenbilder mit oft moralischem Gehalt. Beispielhaft hierfür ist das Gemälde »Der Turmbau zu Babel«, das als Warnung vor Selbstüberschätzung und Torheit zu verstehen ist. Bruegel hatte schon zu Lebzeiten großen Erfolg.

500 KURZPORTRÄTS VON A–Z

Wer?	**Georg Büchner**
Wann?	1813–1837
Beruf?	Schriftsteller
Woher?	Goddelau bei Darmstadt, Deutschland
Berühmte Werke?	»Dantons Tod«, »Woyzeck«, »Leonce und Lena«

Büchner gehört zu den herausragenden Dramatikern der klassischen Moderne. Sein Werk passt in keine literaturgeschichtliche Schublade. Seine erste Veröffentlichung war noch vorrangig politischer Natur: In der revolutionären Kampfschrift »Der Hessische Landbote« prangerte er die rücksichtslose Ausbeutungspraxis des großherzoglich-hessischen Staates an und rief die Bauern zum Aufstand auf. Seine wenigen Schriften wurden zu Lebzeiten größtenteils vernichtet oder konfisziert. Im Alter von 24 Jahren starb er an Typhus. Berühmt wurde Büchner erst Anfang des 20. Jahrhunderts mit den Uraufführungen seiner Dramen.

Wer?	**George W. Bush**
Wann?	Geboren 1946
Beruf?	43. Präsident der USA
Woher?	New Haven, Connecticut (USA)
Partei?	Republikaner
Berühmt durch?	Kriege in Afghanistan und im Irak

George Walker Bush ist der 43. Präsident der Vereinigten Staaten von Amerika. Seine erste Amtszeit (2000–2004) stand ganz im Zeichen des »Elften September«, der Terroranschläge auf das World Trade Center am 11. September 2001. Als Reaktion rief Bush den »Krieg gegen den Terrorismus« aus: Zuerst vernichtete er das Talibanregime in Afghanistan, dann die Diktatur Saddam Husseins im Irak. Die Legitimation beider Kriege ist international umstritten, genauso wie der »Patriot Act«, ein Gesetz, das vor Terror schützen soll und Einreisebedingungen in die USA drastisch verschärft. 2004 wurde Bush in seinem Amt bestätigt.

Wer?	**Buddha**
Wann?	560–480 v.Chr.
Was war er?	Religionsstifter
Woher?	Kapilavastu (heute Nepal), Indien
Richtiger Name?	Siddhartha Gautama
Auch genannt?	Bhagavan (»der Erhabene«), Jina (»Sieger«)
Von ihm gegründeter Orden?	Sangha

Wer war Buddha?

Buddha begründete die Lehre des Buddhismus. »Buddha« bedeutet im Sanskrit »der Erwachte«. Im Alter von 29 Jahren brach Buddha auf, um die wahre Natur menschlichen Glücks zu finden. Sechs Jahre der Askese, des Studiums und der Meditation führten ihn schließlich auf den Weg der Mitte. Unter einem Feigenbaum erlangte er mit 35 Jahren die »Erleuchtung«.

Was lehrt der Buddhismus?

Ziel von Buddhisten ist es, sich durch ethisches Verhalten, die Kultivierung der Tugenden (fünf »Silas«), die Praxis der Versenkung (»Samadhi«) und die Entwicklung von Mitgefühl und Weisheit (»Prajna«) vom ewigen Kreislauf des Leidens (»Samsara«) zu befreien. Auf diesem Weg sollen Leid und Unvollkommenheit überwunden und durch Erleuchtung (»Bodhi«) der Zustand des »Nirvana« erreicht werden.

Was sind die »Vier Edlen Wahrheiten«?

Sie sind das Kernstück der buddhistischen Lehre. Die erste Wahrheit heißt »Dukkha«: Das Leben im Daseinskreislauf ist leidvoll. Die zweite, »Samudaya«, lautet: Ursachen des Leidens sind Begehren, Abneigung und Unwissenheit. Die dritte (»Nirodha«): Erlöschen die Ursachen, erlischt auch das Leiden. Die vierte (»Magga«) lautet: Zum Erlöschen des Begehrens und des Leidens führt der »Edle Achtfache Pfad«. Dieser besteht aus den folgenden Tugenden: rechte Sicht, rechte Entschlossenheit, rechtes Reden, rechtes Handeln, rechter Lebensunterhalt, rechtes Bemühen, rechte Aufmerksamkeit und rechte Konzentration.

Wer?	Maria Callas
Wann?	1923–1977
Was war sie?	Opernstar
Woher?	New York (USA)
Richtiger Name?	Maria Kalogeropoulos
Stimme?	Dramatischer Sopran

Maria Callas setzte mir ihrer außergewöhnlichen stimmlichen Virtuosität neue Maßstäbe. Für viele verkörperte sie den Prototyp der Primadonna. Mit ihrem ausdrucksstarken Gesang hat sie einen völlig neuen Stil geprägt. Nach ihrem Gesangsstudium in Athen feierte sie Welterfolge in Europa und in den USA. Ihre Paraderolle war die Norma in Vincenzo Bellinis gleichnamiger Oper. Der Ruhm der Diva Callas gründet sich neben ihrem außerordentlichen Talent und ihrer eisernen Disziplin auch auf ihrer bewegten Lebensgeschichte. So nahm etwa die Öffentlichkeit über viele Jahre hinweg interessiert an ihrer Affäre mit dem griechischen Reeder Aristoteles Onassis teil.

Wer?	Johannes Calvin
Wann?	1509–1564
Was war er?	Reformator
Wo?	Schweiz
Woher?	Noyon, Frankreich
Richtiger Name?	Jean Cauvin

Johannes Calvin hat den Calvinismus begründet. Nach dieser auf Martin Luther basierenden Glaubensrichtung ist das Leben von Gott vorbestimmt, »prädestiniert«. Gemäß der calvinistischen Arbeits- und Wirtschaftsethik ist materieller Reichtum ein Zeichen göttlicher Gunst, des Erwähltseins. Nachdem Calvin Frankreich wegen seiner Ansichten verlassen musste, wurde Genf zur Hauptwirkungsstätte. Hier schuf er eine neue kirchliche Ordnung mit strengen Regeln, die »Reformierte Kirche«. Der Calvinismus breitete sich in ganz Westeuropa aus, vor allem in England und Schottland, Deutschland, den Niederlanden und Frankreich.

GROSSE PERSONEN DER GESCHICHTE

Wer?	**Albert Camus**
Wann?	1913–1960
Was war er?	Philosoph und Schriftsteller
Woher?	Mondovi, Algerien
Wie gestorben?	Autounfall
Freund?	Jean-Paul Sartre

Albert Camus ist einer der großen Denker des 20. Jahrhunderts. Seine »Philosophie des Absurden« beschreibt die Absurdität des Menschseins in einer gottlosen Welt, ohne in Nihilismus zu verfallen. Die Würde des Menschen besteht nach Camus darin, die Erfahrung des Absurden mit anderen zu teilen. Aus dieser Solidarität erwächst die Bereitschaft zur »Revolte«, bei der aber die Menschlichkeit in keinem Fall verletzt werden darf. Seine philosophischen Hauptwerke sind »Der Mythos des Sisyphos« und »Der Mensch in der Revolte«. Die berühmtesten Romane sind »Der Fremde« und »Die Pest«. 1957 erhielt Albert Camus den Literaturnobelpreis.

Wer?	**Caravaggio**
Wann?	1571–1610
Beruf?	Maler
Woher?	Caravaggio oder Mailand, Italien
Berühmte Werke?	»Jugendlicher Bacchus«, »Grablegung Christi«

Michelangelo Merisi da Caravaggio wird als Begründer der römischen Barockmalerei angesehen. Er ist der bedeutendste Vertreter der frühbarocken Helldunkelmalerei, die er oft zu harter Gegensätzlichkeit und kräftiger Figurenmodellierung führte. Wegen seines ausgeprägten Realismus mit von genauer Naturbeobachtung zeugenden Lichteffekten wird er in der Kunstgeschichte als der stärkste Naturalist in der italienischen Malerei um 1600 angesehen. Seine allegorischen, mythologischen und religiösen Bilder hatten auf spätere Malergenerationen großen Einfluss. So beispielsweise auf Peter Paul Rubens und Adam Elsheimer.

500 KURZPORTRÄTS VON A–Z

Wer?	**Enrico Caruso**
Wann?	1873–1921
Was war er?	Opernsänger
Woher?	Neapel, Italien
Populärstes Stück?	Volkslied »O sole mio«
Zeitgenössen?	Béla Bartok, S. W. Rachmaninow

Enrico Caruso erlangte als begnadeter Tenor Weltruhm. Seine wohl berühmtesten Rollen waren der »Canio« aus Leoncavallos »I pagliacci« und der »Radames« aus »Aida«. Caruso war schon im Alter von 25 Jahren ein Star und sang in Mailand, Neapel, London und New York. In New York war er viele Jahre lang festes Mitglied des Ensembles der Metropolitan Opera. Hier erlebte er 1903 seinen endgültigen Durchbruch mit der Rolle des Herzogs in Verdis Oper »Rigoletto«. Caruso war vor allem berühmt für seine warme, für einen Tenor sehr dunkle, baritonale Stimme und seine unübertroffene Bühnendarstellung.

Wer?	**Giacomo G. Casanova**
Wann?	1725–1798
Was war er?	Abenteurer und Schriftsteller
Woher?	Venedig, Italien
Zeitgenossen?	G. E. Lessing, W. A. Mozart, J. J. Rousseau, Voltaire

Giacomo Girolamo Casanova verkörperte den Prototyp des Verführers. Er führte ein unstetes Wanderleben mit wechselnden Arbeitgebern und vielen Liebesabenteuern. Auf seinen Reisen durch Europa kam er mit großen Persönlichkeiten der europäischen Politik und Literatur in Kontakt, unter anderem mit Friedrich dem Großen und Voltaire. 1755 wurde er in Venedig wegen Atheismus eingekerkert. Im Jahr darauf gelang ihm die Flucht aus den Bleikammern. Durch die Niederschrift seiner Memoiren und die darin enthaltenen detaillierten Beschreibungen erotischer Abenteuer wurde Casanova weltberühmt.

Wer?	**Gaius Julius Cäsar**
Wann?	100–44 v. Chr.
Was war er?	Staatsmann und Feldherr
Woher?	Rom, Italien
Berühmtes Zitat?	»Veni, vidi, vici – Ich kam, sah und siegte«
Berühmte Geliebte?	Kleopatra
Berühmte Zeitgenossen?	Horaz, Octavius bzw. Augustus, Vergil

Was leistete Cäsar?

Gaius Julius Cäsar gilt als außergewöhnlicher Feldherr und Staatsmann der römischen Geschichte. Er erweiterte das römische Imperium beträchtlich, unter anderem durch die Eroberung ganz Galliens. Er ordnete den Staat neu, ließ sich zum Diktator ernennen und beendete so die bis dahin gültige Staatsform der Republik. Im Jahr 44 v. Chr. wurde er von Verschwörern, die sich selbst als Befreier Roms von der Diktatur sahen, niedergestochen.

Cäsar – ein kaltblütiger Diktator?

Cäsar hat viele große Geister beschäftigt. Bis heute halten sich Bewunderung und Ablehnung die Waage. Auch Shakespeare zeigt in seinem Drama »Iulius Caesar« (1599) die Licht- und Schattenseiten des großen Römers auf. Im 18. Jahrhundert, dem Zeitalter der Aufklärung, bewertete man Cäsar meist negativ. Sicher ist, dass Cäsar von großem Machthunger besessen und ein geschickter Taktiker war.

Wie wirkt Cäsar in unserem Alltag fort?

Sein Name wurde zum Titel aller nachfolgenden Herrscher (»Cäsaren«) des römischen Kaiserreichs. Sowohl die Wörter »Kaiser« als auch »Zar« leiten sich davon ab. Der von Cäsar eingeführte Julianische Kalender gilt teilweise noch heute, zum Beispiel in der Russischen und der Serbischen Orthodoxen Kirche. Der Monat Juli ist nach seinem Geburtsmonat benannt. Die Comic-Szene wäre ohne Cäsar um ein Vielfaches ärmer, denn ohne ihn gäbe es keinen einzigen »Asterix«-Band. Cäsars Schilderungen des Gallischen Kriegs »De Bello Gallico« sind Pflichtlektüre für jeden Lateinschüler.

Wer?	**Fidel Castro**
Wann?	Geboren 1926
Was ist er?	Diktator
Wo?	Kuba
Zeitgenossen?	Fulgencio Batista, Raúl Castro, Ché Guevara

Fidel Castro errichtete in dem mittelamerikanischen Inselstaat Kuba eine kommunistische Diktatur. 1953 kämpfte er als Revolutionsführer gegen das Batista-Regime. Nach einem Guerillakrieg kam es 1959 zum Sturz Batistas. Castro übernahm die Regierung und schlug einen kommunistischen Kurs ein. In den 1960er Jahren berief er sowjetische Techniker und Militärs nach Kuba, was in der »Kuba-Krise« gipfelte. Als sich Castro nach dem Zusammenbruch des Kommunismus in Osteuropa gegen einen Systemwandel sperrte, wurde Kuba außenpolitisch isoliert. 2006 übertrug er die Amtsgeschäfte krankheitsbedingt auf seinen Bruder Raúl.

Wer?	**Cervantes**
Wann?	1547–1616
Was war er?	Schriftsteller
Woher?	Alcalá de Henares, Spanien
Zeitgenossen?	El Greco, William Shakespeare

Miguel de Cervantes Saavedra wurde mit seinem »Don Quijote« zum Nationaldichter Spaniens. Der Held, Don Quijote, hat durch den maßlosen Konsum von Ritterromanen den Bezug zur Realität verloren: Er sieht sich als »Ritter von der traurigen Gestalt«, begleitet von Sancho Panza, seinem »Knappen«. Die beiden müssen diverse (eingebildete) Abenteuer bestehen. Das wohl bekannteste ist der zum Sprichwort gewordene Kampf gegen Windmühlen, die Don Quijote für Riesen hält. Der Roman wurde in rund siebzig Sprachen übersetzt und ist nach der Bibel eines der meistverlegten Bücher überhaupt. Viele sehen in ihm den ersten Roman der Moderne.

Wer?	**Paul Cézanne**
Wann?	1839–1906
Beruf?	Maler
Woher?	Aix-en-Provence, Frankreich
Welche Zeitgenossen?	P. A. Renoir, Claude Monet, Auguste Rodin, Emile Zola

Paul Cézanne wird als einer der Väter der modernen Malerei angesehen. Anfangs von den Impressionisten beeinflusst, entwickelte er bald einen völlig eigenen Stil. Bildnisse und figürliche Kompositionen traten nach und nach zurück zugunsten von Landschaftsgemälden. Mit analytischen Methoden wollte er die sichtbare Realität auf ihre geometrischen Grundformen zurückführen. Typisch für Cézanne sind ein flächiger Farbauftrag mit sichtbarem, diagonalem Pinselduktus und eine Reduzierung des Räumlichen, indem Vordergrund und Hintergrund stellenweise ineinanderfließen. Damit wurde er zum Vorläufer der Kubisten und Fauvisten.

Wer?	**Marc Chagall**
Wann?	1887–1985
Beruf?	Maler
Woher?	Liosno, Russland
Welche Zeitgenossen?	Max Beckmann, Edward Hopper, Oskar Kokoschka, Pablo Picasso

Marc Chagall ist einer der Hauptvertreter des gegenständlichen Expressionismus des 20. Jahrhunderts. Noch in Russland lernte er die Bilder Cézannes, van Goghs und Gauguins kennen. Vor allem Paul Gauguin hat seinen Stil stark beeinflusst. Später in Paris inspirierten ihn die Kubisten mit ihrer Aufhebung der gewohnten Raumperspektive. Es kommt zu jenen gleichsam über dem Bildgrund schwebenden phantastischen Gestalten, an denen man »einen Chagall« sofort erkennt. Die Liebe zu seiner Frau Bella Rosenfeld kommt in vielen Bildern zum Ausdruck. Ebenso die innere Verbundenheit mit seiner russischen Heimat und mit der Bibel.

Wer?	**Charlie Chaplin**
Wann?	1889–1977
Was war er?	Schauspieler und Regisseur
Woher?	London, England
Richtiger Name?	Charles Spencer Chaplin
Berühmte Verwandte?	Tochter Geraldine Chaplin
Seine größten Werke?	»The Kid«, »Lichter der Großstadt«, »Moderne Zeiten«, »Der große Diktator«

Wer war Charlie Chaplin?

Charlie Chaplin ist der berühmteste Filmkomiker aller Zeiten. Er hat der Slapstick-Komödie einen eigenen, tragikomischen Stil verliehen und sie um psychologische und gesellschaftskritische Dimensionen erweitert. Die von ihm entwickelte Figur des »Tramp« – ein Landstreicher mit Stock und Hut in zu kleiner Weste und zu großer Hose – machte ihn weltbekannt.

Wie verlief seine Karriere?

Wie im Bilderbuch: 1913 fing er in den USA als Schauspieler bei der Keystone-Filmgesellschaft an. Schnell wurde er beim Publikum so beliebt, dass seine Gagen in die Höhe schnellten und er immer selbstbestimmter arbeiten konnte. Bald übernahm er auch Regie, Drehbuch und Schnitt. 1919 gründete er seine eigene Filmgesellschaft »United Artists«. Sein spöttischer Blick auf die amerikanische Gesellschaft missfiel dem Staat zunehmend. Nach einer Europatour 1952 durfte er nicht wieder in die USA einreisen und lebte fortan in der Schweiz.

Welche Filme sind besonders berühmt?

In seinem ersten Film, »Der Tramp« (1915), spielt Chaplin einen Vagabunden, der unschuldig in Gefahr gerät und dem Unheil gerade noch entkommt. Sein erster Langfilm, »The Kid« (1921), erzählt die Geschichte eines Vagabunden, der plötzlich für ein Findelkind sorgen muss. »Moderne Zeiten« (1936), der die Fließbandarbeit parodiert, wurde von der US-Regierung als antikapitalistisch verurteilt. Der erste Tonfilm war der legendäre Streifen »Der große Diktator« (1940), eine Satire auf Adolf Hitler und den Faschismus.

Wer?	**Frédéric Chopin**
Wann?	1810–1849
Was war er?	Komponist und Pianist
Woher?	Warschau, Polen
Wahlheimat?	Paris
Zeitgenossen?	Robert Schumann, Giuseppe Verdi

Frédéric Chopin wird als Begründer der romantischen Tonsprache gesehen. Er komponierte hauptsächlich für Klavier. Als Improvisationsgenie revolutionierte er das Klavierspiel in ähnlicher Weise wie eine Generation vor ihm Ludwig van Beethoven. Mit seinen melancholischen Melodien und der Neigung zu thematischen und rhythmischen Kontrasten gilt er als Wegbereiter der Romantik. Seine Tanzstücke wie die Polonaisen und Walzer sind stark von der Musik seiner polnischen Heimat geprägt. Zu den berühmtesten Stücken gehören der »Trauermarsch«, die »Préludes« und die »Nocturnes«.

Wer?	**Nikita S. Chruschtschow**
Wann?	1894–1971
Was war er?	Politiker
Woher?	Kalinowka, UdSSR
Politisches Ereignis?	Kuba-Krise

Nikita Sergejewitsch Chruschtschow war zu Hochzeiten des Kalten Kriegs sowjetischer Regierungschef. Sein Name steht vor allem für Entstalinisierung: Er verurteilte offiziell den Stalin'schen Terror, beschnitt die Macht der Sicherheitsorgane und stellte ein gewisses Maß an Rechtssicherheit her. Er bemühte sich um eine Auflockerung des Wirtschaftssystems und die Hebung des allgemeinen Lebensstandards. Außenpolitisch brachte er die UdSSR – bei fortgesetzter Aufrüstung – auf einen Kurs der »friedlichen Koexistenz« mit dem Westen. 1959 besuchte er als erster sowjetischer Regierungschef die USA.

500 KURZPORTRÄTS VON A–Z

Wer?	**Sir Winston Churchill**
Wann?	1874–1965
Beruf?	Politiker
Woher?	Blenheim Palace, Großbritannien
Markenzeichen?	Zigarre

Sir Winston Churchill war der bedeutendste britische Staatsmann des 20. Jahrhunderts. Zweimal wechselte er das politische Lager – von konservativ zu liberal und wieder zurück – und bekleidete mehrere Ministerämter. Ab 1940 amtierte er als Ministerpräsident von Großbritannien und war maßgeblich verantwortlich für den Sieg der Alliierten über Nazideutschland. Nach dem Tod des sowjetischen Diktators Josef Stalin bemühte er sich um eine Annäherung zwischen Ost und West, allerdings ohne Erfolg. Als Schriftsteller großer historischer Werke wie etwa »Der Zweite Weltkrieg« wurde er 1953 mit dem Literaturnobelpreis ausgezeichnet.

Wer?	**Bill Clinton**
Wann?	Geboren 1946
Was war er?	Politiker
Woher?	Hope, Arkansas (USA)
Richtiger Name?	William Jefferson Blythe

Bill Clinton war der 42. Präsident der USA. Innenpolitisch steht die Ära Clinton (1993–2001) für eine erfolgreiche Wirtschafts- und Umweltpolitik und eine Reduzierung der Arbeitslosigkeit. Außenpolitische Verdienste waren die NATO-Osterweiterung und die Vermittlung im Nahostkonflikt sowie im Krieg in Bosnien-Herzegowina, den das Abkommen von Dayton 1995 beendete. Clintons zweite Amtszeit wurde von der sogenannten Lewinsky-Affäre überschattet: Clintons kurzzeitiges Verhältnis mit seiner Praktikantin Monica Lewinsky sorgte für weltweites Aufsehen und mündete in ein Amtsenthebungsverfahren, das jedoch scheiterte.

GROSSE PERSONEN DER GESCHICHTE

Wer?	**Sean Connery**
Wann?	Geboren 1930
Beruf?	Filmschauspieler
Woher?	Edinburgh, Schottland
Richtiger Name?	Thomas Connery
Preise?	Golden Globe, Oscar

Wer?	**James Cook**
Wann?	1728–1779
Was war er?	Britischer Seefahrer
Woher?	Marton, Yorkshire
Zeitgenossen?	J. W. von Goethe, A. von Humboldt, George Washington

Sir Sean Connery gehört zu den bekanntesten Stars des internationalen Filmgeschäfts. Keine Rolle prägte ihn mehr als die des »James Bond«. Seine attraktive, athletische Erscheinung und die Mischung aus Charme und Härte machten ihn in den 1960er Jahren zum Frauenschwarm, aber auch zum Idol vieler junger Männer. Neben James Bond sind »Der Name der Rose« und »Die Unbestechlichen« weitere Highlights seiner Karriere. Im Jahr 2000 wurde der in Spanien und auf den Bahamas lebende Star und glühende schottische Nationalist – unter anderem gründete er den »Scottish International Education Trust« – zum Sir geadelt.

James Cook wurde als großer Entdeckungsreisender und Kartograf berühmt. Im Auftrag der Royal Society erforschte er auf drei großen Reisen den Pazifik. Dabei entdeckte und kartierte er Hawaii und Teile Alaskas, zahlreiche Inseln und die Ostküste Australiens. Außerdem widerlegte er die damals weit verbreitete Annahme eines riesigen Südkontinents, der »Terra Australis«. Cooks wichtigste Errungenschaften sind seine detaillierte Seekarte des Pazifik und seine Pionierarbeit bei der Eindämmung der typischen Seefahrer-Krankheiten Skorbut und Beriberi. Auf Hawaii wurde er 1779 von Eingeborenen bei einem Streit erschlagen.

Wer?	**Hernándo Cortés**
Wann?	1485–1547
Was war er?	Konquistador und Entdecker
Woher?	Medellín, Spanien
Wodurch berühmt?	Zerschlagung des Aztekenreichs

Hernándo Cortés vernichtete in mehreren Eroberungsfeldzügen das Aztekenreich. Mit seinem Sieg über die letzten Aztekenherrscher Moctezuma II. Cuitláuac und Cuáutemoc begründete er das spanische Kolonialreich auf dem amerikanischen Festland. Er nannte es »Neuspanien« und machte sich zum Statthalter und Generalkapitän. Seine Gegner warfen ihm Amtsmissbrauch vor. Um diese Anschuldigung abzuwehren, ließ sich Cortés in Spanien von Karl V. mit dem Titel »Marqués del Valle de Oaxaca« auszeichnen, verlor jedoch das Amt des Statthalters. Bei einer erneuten Reise nach Neuspanien entdeckte er 1536 die Halbinsel Kalifornien.

Wer?	**Lucas Cranach der Ältere**
Wann?	1472–1553
Beruf?	Maler
Woher?	Kronach, Deutschland
Zeitgenossen?	Martin Luther, Michelangelo

Lucas Cranach der Ältere war einer der Hauptmeister der deutschen Renaissancemalerei. Sein Werk ist von der Freundschaft zu Martin Luther geprägt, den er mehrmals porträtierte. Neben Personenbildnissen schuf er hauptsächlich Heiligenlegenden und Holzschnitte. Die meiste Zeit lebte er in Wittenberg, wo er als Hofmaler im Dienst des Kurfürsten Friedrichs des Weisen stand und regen Anteil am gesellschaftlichen Leben nahm: als Bürgermeister, Betreiber eines Weinausschanks, einer Apotheke sowie einer Druckerei und Buchhandlung. Als repräsentativer Maler der Reformation genoss Cranach damals einen ähnlich guten Ruf wie Dürer.

GROSSE PERSONEN DER GESCHICHTE

Wer?	**Crazy Horse**
Wann?	Um 1840–1877
Was war er?	Indianerhäuptling
Welcher Stamm?	Westliche Sioux
Richtiger Name?	Tashunka Witko
Zeitgenossen?	Sitting Bull, Thomas A. Edison

Crazy Horse war neben Sitting Bull der letzte Indianerhäuptling der Welt. Er war Kriegshäuptling der Oglala-Indianer, einem Unterstamm der Sioux. Berühmt ist die Schlacht am Little Bighorn: Am 25. Juni 1876 geriet eine Abteilung der US-Armee in einen Hinterhalt der Indianer am Little Bighorn River im südlichen Montana. Anführer waren Crazy Horse und Sitting Bull. Vorausgegangen waren Feldzüge der US-Armee gegen die letzten freien Stammesverbände. Nach kräftezehrenden Rückzugsgefechten ergab sich Crazy Horse schließlich 1877. Ihm und seinen Getreuen wurde ein Reservat zugewiesen.

Wer?	**Oliver Cromwell**
Wann?	1599–1658
Was war er?	Politiker und Staatsmann
Woher?	Huntingdon, England
Wodurch berühmt?	Gründung der englischen Republik
Zeitgenossen?	Thomas Hobbes, John Locke

Cromwell ist einer der umstrittensten Staatsmänner der britischen Geschichte. Er überführte das britische Empire in eine Republik, indem er gegen den Absolutismus Karls I. und die anglikanische Kirche kämpfte. Mit seiner »New Model Army« siegte er in zwei Bürgerkriegen über die königlichen »Kavaliere«. Daraufhin wurde König Karl I. 1649 vor seiner Residenz in Whitehall hingerichtet und England zur Republik erklärt, dem »Commonwealth of England«. Cromwell handelte gegen den Willen der schottischen und irischen Bevölkerung. Dieses Erbe belastet noch heute die irisch-englischen Beziehungen.

Wer?	**Marie Curie**
Wann?	1867–1934
Was war sie?	Chemikerin und Physikerin
Woher?	Warschau, Polen
Wodurch berühmt?	Erforschung der Radioaktivität
Zeitgenossen?	Pierre Curie, A. H. Becquerel

Marie Curie leistete Herausragendes für die Erforschung radioaktiver Strahlung. Ihre Untersuchungen der zuvor vom französischen Physiker Becquerel entdeckten »Becquerel-Strahlung« legten den Grundstein für die moderne Atomforschung. Sie entdeckte die Radioaktivität des Thoriums sowie – zusammen mit ihrem Mann Pierre Curie – zwei neue Elemente: Radium und Polonium (benannt nach ihrer polnischen Heimat). 1903 erhielt sie den Nobelpreis für Physik und 1911 den Nobelpreis für Chemie. 1906 wurde sie als erste Frau Professorin an der renommierten Pariser Universität Sorbonne.

Wer?	**Louis Jacques Mandé Daguerre**
Wann?	1787–1851
Was war er?	Maler und Erfinder
Woher?	Cormeilles-en-Parisis, Frankreich
Wodurch berühmt?	Erfindung der Fotografie

Louis Jacques Mandé Daguerre schuf das Fundament für die Erfindung der Fotografie. Die Basis bildete sein sogenanntes Diorama, eine Art Schaubühne in einem dunklen Raum mit einem lichtdurchlässigen, zweiseitig bemalten Stoff, auf dem je nach Beleuchtung die Vorder- oder Rückseite hervortritt. Fortan arbeitete er zusammen mit seinem Kollegen Nicéphore Niepce fieberhaft daran, das von einer Camera obscura entworfene Bild chemisch festzuhalten. Im Jahr 1837 wurde ein solches Verfahren gefunden. Das war die Geburtsstunde der Daguerreotypie, einer Vorform der späteren Fotografie.

GROSSE PERSONEN DER GESCHICHTE

Wer?	Gottlieb Daimler
Wann?	1834–1900
Was war er?	Ingenieur und Erfinder
Woher?	Stuttgart
Wodurch berühmt?	Entwicklung des ersten Kraftfahrzeugs

Wer?	Dalai Lama
Wann?	Geboren 1935
Was ist er?	Religiöses Oberhaupt Tibets
Woher?	Kumbum, Osttibet
Richtiger Name?	Tenzin Gyatso
Exil?	Dharamsala, Indien

Gottlieb Daimler gilt zusammen mit den Ingenieuren Karl Benz und Wilhelm Maybach als Erfinder des Automobils. Daimler und Maybach entwickelten gemeinsam den ersten Fahrzeugmotor. Sie bauten ihn in die verschiedensten Fahrzeuge ein, beispielsweise in ein hölzernes Zweirad, ein Boot und auch in einen Kutschwagen. Letzterer wurde dadurch zum ersten brauchbaren vierrädrigen Kraftwagen der Welt. Die erste Fahrt fand im Jahr 1887 statt. 1890 wurde die Daimler-Motoren-Gesellschaft gegründet, deren Aufsichtsrat Daimler angehörte. Aus ihr ging später durch Zusammenlegung mit der Firma Benz & Cie. die Daimler-Benz-AG hervor.

Der 14. Dalai Lama ist einer der einflussreichsten Religionsführer der Welt. Er vertritt den Lamaismus, das ist der tibetische Buddhismus. Der Dalai Lama lebt seit der Besetzung Tibets durch China im Jahre 1959 im indischen Exil. Hier kümmert er sich um die Erziehung tibetischer Flüchtlinge und die Pflege der tibetischen Kultur. Von hier aus leitet er auch die tibetische Exilregierung, die aber von keinem Staat offiziell anerkannt wird. Als deren Chef setzt er sich für ein unabhängiges Tibet ein. Den Tibetern in und außerhalb von China gilt der Dalai Lama als ihr geistliches und politisches Oberhaupt. 1989 erhielt er den Friedensnobelpreis.

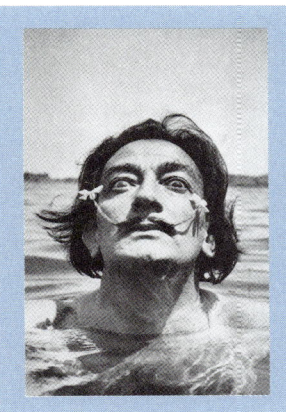

Wer?	**Salvador Dalí**
Wann?	1904–1989
Was war er?	Maler
Woher?	Figueras, Spanien
Zeitgenossen?	Sigmund Freud, Jóan Miro, Pablo Picasso
Richtiger Name?	Salvador Felipe Jacinto Dalí y Domenech
Berühmte Werke?	»Die verrinnende Zeit«, »Brennende Grotte«, »Schlaf«

Was leistete Dalí?

Salvador Dalí gilt als der Hauptvertreter des Surrealismus. Er war der erste Maler, der die zu jener Zeit noch junge Lehre Sigmund Freuds vom Unbewussten unmittelbar in sein Werk einfließen ließ. Seine Bilder zeigen in beeindruckend naturalistischer Malweise irrationale, oft bedrohlich wirkende Szenen wie aus einem Alptraum. Als sein berühmtestes Bild gilt »Die zerrinnende Zeit« von 1931.

Was ist die »paranoisch-kritische Methode«?

In Anlehnung an die surrealistische Methode des »automatischen Schreibens«, die dem bewussten künstlerischen Schaffen das freie Assoziieren entgegensetzt, entwickelte Dalí seine eigene »paranoisch-kritische Methode«. Er definierte sie als »spontane Methode irrationaler Erkenntnis, die auf kritisch-interpretatorischer Assoziation von Wahnvorstellungen beruht«. Der Vorgang des Malens ist für ihn mit dem des Träumens vergleichbar: Bei beiden Prozessen nimmt das Unbewusste Gestalt an.

Wie war Dalí als Mensch?

Dalí war ein Meister der Vermarktung – sowohl seiner Kunst als auch seiner Person. Wie kein Zweiter hat er es verstanden, sich als schillernder Exzentriker zu inszenieren und öffentlich im Gespräch zu bleiben. Für die einen war er ein Genie, für die anderen ein geldgieriger Scharlatan. Der bewusst »irre« Blick, den er für Fotografen aufsetzte, und der gezwirbelte Schnurrbart wurden zu seinem Markenzeichen. Seine Verehrung des spanischen Diktators Francisco Franco ist ein dunkler Fleck in Dalís Biografie.

GROSSE PERSONEN DER GESCHICHTE

Wer?	**Dante Alighieri**
Wann?	1265–1321
Was war er?	Dichter
Woher?	Florenz, Italien
Wodurch berühmt?	»Göttliche Komödie« (»Divina Commedia«)
Genre?	Scholastik

Dante Alighieri ist der berühmteste Dichter Italiens und einer der bedeutendsten Dichter des Mittelalters. Seine »Commedia« erlangte nach seinem Tod als »Divina Commedia« Weltruhm und ist bis heute eines der wichtigsten literarischen Werke überhaupt. Das Wort »Commedia« ist mit »Komödie« unzureichend übersetzt. Eigentlich bedeutet es »Geschichte mit gutem Ende«. Erzählt wird die Reise durch drei Daseinsbereiche: von der Hölle zum Läuterungsberg (= Fegefeuer) ins Paradies. Die »Göttliche Komödie« wird heute als dichterisches Symbol der Scholastik gesehen, jener Lehrmethode, die Logik mit christlichem Denken vereint.

Wer?	**Charles Darwin**
Wann?	1809–1882
Was war er?	Naturforscher und Biologe
Woher?	Shrewsbury, England
Wodurch berühmt?	Evolutionstheorie
Schiff?	»Beagle«

Charles Darwin ist der Vater der Evolutionslehre, der Lehre von der Entwicklung der Lebewesen. Sie hat die Biologie revolutioniert. Darwin erklärte die Herausbildung neuer Arten als Folge von Anpassung an den Lebensraum: Individuen der gleichen Art weisen Unterschiede auf, die sie besser oder schlechter für den »Kampf ums Dasein« rüsten. Dabei überleben jeweils nur die stabilsten Organismen, das heißt die, die es am besten verstanden haben, sich an die Bedingungen der Umwelt anzupassen. Nichts anderes meint die berühmte Formel vom »survival of the fittest«. Von Darwins Überlegungen leiten sich heute alle modernen Evolutionstheorien ab.

Wer?	**König David**
Wann?	1040–965 v. Chr.
Was war er?	König von Israel
Woher?	Bethlehem, Palästina
Wodurch berühmt?	Sieg gegen Goliath
Söhne?	Absolom, Jonathan, Salomo

König David war der bedeutendste König Israels und ist eine der zentralen Bibelfiguren. Durch geschicktes Taktieren schuf er ein gewaltiges Großreich Israel mit Jerusalem als Hauptstadt. Als Schwiegersohn und Nachfolger König Sauls war er zunächst Truppenführer unter Saul, bevor es zum Zerwürfnis mit dem Schwiegervater kam. Nach Sauls Tod wurde David König von Juda, später auch von Israel. Durch weitere Siege über die Nachbarstaaten Syrien und Palästina entstand ein Großreich, wie es Israel später nie wieder war. Noch heute erwartet das Judentum einen Erlöser aus dem Hause Davids.

Wer?	**Miles Davis**
Wann?	1926–1991
Was war er?	Jazzmusiker
Woher?	Alton, Illinois (USA)
Berühmte Stücke?	»Milestones«, »Kind of Blue«, »The Man with the Horn«

Miles Davis wurde als herausragender Jazztrompeter zur Berühmtheit. Typisch für ihn ist sein melodisches, vibratoloses Trompetenspiel. Er beherrschte die unterschiedlichsten Jazzstile wie Bebop, Cool Jazz, Hardbop, modalen Jazz und Jazzrock. Ende der 1940er Jahre leitete er eine Neun-Mann-Band, die mit ihrer ungewöhnlichen Besetzung (unter anderem mit Waldhorn) Aufsehen erregte und das Klangideal der Cool-Ära prägte. In den 1960er Jahren schuf er eine rhythmisch-komplexe Musik an der Grenze der Tonalität und wandte sich dem Electric Jazz zu. In den 1980ern kamen harte Funk-Rhythmen dazu.

GROSSE PERSONEN DER GESCHICHTE

Wer?	**Claude Debussy**
Wann?	1862–1918
Beruf?	Komponist
Woher?	St.-Germain-en-Laye, Frankreich
Berühmte Werke?	»Pelléas et Mélisande«, »Trois nocturnes«

Claude Achille Debussy gilt als Wegbereiter der modernen Musik und wird als Hauptvertreter des musikalischen Impressionismus angesehen. Um 1890 bildete er unter dem Einfluss der impressionistischen Malerei und des Symbolismus die charakteristischen Merkmale seiner Tonsprache aus: Verwendung von Ganztonleiter, Pentatonik und Kirchentonarten, Parallelverschiebung von Intervallen, nicht dynamisch, sondern als Klangfarbenmelodie eingesetzte Chromatik und eine höchst differenzierte Rhythmik. Viele moderne Komponisten ließen sich von Debussy beeinflussen. Am deutlichsten wird das bei Béla Bartók und Igor Strawinsky.

Wer?	**Demokrit**
Wann?	Um 460–370 v. Chr.
Was war er?	Philosoph und Naturwissenschaftler
Woher?	Abdera, Griechenland
Lehrer?	Leukippos von Milet
Hauptwerk?	Atomtheorie

Demokrit ist einer der größten Philosophen der Antike. Er entwickelte die Lehre von den kleinsten unteilbaren Teilchen, den »Atomen« (von griechisch »átomos«, unteilbar): Alle lebendige und tote Materie setzt sich aus unendlich vielen unsichtbaren Atomen zusammen. Geht etwas zugrunde, lösen sich die Atome voneinander und bilden neue Körper. Jedes Atom für sich ist aber unveränderlich und unzerstörbar. Auch das Bewusstsein ist laut Demokrit mit der Existenz von Atomen erklärbar. Wenn etwa das Auge Sonnenlicht wahrnimmt, sind es Atome der Sonne, die diese Wahrnehmung auslösen. Man nennt diese Lehre auch Atomismus.

500 KURZPORTRÄTS VON A–Z

Die bedeutendsten Musiker der Gegenwart
in chronologischer Reihenfolge:

George Gershwin
(1898–1937)
➔ *Porträt S. 91!*

Elvis Presley
(1935–1977)
➔ *Porträt S. 213!*

Louis Armstrong
(1900–1971)
➔ *Porträt S. 15!*

John Lennon
(1940–1980)
➔ *Porträt S. 151!*

Billie Holiday
(1915–1959)
➔ *Porträt S. 122!*

Mick Jagger
(Geboren 1943)
➔ *Porträt S. 130!*

Charlie Parker
(1920–1955)
➔ *Porträt S. 203!*

David Bowie
(Geboren 1947)
➔ *Porträt S. 34!*

Miles Davis
(1926–1991)
➔ *Porträt S. 57!*

Sting
(Geboren 1951)
➔ *Porträt S. 254!*

GROSSE PERSONEN DER GESCHICHTE

Wer?	Catherine Deneuve
Wann?	Geboren 1943
Beruf?	Filmschauspielerin
Woher?	Paris, Frankreich
Richtiger Name?	Catherine Fabienne Dorléac

Wer?	Robert De Niro
Wann?	Geboren 1943
Beruf?	Filmschauspieler
Woher?	New York (USA)
Berühmte Filme?	»Der Pate II«, »Taxi Driver«
Spielansatz?	Method Acting

Catherine Deneuve gehört zu den bekanntesten und beliebtesten französischen Filmstars. Sie gilt als Prototyp der »kühlen Blonden«, schön und unnahbar. Deneuve drehte mehrere Filme mit Starregisseuren wie Luis Buñuel und François Truffaut. Zu ihren bekanntesten Filmen gehören »Belle de jour« (1967), »Die letzte Metro« (1980), »Nächtliche Sehnsucht« (1988) und »Indochine« (1991). Catherine Deneuve stammt aus einer Schauspielerfamilie. Beide Eltern und ihre Schwester übten diesen Beruf aus. Sie hat einen Sohn mit dem französischen Regisseur Roger Vadim und eine Tochter mit dem italienischen Schauspieler Marcello Mastroianni.

Robert De Niro ist einer der populärsten US-amerikanischen Filmschauspieler der Gegenwart. Seine Spezialität sind ambivalente Charaktere, die ein Leben als gesellschaftliche Außenseiter führen. Seinen Durchbruch hatte er im Jahr 1973 als sterbender Baseballspieler Bruce Person in »Bang the Drum Slowly«. Der Regisseur Martin Scorsese drehte insgesamt acht Filme mit De Niro, der bekannteste ist »Taxi Driver«. Zum Superstar avancierte er 1974 als Vito Corleone im zweiten Teil der Trilogie »Der Pate« von Francis Ford Coppola. Für die Rolle des alternden Boxers Jake La Motta in Scorseses »Wie ein wilder Stier« nahm er 27 Kilo zu.

500 KURZPORTRÄTS VON A–Z

Wer?	**René Descartes**
Wann?	1596–1650
Was war er?	Mathematiker und Philosoph
Woher?	La Haye, Frankreich
Bekannt durch?	Seinen Leitsatz »Cogito, ergo sum«
Sein Hauptwerk?	»Discours de la méthode« (1637)

Als Mathematiker begründete Descartes die analytische Geometrie, als Philosoph die neuzeitliche Philosophie. Mittelpunkt seines Denkens und Zweifelns war die Frage nach der Erkenntnisfähigkeit des Menschen. Wie finden wir Gewissheit? Durch Sinneserfahrungen? Diese können uns täuschen. Durch Logik, Mathematik? Nein, für Descartes gab es nur eine Sicherheit: Das Ich! Die Einsicht »Cogito, ergo sum« (Ich denke, also bin ich) ist eine unmittelbare Gewissheit, die wir in jedem Denkakt erfahren. Damit wird das Ich zum Fundament der Erkenntnis und alles das, was man wie das Ich deutlich einsieht, ist wahr.

Wer?	**Charles Dickens**
Wann?	1812–1870
Woher?	Landport, England
Welcher Beruf?	Erzähler
Berühmte Charaktere?	David Copperfield, Nicholas Nickelby, Oliver Twist

Dickens war einer der populärsten Autoren des 19. Jahrhunderts und gilt als Begründer des sozialen Romans. Er zeichnete ein lebendiges Gesellschaftsgemälde der Viktorianischen Zeit und geißelte schonungslos soziale Missstände, die brutale Behandlung von Armen, Kindern und Schwachen, um an das soziale Gewissen der Mitmenschen zu appellieren. Seine berühmtesten Werke sind »Oliver Twist« und »David Copperfield«, zwei der beeindruckendsten Kinder- und Jugendromane der Weltliteratur. Diese Romane führten dazu, dass in England erstmals Armengesetze und Kinderarbeit thematisiert wurden.

GROSSE PERSONEN DER GESCHICHTE

Wer?	**Denis Diderot**
Wann?	1713–1784
Woher?	Langres, Frankreich
Was war er?	Philosoph und Kunsttheoretiker
Welches Hauptwerk?	»Encyclopédie«

Diderot, ein Vertreter der französischen Aufklärungsphilosophie, gilt als einer der geistigen Wegbereiter der Französischen Revolution. Zusammen mit d'Alembert war er seit 1746 Mitherausgeber der »Encyclopédie«, einer lexikalischen Wissenssammlung, die breiten Bevölkerungsschichten zugänglich war. Die Wirkung des Lexikons, an dem viele berühmte Wissenschaftler mitarbeiteten, war revolutionär, da das aufstrebende Bürgertum eine Plattform für aufklärerische Ideen und Forderungen erhielt. Diderot kritisierte die herrschenden Machtstrukturen und kämpfte für eine ideale und freie Gesellschaft.

Wer?	**Marlene Dietrich**
Wann?	1901–1992
Welcher Beruf?	Schauspielerin
Wodurch berühmt?	»Der blaue Engel«, »Die blonde Venus«
Markenzeichen?	Männeranzug

Marlene Dietrich war mehr als eine Schauspielerin, sie war bereits zu Lebzeiten ein Mythos. Ihre Rollen waren geheimnisvoll, mondän und elegant, ihre Regisseure von Weltrang. Entdeckt wurde sie von Josef von Sternberg, der sie als Nachtclubsängerin Lola-Lola in »Der blaue Engel« einsetzte. Danach ging es steil bergauf: Hollywood rief und Dietrich wurde ein Weltstar. Ihr Auftritt in »Die blonde Venus« in einem Männeranzug wurde ihr Markenzeichen: Langbeinig und kühl verkörperte sie die Femme fatale. Nach dem Krieg wurde es stiller um die Diva. Zurückgezogen lebte sie in Paris, wo sie 1992 starb.

500 KURZPORTRÄTS VON A–Z

Wer?	**Walt Disney**
Wann?	1901–1966
Woher?	Chicago (USA)
Welcher Beruf?	Comic-Zeichner und Regisseur
Wodurch berühmt?	Micky Maus, Bambi, Donald Duck
Preise?	700 Auszeichnungen

Disney machte den Zeichentrickfilm »hoffähig«. Wie kein anderer Trickfilmzeichner verstand er es, seine Figuren zu vermarkten, um neue Filme zu finanzieren. Der Durchbruch im Comicfilm gelang ihm 1928 mit einer neuen Figur: Micky Maus. 1937 brachte er den ersten abendfüllenden Trickfilm (»Schneewittchen und die sieben Zwerge«) in die Kinos, der zum Klassiker des Genres avancierte. Es folgten weitere Hits wie »Bambi« 1942 oder »Das Dschungelbuch« 1967. Sein Film »Die Wüste lebt« wurde ein Meilenstein des dokumentarischen Tierfilms. 1955 verwirklichte er mit der Eröffnung des Erlebnisparks Disneyland einen Lebenstraum.

Wer?	**Alfred Döblin**
Wann?	1878–1957
Welcher Beruf?	Psychoanalytiker und Schriftsteller
Hauptwerk?	»Berlin Alexanderplatz«
Zeitgenossen?	Hermann Hesse, Thomas Mann

Der deutsch-jüdische Autor schuf mit »Berlin Alexanderplatz« 1929 den ersten und bedeutendsten deutschen Großstadtroman. Erzählt wird die Geschichte von Franz Biberkopf, eines gutwilligen, aber schwachen »kleinen Mannes«. Es geht um den Kampf des Individuums mit der Übermacht anonymer Kräfte, um den Tod des alten und die Geburt eines neuen, gewandelten Menschen. Döblin, eigentlich Nervenarzt und Psychoanalytiker, emigrierte 1933 nach Paris und lebte zwischen 1940 bis 1945 in den USA. Nach Ende des Zweiten Weltkrieges kehrte er nach Deutschland zurück, wo er nicht mehr Fuß fassen konnte; isoliert und verarmt starb er 1957.

GROSSE PERSONEN DER GESCHICHTE

Wer?	**Fjodor M. Dostojewski**
Wann?	1821–1881
Welcher Beruf?	Schriftsteller
Woher?	Moskau, Russland
Hauptwerk?	»Schuld und Sühne«
Zeitgenossen?	C. Baudelaire, G. Flaubert

Fjodor Michailowitsch Dostojewski beeinflusste wie kein anderer russischer Autor die Weltliteratur. Als 23-Jähriger quittierte er den Offiziersdienst, um Schriftsteller zu werden. Bereits der erste Roman »Arme Leute« war ein großer Erfolg. 1849 wurde er als Revolutionär zum Tode verurteilt, dann zur Verbannung in Sibirien begnadigt. Als gläubiger Christ kehrte er zurück, reiste ins Ausland und verfiel der Spielleidenschaft. Seine Romane behandeln religiös-philosophische Fragen in spannender Gegenwartsthematik. Zu den Hauptwerken gehören »Schuld und Sühne« und »Die Brüder Karamasow«.

Wer?	**Dschingis Khan**
Wann?	Um 1167–1227
Woher?	Mongolei
Bekannt durch?	Eroberung Chinas
Richtiger Name?	Temudschin
Zeitgenosse?	Richard I. Löwenherz

Dschingis Khan gelang es, die zerstrittenen Mongolenstämme zu einen und zur Weltmacht zu führen. 1196 wurde er Herrscher seines Stammes. Nach der Festigung seiner Macht unterwarf er schrittweise die angrenzenden Steppenvölker. 1206 ließ er sich zum Großkhan ausrufen. Mit seinem schlagkräftigen Reiterheer unterwarf er in der Folge ganz Zentralasien und Nordchina. Sein Reich mit der Hauptstadt Karakorum erstreckte sich vom Ostchinesischen Meer bis zum Dnjepr und vom Persischen Golf bis zum Nordpolarmeer. Nach Dschingis Khans Tod wurde das Reich unter seinen Söhnen aufgeteilt.

500 KURZPORTRÄTS VON A–Z

Wer?	**Henry Dunant**
Wann?	1828–1910
Wodurch berühmt?	Gründer des Roten Kreuzes
Woher?	Genf, Schweiz
Beruf?	Kaufmann
Auszeichnung?	Erster Friedensnobelpreisträger

Dunant war nicht nur der Gründer des Roten Kreuzes, sondern auch des Christlichen Vereins Junger Männer (CVJM) 1855. Von tiefer religiöser Überzeugung erfüllt, engagierte er sich schon früh für seine Mitmenschen. Ein Schlüsselerlebnis sollte jedoch 1859 die Schlacht bei Solferino werden, wo er Zeuge der elenden Situation der Verletzten wurde. Spontan entschloss er sich zu einer Hilfsaktion für die Verwundeten auf beiden Seiten. Sein Bericht über die Leiden der Kriegsverletzten führte 1864 zum Abschluss der Genfer Konvention und zur Gründung des Roten Kreuzes. 1901 erhielt er zusammen mit Frédéric Passy den ersten Friedensnobelpreis.

Wer?	**Albrecht Dürer**
Wann?	1471–1528
Was war er?	Maler und Grafiker
Woher?	Nürnberg
Zeitgenossen?	Michelangelo Buonarroti, Nikolaus Kopernikus, Tizian

Dürer vollzog den Übergang von der Spätgotik zur Renaissance und erhob die deutsche Kunst durch Vielseitigkeit und handwerkliche Sorgfalt zu europäischem Rang. Durch seine Auseinandersetzung mit dem Menschenbild der Antike und mit der Ästhetik der Renaissance ging er als eine der bedeutendsten Gestalten in die Kunstgeschichte ein. Als erster deutscher Künstler veröffentlichte er kunsttheoretische Schriften. Sein vielleicht wichtigster Beitrag zur Kunst war die Loslösung der Grafik von der Buchillustration. Holzschnitt und Kupferstich traten gleichberechtigt neben das Gemälde (»Ritter, Tod und Teufel«; »Melancholia«).

GROSSE PERSONEN DER GESCHICHTE

Wer?	Bob Dylan
Wann?	Geboren 1941
Was war er?	Folk- und Rocksänger
Richtiger Name?	Robert Allen Zimmerman
Woher?	Duluth, Minnesota (USA)

Wer?	Echnaton
Wann?	1393–1347 v. Chr.
Berühmt als?	Pharao
Woher?	Ägypten
Berühmte Verwandte?	Seine Ehefrau Nofretete

Bob Dylan begründete das neue Genre des Protestsongs (»Like a Rolling Stone«, »Blowin' in the Wind«) und wurde in den 1960er Jahren zur Galionsfigur der US-amerikanischen Protest- und Friedensbewegung. Er begann zunächst als Folksänger in der Tradition W. Guthries, revolutionierte 1965/66 aber mit den Alben »Highway 61 Revisited« und »Blonde on Blonde« die Popmusik, indem er Folk- und Rockmusik zum Folkrock verband. Dylan wurde zum Vorbild vieler Musiker und mehrere Songs wurden auch als Coverversionen berühmt (so etwa »Mr. Tambourine Man« von den Birds oder »Knockin' on Heaven's Door« von Guns N'Roses).

Echnaton ging als religiöser Erneuerer in die Geschichte ein – er führte den Monotheismus ein. Der Verehrer des Sonnengottes Aton nannte sich statt Amenophis (IV.) Echnaton (»Dem Aton wohlgefällig«) und verlegte seine Residenz von Theben in das neue Achet-Aton. Parallel zu seinen Reformen förderte er einen neuen Kunststil, die Amarna-Kunst. Aus seiner Ehe mit der schönen Nofretete gingen sechs Töchter hervor. Sein religiöser Radikalismus stieß bei den Priestern und im Volk auf Widerstand. Nach seinem Tod stellte sein Schwiegersohn Tutanchamun den Amun-Kult wieder her, Echnaton wurde aus den Königslisten gestrichen.

500 KURZPORTRÄTS VON A–Z

Wer?	**Thomas Alva Edison**
Wann?	1847–1931
Was war er?	Erfinder
Woher stammt er?	Milau, Ohio (USA)
Wofür bekannt?	Erfindung der Glühbirne
Zeitgenossen?	O. Lilienthal, A. G. Bell

Edisons Erfindungen veränderten die Welt; der Autodidakt gilt als einer der produktivsten Erfinder aller Zeiten. 1876 gründete er bei New York ein Labor (»Zauberer von Menlopark«), in dem er mit Ingenieuren und Naturwissenschaftlern arbeitete. Er entwickelte das Kohlemikrofon für Fernsprecher, den ersten Phonographen – Vorläufer des Grammophons –, die elektrische Glühlampe, verbesserte den Akkumulator (Edison-Akku) und baute das erste Elektrizitätswerk der Welt (1882 in New York). Auch auf dem Gebiet des Films leistete er Pionierarbeit: Er konstruierte ein Aufnahme- und Projektionsgerät.

Wer?	**Dwight David Eisenhower**
Wann?	1890–1969
Was war er?	34. Präsident der Vereinigten Staaten von Amerika
Auch genannt?	Ike
Meilenstein?	Aufhebung der Rassentrennung

Als Oberbefehlshaber der US-Truppen gewann Eisenhower im Zweiten Weltkrieg den Kampf gegen NS-Deutschland, als Präsident der USA führte er das Land in den Wohlstand. Hinter ihm lag eine Bilderbuch-Karriere: Aus ärmlichen Verhältnissen stammend, übernahm er 1942 die Führung der US-Truppen, wurde Oberbefehlshaber der alliierten Streitkräfte in West-Europa, dann der US-Besatzungstruppen in Deutschland. Als Präsident von 1953 bis 1961 beendete er den Koreakrieg, initiierte aber das US-Engagement in Vietnam. Innenpolitisch kam es wegen der Aufhebung der Rassentrennung zu Unruhen.

GROSSE PERSONEN DER GESCHICHTE

Wer?	**Albert Einstein**
Wann?	1879–1955
Welcher Beruf?	Physiker
Woher?	Ulm, Deutschland
Wofür bekannt?	Spezielle und allgemeine Relativitätstheorie
Auszeichnung?	Nobelpreis für Physik
Zeitgenossen?	Konrad Adenauer, Otto Hahn, Alfred Wegner, die Wright-Brüder

Welche Bedeutung hatte Einstein?

Einstein gilt wegen seiner Relativitätstheorie und seiner Beiträge zur Quantenphysik als einer der wichtigsten Wissenschaftler des 20. Jahrhunderts. Der Physikprofessor in Zürich, Prag, Berlin und Princeton unterzeichnete im Jahr 1939 mit anderen Wissenschaftlern einen Brief, der den US-Präsidenten auf die Möglichkeit des Baus einer Atombombe hinwies. Er selbst war an der Realisierung nicht beteiligt. Später nutzte er seine Popularität, um für Frieden und Abrüstung zu werben.

Welche Erkenntnisse hatte er?

1905 erschienen in einem einzigen Band der »Annalen der Physik« drei epochale Arbeiten von Einstein. In der ersten zeigte er, dass elektromagnetische Strahlung wie Licht aus Teilchen, den Lichtquanten oder Photonen, besteht. Dafür erhielt er 1921 den Physik-Nobelpreis. In der zweiten bestätigte er die korpuskulare Natur der Materie (Brown'sche Molekularbewegung). In der dritten Abhandlung »Zur Elektrodynamik bewegter Körper« begründete er die spezielle Relativitätstheorie.

Was bedeutet seine Relativitätstheorie?

Als wichtigste Konsequenz seiner speziellen Relativitätstheorie leitet sich die Äquivalenz von Masse und Energie ab. Sie wird ausgedrückt durch die berühmte Formel $E = m\,c^2$. Seine allgemeine Relativitätstheorie über die Gravitation führte zur grundlegenden Änderung der Vorstellungen über die Struktur von Raum und Zeit. So sagte die Relativitätstheorie etwa voraus, dass Licht im Gravitationsfeld von Körpern mit großer Masse (wie der Sonne) abgelenkt wird.

500 KURZPORTRÄTS VON A–Z

Wer?	**Thomas Stearns Eliot**
Wann?	1888–1965
Wo geboren?	St. Louis, Montana (USA)
Welcher Beruf?	Schriftsteller und Verleger
Wodurch berühmt?	Literaturnobelpreis 1948
Zeitgenossen?	Marc Chagall, Ludwig Wittgenstein

T. S. Eliot gilt als Erneuerer der angelsächsischen Lyrik und des religiösen Dramas. Der US-amerikanische Autor nahm 1927 die britische Staatsangehörigkeit an. In seiner Lyrik schilderte er die geistige Not der modernen Welt und die Möglichkeit ihrer Überwindung durch einen christlichen Humanismus. Der Kontrast von Chaos und Ordnung bestimmt sein gesamtes Schaffen. Das Gedicht »The Waste Land« (»Das wüste Land«) von 1922, in dem er die Verzweiflung angesichts einer sinnlos gewordenen Welt thematisiert, verhalf ihm zum Durchbruch. »Vier Quartette« (1943) gilt als seine bedeutendste Dichtung.

Wer?	**Elisabeth von Österreich**
Wann?	1837–1898
Auch genannt?	Sis(s)i
Wodurch berühmt?	Kaiserin von Österreich und Königin von Ungarn
Wie gestorben?	Ermordet

Elisabeth ging als schöne Märchenprinzessin in die Geschichte ein. Als sie 1854 Kaiser Franz Joseph I. heiratete, galten beide als Traumpaar der europäischen Monarchie. Es war eine Liebesheirat zwischen Franz Joseph und Sisi, so ihr Kosename, jedoch keine ganz standesgemäße Partie für den Habsburger. Die junge Kaiserin fühlte sich am Wiener Hof nie wohl. Immer öfter verreiste sie und entfremdete sich ihrer Umwelt, auch ihrem Gatten. Der Selbstmord ihres Sohnes, Kronprinz Rudolf, war ein schwerer Schlag für die Kaiserin, die 1898 von einem italienischen Anarchisten in Genf ermordet wurde.

Wer?	**Elisabeth I.**
Wann?	1533–1603
Was war sie?	Königin von England
Auch genannt?	Die »jungfräuliche Königin«
Berühmte Zeitgenossen?	Francis Drake, William Shakespeare, Maria Stuart

Mit dem Sieg über die spanische Armada 1588 schuf Elisabeth I. die Grundlage für den Aufstieg Englands zur Seemacht. Das Land erlebte unter der Monarchin eine kulturelle Blüte, bekannt als das »Elisabethanische Zeitalter«. Die Tochter Heinrichs VIII. wurde 1558 vom Parlament als Thronfolgerin anerkannt. Die Rivalität zwischen ihr und der schottischen Königin Maria Stuart endete mit der Hinrichtung Stuarts (1587). In ihrer fast 40-jährigen Herrschaft brachte sie dem Land inneren Frieden. Vor ihrem Tod, dem Ende der Tudor-Dynastie, bestimmte sie den Sohn Maria Stuarts, Jakob I., zum Nachfolger.

Wer?	**Elisabeth II.**
Wann?	Geboren 1926
Was ist sie?	Königin von Großbritannien und Nordirland
Berühmte Verwandte?	Gatte Prinz Philip von Mountbatten, Sohn Prinz Charles

Elisabeths Regierungszeit ist von umwälzenden historischen Ereignissen wie dem Untergang des britischen Empire und der Gründung des Commonwealth geprägt. Bereits mit 25 Jahren wurde sie Königin. Pflichtbewusstsein und Disziplin prägen ihre Ära, die von Höhen und Tiefen begleitet wurde. Aus ihrer Ehe mit Prinz Philip gingen vier Kinder hervor, deren private Probleme, vor allem der Unfalltod Dianas, die Monarchie in den 1990er Jahren ins Wanken brachten. Als Staatsoberhaupt hat sie zehn Premierminister – von Churchill bis Blair – in ihr Amt eingeführt, ihre Popularität ist heute unangefochten.

Wer?	**»Duke« Ellington**
Wann?	1899–1974
Eigentl. Name?	Edward Kennedy Ellington
Was war er?	Jazz-Musiker
Woher?	Washington (USA)
Wodurch berühmt?	Begründer des Big-Band-Sounds

Duke Ellington war einer der bedeutendsten und einflussreichsten Jazz-Musiker in der ersten Hälfte des 20. Jahrhunderts. Bekannt wurde der Komponist, Arrangeur und Pianist mit der Band »Duke Ellington and his Jungle Band« durch ein Engagement im berühmten Cotton-Club. Als Pianist von der Harlem-Schule beeinflusst, war die Big Band sein eigentliches Sprachrohr. Er formte einen über Jahrzehnte gültigen typischen Orchesterstil, der nicht von den solistischen Fähigkeiten der Musiker abhängig war. Den Ellington-Klang machen Titel aus wie »Mood Indigo«, »Sophisticated Lady« oder »Creole Love Call«.

Wer?	**Friedrich Engels**
Wann?	1820–1895
Was war er?	Sozialistischer Theoretiker und Politiker
Wodurch berühmt?	Verfasste zusammen mit Karl Marx das »Kommunistische Manifest«

Engels gilt mit Karl Marx als einer der Väter der sozialistischen Bewegung. Er schloss sich früh den radikalen Linkshegelianern an und lernte während seiner Tätigkeit im väterlichen Betrieb in Manchester die sozialen Verhältnisse der Arbeiter kennen, die er in dem Buch »Die Lage der arbeitenden Klassen in England« darstellte. Mit Marx, mit dem ihn eine lebenslange Freundschaft verband, verfasste er für den »Bund der Kommunisten« 1848 das »Kommunistische Manifest«. 1850 emigrierte er nach England, wo er wieder im väterlichen Betrieb arbeitete und sich der Theorie des Marxismus/Kommunismus widmete.

GROSSE PERSONEN DER GESCHICHTE

Wer?	**Erasmus von Rotterdam**
Wann?	1469–1536
Was war er?	Philosoph und Humanist
Woher?	Rotterdam, Niederlande
Wofür bekannt?	Für seine Arbeiten zu antiken Autoren

Erasmus von Rotterdam entwickelte als einer der großen Gelehrten die Idee des christlichen Humanismus. Der ehemalige Priester arbeitete als Herausgeber und Autor, ab 1516 wirkte er auch als Erzieher des späteren Kaisers Karl V. Sein Anliegen war es, den Humanismus antiker Philosophen mit christlichen Idealen zu verbinden. Damit zielte er auf die Erneuerung der Kirche und wurde einer der Wegbereiter der Reformation sowie des Toleranzgedankens. Ursprünglich der Reformation zugewandt, distanzierte er sich später von Luther, den er mit seiner Streitschrift »Vom freien Willen« kritisierte.

Wer?	**Michael Faraday**
Wann?	1791–1867
Was war er?	Naturwissenschaftler
Woher?	Newington, England
Wodurch bekannt?	Faraday-Käfig
Zeitgenossen?	Samuel F. Morse, Georg S. Ohm

Faraday leistete Bahnbrechendes auf dem Gebiet der Elektrotechnik. Er entdeckte die magnetische Induktion und ein mechanisches Prinzip zur kontinuierlichen Stromerzeugung – diese Idee revolutionierte innerhalb eines Jahrhunderts die Welt. Faraday übernahm 1827 eine Professur an der Royal Institution und entdeckte bei seinen Forschungen die Verflüssigung von Chlor, Kohlensäure und Ammoniak, das Benzol und vieles mehr. 1836 erkannte er, dass im allseitig geschlossenen Metallkäfig das Innere gegen ein äußeres elektrisches Feld abgeschirmt ist. Das Phänomen ist bekannt als Faraday-Käfig.

500 KURZPORTRÄTS VON A–Z

Wer?	**Rainer Werner Fassbinder**
Wann?	1946–1982
Was war er?	Filmregisseur, Produzent, Theaterleiter und Schauspieler
Woher?	Bad Wörishofen, Deutschland
Wichtigstes Werk?	»Die Ehe der Maria Braun«

Fassbinder war die dominierende Persönlichkeit des »Neuen deutschen Films«. Er schuf zusammen mit einigen Schauspielern und Mitarbeitern (etwa Hanna Schygulla, Peer Raben) über 40 Filme von großer Ausdruckskraft. Sein Interesse galt Außenseitern und Randgruppen der Gesellschaft, deren Gefühlslagen und Probleme, deren Träume und Scheitern er eindrucksvoll gestaltete (»Angst essen Seele auf«, »Faustrecht der Freiheit«). Als einer der wenigen Filmemacher setzte er sich kritisch mit aktuellen politischen Themen der Bundesrepublik, mit der NS-Zeit und der Nachkriegsgeschichte auseinander.

Wer?	**Lyonel Feininger**
Wann?	1871–1956
Was war er?	Maler
Woher?	New York (USA)
Bekannt wodurch?	Seine Bilder und seine Tätigkeit als Bauhaus-Lehrer

Feininger, US-Amerikaner deutscher Abstammung, war einer der führenden Künstler des Bauhaus. Dort war er vom Anfang bis zur Schließung als Lehrer tätig. Als Maler erst von R. Delauney beeinflusst, entwickelte er in seinen Architektur-, Landschafts- und Schiffsbildern einen eigenen Stil, der sich kubistisch angehaucht flächig-transparent mit dominierenden Grau- und Blautönen präsentierte (zum Beispiel »Die Kathedrale des Sozialismus«). In Deutschland wurden seine Werke von den nationalsozialistischen Kulturbehörden als »entartet« bezeichnet und aus allen öffentlichen Museen verbannt.

GROSSE PERSONEN DER GESCHICHTE

Wer?	**Federico Fellini**
Wann?	1920–1993
Welcher Beruf?	Filmregisseur
Woher?	Rimini, Italien
Hauptwerk?	»La Strada«
Zeitgenossen?	R. Rosselini, L. Visconti

Fellini war einer der wichtigsten Filmemacher in Italien. In seiner 40-jährigen Karriere wurde er zwölfmal für den Oscar nominiert und erhielt 1993 den Ehrenoscar für sein Gesamtwerk. Seinen ersten großen Erfolg feierte er mit dem Film »La Strada« (1954), in dem seine Frau Giulietta Masina die Hauptrolle spielte. Zahlreiche Filme, die sich durch ihre imaginative Fantasie und Darstellung erotischer Freizügigkeiten (»Das süße Leben«, 1960) auszeichneten, schlossen sich an. Neben »Achteinhalb« (1963) zählen vor allem »Roma« (1972) und »Amarcord« (1973) zu seinen wichtigsten Filmen.

Wer?	**Johann Gottlieb Fichte**
Wann?	1762–1814
Was war er?	Philosoph
Woher?	Rammenau, Deutschland
Berühmte Zeitgenossen?	J. W. von Goethe, F. von Schiller, F. Schlegel

Fichte war der erste Vertreter des deutschen Idealismus, der führenden philosophischen Bewegung des 18. Jahrhunderts. »Ich bin ich«, sein berühmter Satz aus seinem Hauptwerk »Wissenschaftslehre« (1794) gilt als Ausgangspunkt seiner Philosophie. Danach ist das, was uns als Welt erscheint, nur ein Bild, also ein Produkt unseres Vorstellungsvermögens – ein geradezu revolutionärer Gedanke. 1810 wurde Fichte erster Rektor der neu gegründeten Universität in Berlin. Er war ein einflussreicher Staatsphilosoph und einer der Erwecker des deutschen Nationalbewusstseins (»Reden an die deutsche Nation«).

Wer?	**Gustave Flaubert**
Wann?	1821–1880
Was war er?	Schriftsteller
Woher?	Rouen, Frankreich
Skandal?	Um »Madame Bovary«
Zeitgenossen?	C. Baudelaire, F. Engels

Flaubert ist der »Erfinder« des französischen Realismus. Seine Romane und Erzählungen zeichnen sich durch hohe Subtilität in Psychologie und Sprachkunst aus. Mit »Madame Bovary« schrieb er 1857 den Roman eines Ehebruchs, der von Kritik, Publikum, ja sogar Justiz wegen angeblicher Unsittlichkeit umstritten aufgenommen wurde. Doch der Autor blieb sich auch in seinen nächsten Werken treu: Spießbürgerliches lehnte er ab, er beschrieb eine desillusionierte bürgerliche Welt, die er unkommentiert, ohne erhobenen Zeigefinger, darstellte. Berühmt wurde auch sein historischer Roman »Salambò«.

Wer?	**Henry Ford**
Wann?	1863–1947
Was war er?	Ingenieur und Industrieller
Woher?	Dearborn, Michigan (USA)
Wodurch berühmt?	Gründer der Ford Motor Company
Innovation?	Einsatz des Montagebands

Ford gilt als Vater des amerikanischen Automobilbaus. Das unter Anwendung revolutionärer Fertigungsmethoden entwickelte Modell Ford T (»Tin Lizzy«) leitete die Massenmotorisierung ein. 1908 kam sein Erfolgsmodell mit einem 20-PS-Vierzylindermotor für 825 $ auf den Markt. Ab 1913 setzte er in der Produktion das Montageband ein, das die Fertigung standardisierte. Das Modell T trat einen weltweiten Siegeszug an. Ford, ein bekennender Antisemit, wurde einer der reichsten Männer der Welt. Noch heute gehört die Ford Motor Company zu den größten Autoherstellern des internationalen Marktes.

GROSSE PERSONEN DER GESCHICHTE

Wer?	**Sir Norman R. Foster**
Wann?	Geboren 1935
Welcher Beruf?	Architekt
Woher?	Manchester, Großbritannien
Wodurch berühmt?	Berliner Reichstagsgebäude
Preise?	Pritzker-Preis 1999

Norman Robert Foster gilt als Meister der High-Tech-Architektur und zählt zu den innovativsten Architekten der Gegenwart. Der internationale Durchbruch gelang ihm 1986 mit der Hongkong and Shanghai Bank. In rascher Folge entstanden architektonische Highlights, wie etwa die Sacker-Galleries der Royal Academy, das Bürohaus der Commerzbank in Frankfurt/Main oder der Umbau des Reichstags mit seiner berühmten Kuppel in Berlin. Fosters Bauwerke zeichnen sich durch feine Strukturen und transparente Wände aus. 1999 wurde er mit dem »Nobelpreis für Architekten«, dem Pritzker-Preis ausgezeichnet.

Wer?	**Jean B. L. Foucault**
Wann?	1819–1868
Was war er?	Physiker
Woher?	Paris, Frankreich
Wodurch berühmt?	Foucault'sches Pendel
Zeitgenossen?	H. Schliemann, W. von Siemens

Jean Bernard Léon Foucault gehört mit seinen bahnbrechenden Untersuchungen auf den Gebieten der Optik und der Astronomie zu den bedeutendsten französischen Physikern des 19. Jahrhunderts. Weltbekannt wurde der Autodidakt durch zwei Experimente: 1850 bestimmte er mit der Drehspiegelmethode die Ausbreitung des Lichts, 1851 machte er mit seinem spektakulären Pendelversuch im Pariser Panthéon die Erdrotation für Laien sichtbar. Der Forscher und Tüftler konstruierte auch den Vorläufer des Kreiselkompasses, erfand das Gyroskop, maß den Sonnenabstand und perfektionierte das Spiegelteleskop.

500 KURZPORTRÄTS VON A-Z

Die bedeutendsten Schriftsteller aller Zeiten
in chronologischer Reihenfolge:

Homer
(8. Jahrhundert v. Chr.)
➜ *Porträt S. 122!*

Heinrich Johann Christian Heine
(1797–1856)
➜ *Porträt S. 109!*

Cervantes
(1547–1616)
➜ *Porträt S. 45!*

Victor Hugo
(1802–1885)
➜ *Porträt S. 125!*

William Shakespeare
(1564–1616)
➜ *Porträt S. 244!*

Fjodor M. Dostojewski
(1821–1881)
➜ *Porträt S. 64!*

Johann Wolfgang von Goethe
(1749–1832)
➜ *Porträt S. 92!*

Thomas Mann
(1875–1955)
➜ *Porträt S. 170!*

Friedrich von Schiller
(1759–1805)
➜ *Porträt S. 236!*

James Joyce
(1882–1941)
➜ *Porträt S. 135!*

GROSSE PERSONEN DER GESCHICHTE

Wer?	**Francisco B. Franco**
Wann?	1892–1975
Was war er?	General und Diktator (Caudillo)
Woher?	El Ferrol, Spanien
Wodurch bekannt?	Siegte im Spanischen Bürgerkrieg

Francisco Bahamonde Francos fast 40-jährige Herrschaft prägte Spanien bis ins letzte Drittel des 20. Jahrhunderts. Er war 1934 Chef des Generalstabs. Nach dem Wahlsieg der Volksfront wurde er politisch kaltgestellt und organisierte den Putsch nationalistischer und konservativer Kräfte. 1939 gewann er mit deutscher und italienischer Hilfe den Spanischen Bürgerkrieg und errichtete eine auf Armee, katholischer Kirche und Großgrundbesitz gestützte Diktatur. 1947 erklärte er Spanien zur Monarchie und »reservierte« den Thron für Juan Carlos. Spanien kehrte nach Francos Tod zur Monarchie zurück.

Wer?	**Benjamin Franklin**
Wann?	1706–1790
Was war er?	Naturforscher, Schriftsteller und Diplomat
Woher?	Boston, Philadelphia (USA)
Bekannt durch?	US-Verfassung und Blitzableiter

Franklin war einer der Gründerväter der Vereinigten Staaten und errang Weltruhm durch seine Forschungen zur Elektrizität. Dabei hatte er Glück, dass er seinen berühmten Drachenversuch im Juni 1752 überlebte! Zwar war er nicht der Erste, der bewies, dass Blitze elektrische Phänomene sind, vor ihm kam aber niemand auf die Idee, Blitze mit Hilfe von Metallstangen auf dem Dach abzufangen und in den Boden zu abzuleiten. Der Tüftler machte später auch als Diplomat Karriere, er unterzeichnete die Unabhängigkeitserklärung, arbeitete an der US-Verfassung mit und war Postminister des jungen Staates.

Wer?	**Franz Joseph I.**
Wann?	1830–1916
Was war er?	Kaiser von Österreich
Berühmte Verwandte?	Seine Gattin Elisabeth, genannt Sis(s)i, sein Sohn Kronprinz Rudolf

Franz Joseph war der letzte große Vertreter der k.u.k.-Monarchie und regierte 68 Jahre. Zwei Jahre nach seinem Tod brach 1918 die Habsburger Monarchie zusammen. Als er mit 18 Jahren den Thron bestieg, regierte er antiliberal und zentralistisch. Der Ersten Weltkrieg führte er im Glauben, die Monarchie durch militärisches Eingreifen gegen Serbien zu retten. Seit 1854 war er mit Elisabeth (Sisi) verheiratet. Er erlebte viele Schicksalsschläge wie die Erschießung seines Bruders Maximilian, den Selbstmord seines Sohnes, Kronprinz Rudolf, die Ermordung seiner Frau und die seines designierten Nachfolgers, Erzherzog Franz Ferdinand.

Wer?	**Franz von Assisi**
Wann?	Um 1182–1226
Was war er?	Laienprediger
Wodurch bekannt?	Gründer des Franziskanerordens, Heiliger und Patron des Umweltschutzes

Franz von Assisi gab als Mystiker und Ordensgründer der Kirche durch sein Armutsideal neue Impulse. 1206 beschloss er, sein Leben radikal zu ändern und in der Nachfolge Christi zu führen. Fortan kümmerte er sich um Ausgestoßene, Kranke und Schwache. Der Prediger gründete den Bettelorden der Franziskaner, der bereits im Jahr 1209 als erster kirchlicher Laienorden anerkannt wurde. 1224 traten die fünf Wundmale Christi an ihm auf (Stigmatisation). Zur gleichen Zeit schuf er den »Sonnengesang«, eine Hymne an die Schöpfung und die Einheit von Mensch und Natur. Seine Heiligsprechung erfolgte im Jahr 1228.

GROSSE PERSONEN DER GESCHICHTE

Wer?	**Sigmund Freud**
Wann?	1856–1939
Was war er?	Nervenarzt und Professor für Neuropathologie
Woher?	Wien, Österreich
Bekannt durch?	Begründer der Psychoanalyse

Freud begründete mit seinen Studien zur Hysterie und zu Neurosen sowie mit seiner Traumdeutung die Psychoanalyse. Er maß dem Geschlechts- und Todestrieb größte Bedeutung zu. Seelische Erkrankungen führte er auf einen Kompromiss zwischen Über-Ich und verdrängten Trieben zurück. Freud entwickelte Diagnose- und Behandlungsmethoden von Neurosen und veröffentlichte auch Schriften zur Religion, Ethnologie und Mythologie. Viele seiner Begriffe wie etwa »Es«, »Ich« und »Über-Ich« wurden sprachliches Allgemeingut. 1938 emigrierte Freud wegen seiner jüdischen Abstammung von Wien nach London, wo er 1939 starb.

Wer?	**Friedrich I.**
Wann?	1122–1190
Wie genannt?	Barbarossa
Was war er?	Deutscher Kaiser
Zeitgenossen?	Richard Löwenherz, Sultan Saladin

Barbarossa zählt zu den bedeutendsten Herrschergestalten des Mittelalters. 1152 wurde der Staufer zum deutschen König, 1155 zum Kaiser gekrönt. Seine Regierungszeit war vom Kampf gegen den Papst, der Barbarossas Macht und Idee vom Heiligen Reich bekämpfte, sowie vom Konflikt mit den Welfen (Heinrich der Löwe) bestimmt. Durch mehrere Kriege festigte er seine kaiserliche Position. 1189 brach er, von Papst Hadrian zur Befreiung Jerusalems gerufen, als Führer des 3. Kreuzzugs auf, ertrank aber auf dem Weg im Saleph in der heutigen Türkei. Die sich um ihn rankende Kyffhäusersage wurde erst später auf ihn übertragen.

500 KURZPORTRÄTS VON A–Z

Wer?	**Friedrich II.**
Wann?	1194–1250
Was war er?	Kaiser des Heiligen Römischen Reiches
Berühmter Verwandter?	Sein Großvater Friedrich I. Barbarossa

Friedrichs Staatskunst war vorbildlich und sein Hof Mittelpunkt des geistigen und künstlerischen Lebens. Der Hohenstaufen-Fürst war seit 1196 römisch-deutscher König, seit 1198 König von Sizilien. 1220 wurde er zum Kaiser gewählt. Zentrum seiner Macht war Sizilien, das er zu einem straff organisierten Beamtenstaat ausbaute. Der Konflikt mit der Kirche sowie mit deutschen Gegenkönigen bestimmte seine Regierungszeit. Auf dem (5.) Kreuzzug krönte er sich 1229 zum König von Jerusalem. Friedrichs Interesse für Mathematik, Philosophie und Naturwissenschaft war fortschrittlich.

Wer?	**Friedrich II. der Große**
Wann?	1712–1786
Was war er?	König von Preußen
Berühmte Zeitgenossen?	Johann Wolfgang von Goethe, Immanuel Kant, Voltaire
Auch bekannt als?	»Der alte Fritz«

Friedrich machte Preußen zur europäischen Großmacht. Er gilt als bedeutendster Vertreter des aufgeklärten Absolutismus (»Ich bin der erste Diener des Staates«), löste aber nach Regierungsantritt (1740) den 1. und 2. Schlesischen Krieg und den Siebenjährigen Krieg aus. Friedrich konnte den eroberten Besitzstand behaupten und durch die 1. Polnische Teilung 1772 Gebiete dazugewinnen. Innenpolitisch forcierte er Reformen in Verwaltung, Justiz, Bildung und Wissenschaft. Friedrich komponierte zahlreiche Flötenkonzerte und war Gastgeber des französischen Philosophen *Voltaire*.

GROSSE PERSONEN DER GESCHICHTE

Wer?	**Friedrich Wilhelm I.**
Wann?	1688–1740
Was war er?	König in Preußen
Auch bekannt als?	Soldatenkönig
Berühmter Verwandter?	Sein Sohn Friedrich der Große

Friedrich Wilhelm I. initiierte den wirtschaftlichen und politischen Aufstieg Preußens und begründete die Tradition des preußischen Militarismus. Mit rigorosen Sparmaßnahmen sanierte er die zerrütteten Staatsfinanzen. Große Bedeutung maß er dem Militär bei. Auch der Ausbau einer vorbildlichen Finanzverwaltung sowie einer straffen Verwaltung sind ihm zuzurechnen. Er förderte die Besiedlung Ostpreußens und führte eine streng merkantilistische Wirtschaft. Der Konflikt mit seinem Sohn Friedrich II. führte fast zur Katastrophe, dennoch ließ er ihn sorgfältig auf sein Herrscheramt vorbereiten.

Wer?	**Caspar David Friedrich**
Wann?	1774–1840
Was war er?	Maler
Woher stammte er?	Greifswald, Deutschland
Hauptwerk?	»Kreidefelsen auf Rügen«

Friedrich gilt als der Meister der deutschen Romantik. Seine Ausbildung erhielt der geborene Greifswalder an der Kopenhagener Akademie. Seit 1798 lebte er in Dresden. Seine von schwermütiger Naturstimmung erfüllten Bilder beinhalten als Hauptthema das Werden und Vergehen, was stets symbolisch dargestellt ist: Jahreszeiten, Naturvorgänge oder Ruinen werden zu Allegorien des menschlichen Lebens. Mit seiner Symbolsprache wurde Friedrich wegweisend für die Malerei des 19. Jahrhunderts. Zu seinen bedeutendsten Werken gehören »Kreuz im Gebirge«, »Der Mönch am Meer« und »Das Eismeer«.

Wer?	**Richard B. Fuller**
Wann?	1895–1983
Welcher Beruf?	Architekt, Ingenieur, Designer
Bekannt durch?	Die nach ihm benannten Fullerene (Moleküle), deren chem. Struktur an seine Kuppelbauten erinnert

Richard Buckminster Fuller war ein Pionier der Erforschung geometrischer Strukturen. Er selbst betrachtete sich nie als Architekt im klassischen Sinne, vielmehr entwickelte er industriell herzustellende Konstruktionen. Bekannt wurden seine geodätischen Kuppeln, die auf einer Weiterentwicklung einfachster geometrischer Grundkörper basieren, und die er zumeist für Ausstellungen, Militäranlagen oder Science-Fiction-Filme fertigte. Fuller wurde 1968 Professor und erhielt von 1954 bis 1981 47 Ehrendoktorate sowie über 100 Auszeichnungen und Preise. Dennoch waren er und sein Werk zeitlebens umstritten.

Wer?	**Muammar al Gaddafi**
Wann?	Geboren 1942
Was ist er?	Offizier und Politiker
Woher?	Libyen
Bekannte Publikation?	»Das grüne Buch« (1976), in dem er seine politischen Ziele darstellt

Gaddafi gründete die Libysche Volksrepublik und prägt seit 40 Jahren ihr Geschick. Als Offizier stürzte er 1969 die Monarchie und blieb bis 1979 Staatschef. Seitdem ist er faktisch Diktator. Lange betrieb er eine radikal panarabische Politik und gehörte zu den schärfsten Gegnern einer Anerkennung Israels. Außenpolitisch lehnte er sich an die UdSSR an und unterstützte den internationalen Terrorismus, was zu Konflikten und internationalen Sanktionen führte. Erst 2003 vollzog er mit der Annäherung an den Westen einen Kurswechsel, um Libyen aus der internationalen Isolierung zu befreien.

GROSSE PERSONEN DER GESCHICHTE

Wer?	Juri A. Gagarin
Wann?	1934–1968
Was war er?	Kosmonaut
Woher?	Gschatsk, UdSSR
Wodurch bekannt?	Erster Mensch im Weltraum
Womit?	Wostok 1

Juri Alexejewitsch Gagarin schrieb Raumfahrtgeschichte als er am 12. April 1961 mit dem Raumschiff Wostok I den ersten bemannten Raumflug absolvierte. Mit 20 Millionen PS durchbrach die Rakete die Atmosphäre und trug Gagarin in den unendlichen Raum. Gagarin umrundete in 108 Minuten die Erde, wobei er sich bis zu 237 Kilometer von der Erdoberfläche entfernte. Dieser Rekordflug traf die konkurrierende US-amerikanische Raumfahrt empfindlich. Nach dem kurzen Aufenthalt im All wurde er ein »Held der Sowjetunion«. 1968 kam er im Alter von nur 34 Jahren auf einem Routineflug beim Absturz seiner MIG 15 ums Leben.

Wer?	Galileo Galilei
Wann?	1564–1642
Was war er?	Mathematiker, Physiker und Astronom
Woher?	Pisa, Italien
Wodurch berühmt?	Begründer des sogenannten heliozentrischen Weltbilds

Galilei gilt als Begründer der modernen Astronomie und der klassischen Physik. Seine astronomischen Erkenntnisse revolutionierten das Weltbild seiner Zeit. 1615 geriet er wegen seiner Behauptung, nicht die Erde, sondern die Sonne sei das Zentrum der Welt (heliozentrisches Weltsystem), mit der römischen Kirche in Konflikt. Sie verurteilte ihn 1633 vor dem Inquisitionsgericht zum Schweigen. Galilei begründete auch die moderne, auf Erfahrung und Experimenten beruhende Naturwissenschaft. Mit dem von ihm gebauten Fernrohr entdeckte er unter anderem die Mondberge, die vier hellsten Jupitermonde und die Sonnenflecken.

Wer?	Vasco da Gama
Wann?	1469–1524
Woher?	Sines, Portugal
Wodurch bekannt?	Entdecker der Indien-Route
Zeitgenossen?	Pedro Álvarez Cabral, Bartolomëu Diaz

Da Gama begründete durch die Entdeckung des Seeweges nach Indien das portugiesische Kolonialreich und veränderte die Weltwirtschaft. Am 8. Juli 1497 stach er mit vier Schiffen in See, um das Gewürzmonopol der islamischen Händler zu brechen. Die Flotte segelte an der Westküste Afrikas entlang, passierte das Kap der Guten Hoffnung, die afrikanische Ostküste und erreichte im Mai 1498 das ersehnte Ziel den indischen Hafen Calicut. Da Gama kehrte am 10. Juli 1499 nach Portugal zurück, wo ihm ein großer Empfang bereitet wurde. Für seine außerordentlichen Verdienste wurde er geadelt und erhielt den Titel »Admiral des Indischen Ozeans«.

Wer?	Indira Gandhi
Wann?	1917–1984
Was war sie?	Politikerin
Woher?	Allahabad, Indien
Berühmte Verwandte?	Tochter von J. Nehru, Mutter von Rajiv und Sanjay Gandhi

Unter der Regierung Gandhis stieg Indien zur stärksten Macht des Subkontinents auf. Sie wurde 1959 Präsidentin des National Congress und 1966 Ministerpräsidentin Indiens. Ihre Innenpolitik war vor allem in wirtschaftspolitischen Entscheidungen sozialistischen Ideen verpflichtet. Wegen des Vorwurfs eines Verstoßes gegen das Wahlgesetz rief sie 1975 den Ausnahmezustand aus. 1977 verlor sie die Wahlen, 1980 gelang ihr ein glänzendes Comeback. Doch die Sprecherin der »Blockfreien« (1983) wurde von den innenpolitischen Problemen eingeholt: Indira Gandhi wurde am 31. Oktober 1984 von zwei Sikh-Leibwächtern ermordet.

GROSSE PERSONEN DER GESCHICHTE

Wer?	**Mahatma Gandhi**
Wann?	1869–1948
Was war er?	Staatsmann und Reformator
Woher?	Porbandar, Indien
Eigentlicher Name?	Mohandas Karamchand Gandhi
Wodurch bekannt?	Für seinen gewaltlosen Widerstand
Wie starb er?	Erschossen von einem hinduistischen Fanatiker

Wer war Gandhi?

Gandhi war Rechtsanwalt in Britisch-Südafrika, wo er sich für die gesellschaftliche Gleichstellung der Inder einsetzte. 1894 gründete er den Natal Indian Congress. Nach der Lektüre eines Buches von John Ruskin kam es zur entscheidenden Wende in seinem Leben: Er beschloss, ein Leben frei von materiellen Gütern und Bedürfnissen zu führen. 1914 kehrte er nach Indien zurück, wo er sich für die Befreiung Indiens von der britischen Herrschaft engagierte.

Wie leistete er den Briten Widerstand?

Eine der spektakulärsten Aktionen Gandhis war der berühmte Salzmarsch von Ahmedabad an die Küste, um das Salz-Monopol der Engländer zu brechen. Parallel dazu trieb er das häusliche Spinnen voran, um die Engländer wirtschaftlich zu treffen. Wesentliches Merkmal seines Kampfes war aber das von ihm begründete Prinzip der Gewaltlosigkeit (Satyagraha): Veränderungen sollten allein durch passiven Widerstand gegen ungerechte Maßnahmen und Gesetze der Kolonialherren erwirkt werden.

Was bewirkte Gandhi?

Gandhi förderte das indische Selbstbewusstsein als Nation und bewirkte, dass die Engländer Indien 1947 verließen, allerdings unter Preisgabe der Einheit des Landes: Die Unabhängigkeit Indiens brachte zugleich seine Teilung in ein hinduistisches Indien und ein islamisches Pakistan mit sich. Doch Gandhis geistiges Erbe, nämlich das Beispiel für die Kraft der Religion im indischen Alltag und in der Politik, hat sich bis heute bewahrt.

500 KURZPORTRÄTS VON A–Z

Wer?	**Greta Garbo**
Wann?	1905–1990
Woher?	Stockholm, Schweden
Größte Erfolge?	»Ninotschka«, »Menschen im Hotel«, »Mata Hari«
Auszeichnung?	Ehrenoscar im Jahr 1955

Greta Garbo, die »Göttliche«, wie sie auch genannt wurde, war eine der berühmtesten Filmdiven aller Zeiten, für manche sogar die Filmikone schlechthin. Bekannt wurde sie mit Filmen wie »Mata Hari«, »Anna Karenina«, »Menschen im Hotel« und »Ninotschka«. Ihr Markenzeichen war ihre Schönheit, die Millionen von Kinogängern faszinierte und in ihren Bann zog. Doch ihre Filmkarriere dauerte nur 18 Jahre: Mit knapp 36 drehte sie ihren letzten Film. Wie kein anderer Star entzog sie sich der Öffentlichkeit, gab kaum Interviews und hielt ihr Privatleben geheim – wohl ein wesentlicher Grund für den Mythos, der ihre Person umgab.

Wer?	**Gabriel García Márquez**
Wann?	Geboren 1927
Woher?	Kolumbien
Hauptwerk?	»Hundert Jahre Einsamkeit«
Berühmt als?	Nobelpreisträger

García Márquez ist einer der bedeutendsten Vertreter des »neuen Romans« in Lateinamerika. In seinen Werken verbinden sich realistische, groteske und fantastische Elemente. Sein bekanntester Roman »Hundert Jahre Einsamkeit« (1967) beschreibt am Beispiel eines fiktiven Dorfes und seiner Bewohner die konfliktreiche und oft grausame Geschichte Lateinamerikas. 1982 erhielt er für dieses Werk den Nobelpreis für Literatur. Der Kolumbianer tritt für die politische und kulturelle Emanzipation Lateinamerikas ein. Seine Romane sind im Stil des magischen Realismus geschrieben und von seinem Vorbild William Faulkner inspiriert.

GROSSE PERSONEN DER GESCHICHTE

Wer?	**Bill Gates**
Wann?	Geboren 1955
Beruf?	Unternehmer
Wodurch bekannt?	Revolutionierte mit seinen Computer-Programmen die Welt
Woher?	Seattle, Washington (USA)

William Henry Gates gründete die Firma Microsoft, die zum weltweit führenden Anbieter von Computer-Software aufstieg. Sein Betriebssystem MS-DOS sowie die in den 1980er Jahren eingeführte grafische Benutzeroberfläche Windows waren revolutionär. Anfang 2000 gab er die Verantwortung für Microsoft ab und kündigte 2006 an, sich 2008 bei Microsoft aus dem Tagesgeschäft zurückzuziehen, um sich stärker der Stiftungsarbeit zu widmen. Bill Gates gilt mit einem Privatvermögen von 42 Mrd. US-Dollar (2006) als reichster Mann der Welt. Einen Großteil seines Vermögens spendet er Stiftungen und wohltätigen Organisationen.

Wer?	**Paul Gauguin**
Wann?	1848–1903
Was war er?	Maler, Grafiker und Bildhauer
Woher?	Paris, Frankreich
Bekannteste Werke?	»Mädchen von Tahiti«, »Wäscherinnen in Pont-Aven«

Gauguin war Mitbegründer des französischen Symbolismus und gilt mit seinen Farben als der Urvater des Fauvismus. Seine künstlerische Entwicklung begann beim Impressionismus und bereitete, angeregt von Paul Cézanne und Vincent van Gogh, in flächenhafter Bildform und homogenen Farben den Expressionismus vor. Sein Leben war von Geldnot, Alkoholismus und seiner Syphilis-Erkrankung geprägt. Kreative und unproduktive Schaffensperioden wechselten sich ab. Ab 1891 lebte er in bewusster Abwendung von der modernen Zivilisation auf verschiedenen Südsee-Inseln, wo viele seiner exotischen Motive entstanden.

Wer?	**Charles de Gaulle**
Wann?	1890–1970
Was war er?	General und Politiker
Woher?	Lille, Frankreich
Bekannte Zeitgenossen?	Konrad Adenauer, Winston Churchill

De Gaulle war einer der einflussreichsten Politiker des 20. Jahrhunderts. Nach der Besetzung Frankreichs im Zweiten Weltkrieg ging er ins Exil, gründete das »Komitee Freies Frankreich« und organisierte den Widerstand gegen die Besatzung. Von 1944 bis 1946 war er Chef der provisorischen Regierung, zog sich dann zehn Jahre aus der Politik zurück. 1958 wurde er Staatspräsident. Er entließ Algerien in die Unabhängigkeit, machte Frankreich zur Atommacht und trat 1966 aus der NATO aus. Ein zentraler Punkt seiner Politik war die Aussöhnung mit Deutschland. 1969 trat er wegen innenpolitischer Konflikte zurück.

Wer?	**Carl Friedrich Gauß**
Wann?	1777–1855
Was war er?	Mathematiker, Physiker und Astronom
Woher?	Braunschweig, Deutschland
Bekannt durch?	Moderne Zahlentheorie

Gauß gilt als einer der größten Mathematiker, der durch fundamentale Arbeiten auf den Gebieten Zahlentheorie, Optik und Astronomie Wissenschaftsgeschichte schrieb. Gauß, ab 1807 Mathematik-Professor in Göttingen, lieferte bahnbrechende Beiträge in fast allen Gebieten der Mathematik und Physik. So berechnete er auf dem Gebiet der Astronomie die Bahn des Kleinplaneten Ceres und war Direktor der Sternwarte. Als naturwissenschaftliches »Allroundgenie« forschte er auch über Landesvermessung, Erdmagnetismus und Elektrizität. Darüber hinaus berechnete er die Lage des magnetischen Nordpols.

GROSSE PERSONEN DER GESCHICHTE

Wer?	**Haile Gebrselassie**
Wann?	Geboren 1973
Was ist er?	Langstrecken- und Marathonläufer
Woher?	Arssi, Äthiopien
Ehrungen?	Weltleichtathlet 1998, Träger des Olympischen Ordens

Der nur 1,64 Meter große Gebrselassie dominierte ab den 1990er Jahren über Jahre die Langstrecken in der internationalen Leichtathletik und stellte viele Rekorde auf. Erstes Lauftraining war wie bei vielen Läufern aus Äthiopien der tägliche Schulweg von über 10 Kilometern. 1990 ging er zum Training nach Addis Abeba, danach wurde einer der größten Leichtathleten der Welt. Auf den Strecken über 5000 Meter und 10 000 Meter war er lange unschlagbar. Von 1994 bis 2004 hielt Gebrselassie 15 Weltrekorde. Nach Ende seiner Karriere als Bahnläufer 2004 verschrieb er sich dem Marathon.

Wer?	**Frank Owen Gehry**
Wann?	Geboren 1929
Was ist er?	Architekt
Woher?	Toronto, Kanada
Eigentl. Name?	Frank Ephraim Goldberg
Auszeichnung?	Pritzker-Preisträger von 1989

Gehry ist einer der namhaftesten und einflussreichsten Architekten der Gegenwart. Ob in Bilbao, Chicago oder Los Angeles: Der Stararchitekt überrascht mit seinen Kreationen durch das Zerfließen der Form. Seine Gebäude, mit billigen Materialien scheinbar abenteuerlich zusammengewürfelt, kümmern sich wenig um die Gesetze der Statik und seine Entwürfe ignorieren die althergebrachten Gesetze der Rechtwinkligkeit. Zu seinen bedeutendsten Bauwerken gehören das Guggenheim-Museum in Bilbao, in Deutschland das Vitra Design Museum in Weil am Rhein und das MARTa in Herford.

500 KURZPORTRÄTS VON A–Z

Wer?	**George Gershwin**
Wann?	1898–1937
Was war er?	Komponist
Bekannt durch?	»Rhapsody in Blue«, »Porgy and Bess«, »An American in Paris«
Zeigenossen?	Cole Porter, Maurice Ravel

Gershwin ist der Begründer des symphonischen Jazz. Seine musikalische Laufbahn begann er zunächst als Schlagerkomponist, erste Anerkennung erhielt er durch sein Musical »La-La-Lucille« (1919). Mit seinem Konzertstück »Rhapsody in Blue«, das er bewusst als amerikanische Musik konzipierte, gelang ihm eine nahtlose Verschmelzung von sogenannter E- und U-Musik. Seine 1935 uraufgeführte Oper »Porgy and Bess« basiert auf Folkloreelementen und Milieustudien aus der Welt der Schwarzen und gilt als erste bedeutende amerikanische Oper. Gershwin komponierte auch Filmmusik und über 700 Lieder.

Wer?	**Michail S. Gorbatschow**
Wann?	Geboren 1931
Was war er?	Politiker
Woher?	Priwolnoje, Russland
Wodurch wurde er bekannt?	Durch seine Reformpolitik im Zeichen von Glasnost und Perestrojka

Der sowjetische KP-Chef Michail Sergejewitsch Gorbatschow veränderte durch seine Reformpolitik nicht nur die UdSSR, sondern die gesamte politische Welt. Als er 1980 als jüngstes Mitglied des Politbüros zum starken Mann der UdSSR aufstieg, begann er ein Reformprogramm, dessen Entwicklung ihm bald entglitt. Er beendete den Kalten Krieg zwischen Ost und West und ermöglichte die deutsche Einheit. Doch die ökonomische und demokratische Umgestaltung der UdSSR scheiterte, das System brach auseinander. Nach dem Zerfall der UdSSR trat Gorbatschow von der politischen Bühne ab.

GROSSE PERSONEN DER GESCHICHTE

Wer?	**Johann Wolfgang von Goethe**
Wann?	1749–1832
Was war er?	Dichter und Dramatiker
Woher stammte er?	Frankfurt am Main, Deutschland
Bekannteste Werke?	»Faust I und II«, »Die Leiden des jungen Werther«
Bedeutende Zeitgenossen?	Clemens Brentano, Novalis, Friedrich von Schiller

Welche Bedeutung hatte Goethe?

Goethe ist die herausragende Gestalt der deutschen Literaturgeschichte. Er gilt als führender Vertreter des sogenannten »Sturm und Drang« und prägte mit Friedrich von Schiller die »Weimarer Klassik«. Seine Gedichte, Dramen und Romane, die Spiegel seines geistigen Lebensweges sowie der Kulturgeschichte sind, zählen zum festen deutschen Kulturgut. Goethe selbst wurde zur Symbolgestalt der deutschen Geistesgeschichte.

Womit wurde Goethe weltberühmt?

Nach seinem Jurastudium hielt er sich zunächst in Straßburg auf, kehrte dann nach Frankfurt zurück und verliebte sich 1772 unsterblich in Charlotte Buff (»Lotte«). Goethe verarbeitete die unglückliche Liebe in seinem Briefroman »Die Leiden des jungen Werthers«. Mit ihm und dem Drama »Götz von Berlichingen« gelang dem erst 24-Jährigen der Durchbruch.

Wie prägte Goethe die Weimarer Klassik?

1775 berief ihn Karl August, Herzog von Sachsen-Weimar, nach Weimar, wo er eine Verwaltungskarriere machte und bis auf zwei Italienreisen bis zum Lebensende blieb. Vor allem die Freundschaft mit Schiller wurde hier für beide sehr wichtig. Neben der Arbeit an den Schiller'schen »Horen« und am »Musenalmanach«, an Dramen und Prosa beschäftigte er sich vor allem mit dem »Faust«, dessen erster Teil 1806 beendet wurde. Sein Alterswerk war erfüllt von der Arbeit an »Wilhelm Meisters Wanderjahre«, seiner Autobiographie »Dichtung und Wahrheit« und dem Faust II., den er 1831 abschloss.

500 KURZPORTRÄTS VON A–Z

Wer?	**Vincent van Gogh**
Wann?	1853–1890
Was war er?	Maler
Woher?	Groot-Zundert, Niederlande
Berühmte Zeitgenossen?	Paul Cézanne, Paul Gauguin, Claude Monet, Pierre-Auguste Renoir
Bekannteste Werke?	Sonnenblumen-Bilder, Nachtcafé in Arles, Selbstporträt

Wer war van Gogh?

Vincent van Gogh – wer kennt ihn nicht, den Maler, der sich in einem Anfall von Wahnsinn ein Ohr abschnitt und die heute so berühmten Sonnenblumen-Bilder schuf! Weltweit reißen sich die Museen darum, seine Bilder zu präsentieren oder zu Höchstpreisen zu versteigern. Er selbst verkaufte zu Lebzeiten lediglich ein einziges Bild! Dennoch wurde er einer der wichtigsten Wegbereiter der klassischen Moderne.

Was ist über seinen Werdegang bekannt?

Erst über Umwege fand der Pfarrerssohn und Hilfsprediger zur Kunst. Seine ersten Bilder waren realistische Bauern- und Arbeiterbilder (»Der Kartoffelbauer«). Nach einem Parisaufenthalt fand er in Gemeinschaft mit Gauguin zu seinem ganz eigenen Stil. Es entstanden Landschaften, Interieurs, Stillleben und Porträts. 1888 erfolgte der psychische Zusammenbruch. Bis zu seinem Selbstmord lebte van Gogh in einer Heilanstalt unter der Obhut des Arztes Paul Gachet, wo seine letzten Bilder entstanden.

Sein Stil?

Van Gogh malte anfangs in dunklen Farben und eigenwillig herber Manier. Beeinflusst durch die Impressionisten und Pointillisten wurde sein Stil heiterer und heller. Ab 1885 zeigen seine Bilder eine schier züngelnde Linienführung und entfesselte Farbigkeit (»Die Brücke von Arles«). Der später erregt erscheinende Duktus spiegelt seine labile Verfassung wider, wobei seine letzten Werke von einer besonderen Ausdrucksintensität sind (zum Beispiel »Porträt des Dr. Gachet«).

GROSSE PERSONEN DER GESCHICHTE

Wer?	**Maxim Gorki**
Wann?	1868–1936
Welcher Beruf?	Erzähler, Dramatiker und Essayist
Woher?	Nischnij Nowgorod, Russland
Eigentlicher Name?	Alexej Maximowitsch Peschkow

Gorki gilt als Begründer des sozialistischen Realismus. Der aus einfachsten Verhältnissen stammende Autor ging zunächst Aushilfstätigkeiten nach und zog als Landstreicher umher. Seine Erlebnisse veröffentlichte er 1892. Den literarischen Durchbruch feierte der Autodidakt mit seinen Stücken »Nachtasyl« und »Tschelkasch«. Wegen seiner Nähe zu revolutionären Kreisen emigrierte er ins Ausland, stand aber der Revolution 1917 sowie Lenin kritisch gegenüber. Stalin stilisierte ihn nach seiner Rückkehr als vorbildlichen sozialistischen Dichter. Er wurde mit zahlreichen Preisen überhäuft.

Wer?	**Glenn Herbert Gould**
Wann?	1932–1982
Was war er?	Pianist
Woher?	Toronto, Kanada
Hauptwerk?	Seine Interpretation von Bachs »Goldberg-Variationen«

Gould war einer der faszinierendsten und bedeutendsten Pianisten des 20. Jahrhunderts. Er spielte auf allen großen Konzertbühnen der Welt und war der Star der klassischen Musikbranche. 1964, erst 32-jährig und auf dem Höhepunkt seines Ruhms angekommen, zog er sich vollständig vom Konzertleben zurück und produzierte bis zu seinem Tod ausschließlich im Studio. Der besonders als Bach-, Beethoven- sowie Mozartinterpret gefeierte Sonderling verkehrte mit seiner Umwelt seitdem nur noch telefonisch. Dennoch erreichte er über seine zahlreichen Schallplattenaufnahmen ein Millionenpublikum.

500 KURZPORTRÄTS VON A–Z

Wer?	**Francisco de Goya**
Wann?	1746–1828
Was war er?	Maler und Grafiker
Woher stammte er?	Fuendetodos, Spanien
Hauptwerk?	»Die Erschießung Aufständischer«

Das Neue an Goyas Malerei war seine moralische Wertung: In Bildern über die Schrecken des Krieges machte er Grausamkeit und Hinterlist des Menschen sichtbar. Goya wurde 1799 spanischer Hofmaler, später emigrierte er nach Bordeaux. Seine Frühwerke sind dem Rokoko verpflichtet, während die reifen Werke (»Karl IV. und seine Familie«) sich durch psychologische Spannung auszeichnen. Einige seiner Themen bekamen in der Spätzeit eine fantastisch-dämonische Note (»Hexensabbat«). Am deutlichsten wird Goyas revolutionäre Eigenart im grafischen Werk, das ihn als Sittenschilderer seiner Zeit zeigt.

Wer?	**Stefanie (Steffi) Graf**
Wann?	Geboren 1969
Was ist sie?	Tennisspielerin
Woher stammt sie?	Brühl, Deutschland
Bedeutende Erfolge?	Erste der Weltrangliste, »Sportlerin des Jahrhunderts«

Steffi gilt mit 107 Turniersiegen als beste deutsche Tennisspielerin aller Zeiten. Bereits mit 13 Jahren wurde sie Tennis-Profi und startete eine fulminante Karriere. Sie gewann die Internationalen Meisterschaften von Australien (Melbourne), Frankreich (Paris), England (Wimbledon), USA (Flushing Meadows), als erste Deutsche den Grandslam. Siebenmal war sie Wimbledon-Siegerin und gewann 1987, 1989, 1993, 1995 und 1996 die WTA Masters. Die »Weltsportlerin« (1989) und deutsche »Sportlerin des Jahres« (1986 bis 1989, 1999) beendete 1999 ihre Profi-Karriere und heiratete 2001 Andre Agassi.

GROSSE PERSONEN DER GESCHICHTE

Wer?	Günter Grass
Wann?	Geboren 1927
Bekannt als?	Schriftsteller und Grafiker
Hauptwerk?	»Die Blechtrommel«
Auszeichnung?	Literaturnobelpreis (1999)

Wer?	El Greco
Wann?	1541–1614
Was war er?	Maler und Bildhauer
Woher?	Toledo, Spanien
Eigentlicher Name?	Domenikos Theotokopoulos

Grass gehört zu den bedeutendsten deutschen Autoren des 20. Jahrhunderts. Sein Werk und sein politisches Engagement sind von Skeptizismus getragen und beschäftigen sich mit der Verarbeitung und Analyse der deutschen Schuld und Geschichte. Seine Romane wirken oft skurril, schockierend und zeitkritisch. Einen Namen machte sich der streitbare Autor mit seinem Roman »Die Blechtrommel« (1959). Zu seinen bekanntesten Werken gehören unter anderem »Der Butt«, »Das Treffen in Telgte«, »Ein weites Feld« und »Mein Jahrhundert«. 1965 wurde Grass mit dem Georg-Büchner-Preis, 1999 mit dem Literaturnobelpreis ausgezeichnet.

El Greco, ursprünglich griechischer Herkunft (El Greco = der Grieche), war zunächst Schüler von Tizian und lebte seit 1577 in Toledo. Dort entwickelte er im strengen Geist der katholischen Gegenreformation einen ekstatisch-visionären Manierismus: einzigartig in den Gesten, kühn in der Farbgebung, exzentrisch im Gebrauch des Lichts. El Grecos Verklärung des Leidens in seinen Darstellungen wird durch die expressive Gewalt und Darstellung des Schmerzes bis zur visionären Ekstase ins Bild gesetzt. Zu seinen Hauptwerken gehören Gemälde wie beispielsweise »Die Entkleidung Christi« oder »Die Bestattung des Grafen Orgáz«.

Wer?	**Edvard Grieg**
Wann?	1843–1907
Welcher Beruf?	Komponist
Woher stammte er?	Bergen, Norwegen
Wodurch berühmt?	»Peer Gynt«

Grieg gilt als der wichtigste norwegische Komponist, der Elemente der Volksmusik mit klassischer Kompositionstechnik verband. Ersten Klavierunterricht erhielt er von seiner Mutter, später studierte er am Leipziger Konservatorium. 1871 gründete Grieg in Oslo die Norwegische Musikakademie. Griegs Frau Nina Hagerup war Sängerin und eine hervorragende Interpretin seiner Lieder. Grieg feierte große Erfolge als Pianist und Dirigent. Bekanntestes Stück ist die »Morgenstimmung« aus der ersten »Peer Gynt«-Suite. Ähnlich berühmt sind die Suite »Aus Holbergs Zeit« und das Klavierkonzert in a-Moll.

Wer?	**Jacob Karl Ludwig Grimm**
Wann?	1785–1863
Wodurch berühmt?	Sammlung deutscher Märchen und Sagen
Was war er?	Jurist, Sprach- und Literaturwissenschaftler

Mit auf Quellenforschung beruhenden Werken schuf Grimm die Grundlage der historischen Sprachforschung, der Germanistik und der deutschen Philologie. Grimm war von 1830 bis 1837 Professor für deutsche Altertumswissenschaft in Göttingen, seit 1841 lehrte er in Berlin. Er bearbeitete die ersten Bände des von ihm und seinem Bruder Wilhelm begründeten »Deutschen Wörterbuchs« (1854 bis 1961). Auch in Zusammenarbeit mit seinem Bruder war er als Sammler, Herausgeber und Bearbeiter von Märchen und Sagen tätig (»Kinder- und Hausmärchen« 1812 bis 1815, »Deutsche Sagen« 1816 bis 1818).

GROSSE PERSONEN DER GESCHICHTE

Wer?	**Wilhelm Karl Grimm**
Wann?	1786–1859
Was war er?	Sprach- und Literaturwissenschaftler
Bekannt wodurch?	Märchen- und Sagensammler
Zeitgenossen?	C. B. Brentano, J. W. v. Goethe

Grimm schuf mit der Sammlung und Edition von altdeutschen und germanischen Dichtungen, seinen Runenforschungen und der Studie »Die deutsche Heldensage« germanistische Grundlagenwerke. Nach seinem Jurastudium war er 1831 bis 1837 Professor in Göttingen. Als Mitunterzeichner des Protestes der Göttinger Sieben wurde er – wie sein Bruder – 1837 durch den König von Hannover des Landes verwiesen und lehrte darauf in Berlin; mit seinem Bruder Jacob war er Herausgeber der »Kinder- und Hausmärchen«, der »Deutschen Sagen« (1816 bis 1818) und des »Deutschen Wörterbuchs« (1854 bis 1961).

Wer?	**Walter Gropius**
Wann?	1893–1969
Wo geboren?	Berlin, Deutschland
Was war er?	Architekt
Bekannt durch?	Begründer des Bauhaus
Ehefrau?	Alma Mahler

Gropius zählt zu den einflussreichsten Wegbereitern der modernen Architektur. Sein erstes Meisterstück war das 1910/11 in Glas-Beton-Bauweise errichtete Fagus-Fabrikgebäude in Alfeld. 1919 gründete er in Weimar das Staatliche Bauhaus. 1926 lieferte er mit seinem Bauhaus-Gebäude in Dessau ein Demonstrationsobjekt seines Architekturstils ab, das als Symbol des Neuen Bauens und der Weißen Moderne in die Architekturgeschichte einging. Von den Nazis abgelehnt, emigrierte er 1934 nach England und 1937 in die USA, wo er bis 1953 Leiter des Department of Architecture an der Harvard University war.

Wer?	**Ernesto Guevara Serna**
Wann?	1928–1967
Was war er?	Sozialrevolutionär und Politiker
Woher?	Rosario, Argentinien
Auch genannt?	»Che« Guevara
Wie gestorben?	In Bolivien erschossen

Der kubanische Arzt gilt als Idol der südamerikanischen revolutionären Befreiungsbewegung. Als Guerillaführer stürzte er mit Fidel Castro den kubanischen Diktator F. Batista und hatte danach wichtige Staatsämter in Kuba inne. 1965 verließ er Kuba, um andere revolutionäre Bewegungen in Lateinamerika zu organisieren. Sein Versuch, die indianische Landbevölkerung in Bolivien zu einem Putsch zu mobilisieren, scheiterte. Er wurde gefangen genommen und erschossen. Nach seinem Tod wurde Che Guevara zum Idol der Studentenbewegung in der westlichen Welt und zur Ikone der Popkultur stilisiert.

Wer?	**Gustav II. Adolf**
Wann?	1594–1632
Was war er?	König von Schweden
Berühmte Verwandte?	Enkel von Gustav I. Wasa, Vater von Königin Christine
Wie gestorben?	In der Schlacht von Lützen gefallen

Gustav II. Adolf gehörte mit seiner bestens ausgerüsteten Armee zu den führenden Kriegsherren im Dreißigjährigen Krieg und stärkte Schweden als nordeuropäische Großmacht. Bereits mit 17 Jahren bestieg er den Thron und begann mit der Unterstützung seines Reichskanzlers Graf Axel Oxenstierna ein umfassendes Reformprogramm auf der Gerichts- und Verwaltungsebene. 1630 griff der geniale Feldherr in den Dreißigjährigen Krieg ein. Als Führer der protestantischen Kräfte besiegte er die kaiserliche Armee unter Tilly 1631 und 1632 sowie Wallenstein in der Schlacht bei Lützen, in der er 1632 fiel.

GROSSE PERSONEN DER GESCHICHTE

Wer?	Johannes Gutenberg
Wann?	1400–1468
Was war er?	Buchdrucker
Woher?	Mainz, Deutschland
Wodurch berühmt?	Erfindung des Buchdrucks
Früherer Name?	Henchen Gensfleisch
Zeitgenosse?	Heinrich der Seefahrer, Jeanne d'Arc
Hauptwerk?	Gutenberg-Bibel

Worin bestand Gutenbergs Leistung?

Gutenberg schuf die technischen Voraussetzungen zur Rationalisierung des Buchdrucks und markierte damit einen neuen Abschnitt in der europäischen Kulturgeschichte. Was bis dahin mühevoll abgeschrieben wurde, konnte nun durch die immer wieder verwendbaren Bleilettern zeitsparend zusammengefügt werden. Damit wurde eine schnelle und sorgfältige Vervielfältigung von Büchern und Schriften in größeren Mengen möglich.

Wie funktionierte Gutenbergs Buchdruck?

Gutenberg fertigte für jede Letter einen Stahlstempel, der in weiches Material gedrückt wurde und die Gießform ergab. Für den Guss der Typen verwendete er Bleilegierungen. Die Typen stellte er zu Zeilen zusammen und diese zu Spalten bzw. Seiten. Der komplette Satz wurde in eine Druckerpresse gelegt und fixiert. Dann färbte Gutenberg die erhabenen Teile des Druckstocks mit Farbe, legte Papier auf und drückte die Presse – fertig war der Abzug.

Was war sein bedeutendstes Druckwerk?

Die »Gutenberg-Bibel«. Das zweispaltige Werk umfasst 1282 Seiten. Die Auflage betrug etwa 180 Stück – zumeist auf Papier, teils aber auch auf Pergament gedruckt – von denen weltweit 49 Exemplare erhalten sind. Die Bibel gilt wegen ihrer harmonischen Gestaltung und wegen des Buchschmucks als Meisterwerk. Für Gutenberg bedeutete sie jedoch ein geschäftliches Fiasko. Er musste seine Druckerei an seinen Teilhaber abgeben und starb völlig verarmt.

Wer?	**Zaha Hadid**
Wann?	Geboren 1950
Beruf?	Architektin
Woher?	Bagdad, Irak
Bedeutende Auszeichnungen?	Pritzker-Preis und Deutscher Architekturpreis

Hadid gilt als große Visionärin und Avantgardistin der Architektur. Ihre Arbeiten testen die Grenzen architektonischen Entwerfens und Denkens und zeichnen sich durch eine ungewöhnliche Formensprache aus. Zu ihren herausragenden Gebäuden gehören das Feuerwehrhaus des Vitra-Werks (Weil am Rhein) und die Zentrale des BMW-Werks in Leipzig. Die in Bagdad geborene Hadid ging als Studentin nach Beirut und im Anschluss nach London. 2004 gewann sie die höchste Auszeichnung der Architektur: den Pritzker-Preis. In Wolfsburg gibt es seit 2005 das von ihr entworfene Science Center, ein Erlebnismuseum für Naturwissenschaft und Technik.

Wer?	**Hadrian**
Wann?	76–138
Was war er?	Römischer Kaiser
Wodurch bekannt?	Bauten wie etwa der Hadrianswall, das Pantheon oder die Engelsburg

Kaiser Hadrian (Reg. 117–138) bescherte dem Römischen Reich durch seine kluge Staatsführung eine 20 Jahre währende Zeit des wirtschaftlichen Aufschwungs, des Friedens und der Stabilität innerhalb gesicherter Grenzen. Der intellektuell sowie künstlerisch interessierte und begabte Kaiser verzichtete vollständig auf Eroberungen und setzte stattdessen auf die Sicherung der Grenzen (Verstärkung des Limes, Bau des Hadrianswalls) und die Förderung der Wirtschaft. Zudem führte er Heeres- und Verwaltungsreformen sowie ein Sozialprogramm durch. Hadrian stärkte die Provinzen, die er mit Straßen, Wasserleitungen und Bauten ausstatten ließ.

GROSSE PERSONEN DER GESCHICHTE

Wer?	Otto Hahn
Wann?	1879–1968
Beruf?	Chemiker
Wofür bekannt?	Nobelpreis für Chemie (1944)
Woher stammte er?	Frankfurt am Main, Deutschland

1938 gelang Otto Hahn und Friedrich Wilhelm Straßmann die Uranspaltung, damit veränderten sie die Welt. Hahn entdeckte zusammen mit Luise Meitner viele radioaktive Elemente und Isotope. Er erkannte, dass Urankerne, die mit Neutronen beschossen werden, spaltbar sind und dabei Energie freigesetzt wird. Damit waren die Grundlagen für die Nutzung der Kernenergie gegeben. 1910 bis 1934 war er Professor an der Universität Berlin, 1928 bis 1945 Direktor des Kaiser-Wilhelm-Instituts für Chemie und 1948 bis 1960 Präsident der Max-Planck-Gesellschaft. Hahn bezog nach dem Zweiten Weltkrieg eine kritische Haltung zur Kernenergie.

Wer?	Haile Selassie I.
Wann?	1892–1975
Was war er?	Kaiser von Äthiopien
Richtiger Name?	Tafari Makonnen
Wie starb er?	Wahrscheinlich von Putschisten ermordet

Haile Selassie I. war der letzte Kaiser von Äthiopien. 1930 wurde er zum Kaiser (Negus) gekrönt. Nach der Eroberung Äthiopiens durch Italien im Jahr 1936 ging er nach London ins Exil und kehrte 1941 in das befreite Land zurück. Selassie vernachlässigte innenpolitische Reformen und wurde in den 1970er Jahren mit der wirtschaftlichen und politischen Unzufriedenheit der Bevölkerung konfrontiert. Sein autokratisches Regime wurde 1974 durch einen Militärputsch beendet, er selbst unter bisher nicht geklärten Umständen getötet. Bis heute ist er das Symbol der messianischen Rastafari-Bewegung und genießt eine gottgleiche Verehrung.

500 KURZPORTRÄTS VON A–Z

Wer?	**Hammurapi**
Wann?	1728–1686 v. Chr.
Was war er?	König
Wo?	Babylon
Wofür bekannt?	Die erste Gesetzessammlung der Welt, den »Kodex Hammurapi«

Hammurapi errichtete das altbabylonische Reich, das sich über Babylon, Sumer und Akkad erstreckte. Er war einer der bedeutendsten orientalischen Herrscher, der durch den »Kodex Hammurapi«, die erste schriftliche Gesetzessammlung der Welt, Geschichte schrieb. Die 1902 entdeckte Granitsäule enthält 282 Paragrafen, die die Grundlage der Rechtsprechung waren. Hammurapi erreichte durch gezielte Bündnisse und weniger durch Kriege eine Erweiterung seiner politischen Einflusssphäre. Er war kein Despot, sah sich eher als eine Art Vater seiner Untertanen, deren Wohl ihm am Herzen lag.

Wer?	**Georg Friedrich Händel**
Wann?	1685–1759
Was war er?	Komponist
Größte Erfolge?	»Der Messias«, »Feuerwerksmusik«
Berühmte Zeitgenossen?	Johann Sebastian Bach, Gottfried Wilhelm Leibniz

Händel ging als einer der größten Komponisten in die Musikgeschichte ein. Er setzte in Opern, Oratorien und Konzertmusik Maßstäbe. Der Hallenser machte 1712 England zu seiner Wahlheimat, wo er 1723 zum Komponisten der Chapel Royal ernannt wurde. 1727 erhielt er die britische Staatsbürgerschaft. Als Opernkomponist schuf er mehr als 40 Werke, widmete sich aber ab 1740 nur noch der Komposition großer Oratorien, durch die er am stärksten auf die Nachwelt gewirkt hat. Händel genoss schon zu Lebzeiten großes Ansehen. Heute werden seine Opern regelmäßig während der Händel-Festspiele aufgeführt.

GROSSE PERSONEN DER GESCHICHTE

Wer?	**Hannibal**
Wann?	246–183 v. Chr.
Was war er?	Feldherr und Staatsmann
Woher stammte er?	Karthago
Wodurch bekannt?	Legendärer Marsch samt Elefanten über die Alpen

Hannibal war der gefährlichste Gegner Roms und beeinflusste mit seinen brillanten taktischen Konzepten die Militärs aller Epochen. Als Oberbefehlshaber der Karthager bedrohte er durch seinen Expansionszug Rom. Er überquerte mit seinem Heer die Alpen und überraschte die Römer 218 v. Chr. in Norditalien, wo er sie vernichtend schlug. In der Schlacht von Cannae krönte er seinen Erfolg. Erst 211 wagte er die Belagerung Roms – zu spät. Die Römer griffen Karthago an, er wurde bei Zama geschlagen und nahm sich das Leben. Er war der Letzte, der Rom auf dem Weg zur Weltherrschaft hätte aufhalten können.

Wer?	**Hatschepsut**
Wann?	1490–1469 v. Chr.
Was war sie?	Ägyptische Königin der 18. Dynastie
Wodurch bekannt?	Expedition ins Weihrauchland Punt

Hatschepsuts 20-jährige Regierung zählt zur Blütezeit Ägyptens. Wie damals üblich, heiratete sie ihren Halbbruder Thutmosis II., dem sie aber keinen Thronfolger schenkte. Nach dem Tod Thutmosis II. wurde sein Sohn Thutmosis III., Kind einer Nebenfrau, Pharao. In der Folge übte sie für ihren unmündigen Stiefsohn die Regierungsgeschäfte aus und war faktisch Herrscherin. Viele Darstellungen zeigen sie sogar mit dem traditionellen Königsbart oder als Mann. Sie beauftragte eine sagenumwobene Expedition nach Punt. Bekannt ist sie außerdem als Bauherrin des Terrassentempels Dêr Al Bahari bei Theben.

Wer?	**Gerhart Hauptmann**
Wann?	1862–1946
Welcher Beruf?	Dramatiker, Erzähler und Lyriker
Bekannte Werke?	»Die Weber«, »Vor Sonnenaufgang«
Bedeutende Auszeichnung?	Literaturnobelpreis

Hauptmann war der führende Vertreter des deutschen Naturalismus. Er erlangte mit seinem Sozialdrama »Vor Sonnenaufgang« 1889 und mit »Die Weber« 1892 Weltruhm (1912 Nobelpreis). Charakteristische Merkmale seiner Werke sind die Schilderungen menschlicher Schwächen und Triebe sowie die Darstellung des Verfalls bürgerlicher Lebenswelten. Hauptmann verbrachte den größten Teil seines Lebens in Schlesien, dessen Menschen, Märchen und Sagen in seinem Werk Spuren hinterließen. Zu seinen bedeutenden Werken gehören auch »Die Ratten«, »Einsame Menschen«, »Der Biberpelz« oder »Fuhrmann Henschel«.

Wer?	**Václav Havel**
Wann?	Geboren 1936
Was ist er?	Schriftsteller und Politiker
Woher stammt er?	Prag, Tschechische Republik
Bedeutende Auszeichnungen?	Friedenspreis des Deutschen Buchhandels (1989), Karlspreis (1991)

Havel gehört zu den größten tschechischen Schriftstellern der Gegenwart, als Politiker erwarb er sich internationale Anerkennung für den gelungenen Übergang von einem totalitären zu einem demokratischen Gemeinwesen. Havel durfte wegen seines politischen Engagements von 1969 bis 1989 in der Tschechoslowakei nicht publizieren. Er war Mitinitiator der Charta 77 und mehrfach als Regimegegner inhaftiert. Nach dem politischen Umsturz 1989 wurde er zum tschechoslowakischen Staatspräsidenten gewählt. Nach der Unabhängigkeit war er von 1993 bis 2003 Staatspräsident der Tschechischen Republik.

GROSSE PERSONEN DER GESCHICHTE

Wer?	**Stephen Hawking**
Wann?	Geboren 1942
Was ist er?	Physiker und Mathematiker
Woher kommt er?	Oxford, Großbritannien
Wodurch bekannt?	»Eine kurze Geschichte der Zeit«, »Das Universum in der Nussschale«

Hawking ist einer der brillantesten Wissenschaftler der Gegenwart. Der an ALS leidende Denker, der nur über einen Sprachcomputer kommunizieren kann, will die alles erklärende »Weltformel« finden. Der Inhaber des Lehrstuhls für Mathematik an der Universität Cambridge ist durch seine Forschung zu schwarzen Löchern und der Quantentheorie sowie seine populärwissenschaftlichen Bücher bekannt geworden. Sein Hauptinteresse gilt der Verknüpfung von allgemeiner Relativitätstheorie und Quantenmechanik. Er strebt dabei die einheitliche Beschreibung von Anfang, Entwicklung und Zukunft des Universums an.

Wer?	**Joseph Haydn**
Wann?	1732–1809
Was war er?	Komponist
Woher stammt er?	Rohrau, Österreich
Wodurch berühmt?	Bildet mit Mozart und Beethoven das Dreigestirn der Wiener Klassik

Haydn gilt als Begründer der Wiener Klassik. Form und Idee der klassischen Symphonie sind zweifelsohne ihm zu verdanken. Unter seinen mehr als 100 Symphonien gelten die »Abschieds-Symphonie« und die »Londoner Symphonien« als Meilensteine in der Geschichte der klassischen Musik. Händels Werk regte ihn zu seinen Oratorien »Die Schöpfung« 1798 und »Die Jahreszeiten« 1801 an, mit denen er zum Begründer des weltlichen Oratoriums wurde. Seine Melodie »Gott erhalte Franz den Kaiser« ist seit 1922 die Melodie der deutschen Nationalhymne. Haydns Werke sind im Hoboken-Verzeichnis erfasst.

500 KURZPORTRÄTS VON A–Z

Große Designer, Architekten und Baumeister
in chronologischer Reihenfolge:

Donato Bramante
(1444–1514)
➔ Porträt S. 35!

Walter Gropius
(1893–1969)
➔ Porträt S. 98!

Karl Friedrich
Schinkel
(1781–1841)
➔ Porträt S. 236!

Friedensreich
Hundertwasser
(1928–2000)
➔ Porträt S. 127!

Henry van de Velde
(1863–1957)
➔ Porträt S. 266!

Karl Otto Lagerfeld
(Geboren 1933)
➔ Porträt S. 148!

Ludwig Mies
van der Rohe
(1886–1969)
➔ Porträt S. 180!

Sir Norman
R. Foster
(Geboren 1935)
➔ Porträt S. 76!

Le Corbusier
(1887–1965)
➔ Porträt S. 150!

Daniel Libeskind
(Geboren 1946)
➔ Porträt S. 154!

GROSSE PERSONEN DER GESCHICHTE

Wer?	**Georg W. F. Hegel**
Wann?	1770–1831
Was war er?	Philosoph
Woher?	Stuttgart, Deutschland
Zeitgenossen	Friedrich Hölderlin, Johann Gottlieb Fichte, Friedrich von Schelling

Georg Wilhelm Friedrich Hegel ist der einflussreichste deutsche Denker nach Kant, dessen Philosophie den Abschluss des Deutschen Idealismus bildet. Mit seinem Gedankengebäude durchdrang er die Gesamtheit des menschlichen Geistes in seiner Geschichte und Kultur. Denken und Sein sind für ihn dasselbe, zentraler Begriff seiner Philosophie ist die Dialektik. Die Geschichte ist eine stufenweise Entwicklung, in der sich das Absolute (der »Weltgeist«), manifestiert. Hegels Philosophie hatte großen Einfluss auf die deutsche Geistesgeschichte, besonders auf Marx, der sie zum dialektischen Materialismus weiterentwickelte.

Wer?	**Martin Heidegger**
Wann?	1889–1976
Was war er?	Philosoph
Sein Hauptwerk?	»Sein und Zeit« (1927)
Bekannt wofür?	Begründer der Existenzialontologie

Heideggers Hauptthema war die Analyse des menschlichen Daseins sowie dessen Zeitlichkeit mit der Frage: »Was ist der Sinn vom Sein?« Was ist das Sein? Heidegger unterscheidet zwischen dem sich verstehend existierenden Dasein und dem rein dinglichen Seienden. Das heißt: Das Sein des Menschen ist eine Möglichkeit. Jeder Mensch muss sich selbst entscheiden, welches Leben er führt, wie er sich zum Dasein verhält. Heidegger übte großen Einfluss auf die Philosophie des 20. Jahrhunderts aus, musste aber 1945 seinen Lehrstuhl in Freiburg wegen seiner Nähe zum Nationalsozialismus aufgeben.

Wer?	**Heinrich J. C. Heine**
Wann?	1797–1856
Was war er?	Schriftsteller
Woher?	Düsseldorf, Deutschland
Bekanntestes Werk?	»Deutschland. Ein Wintermärchen« (1844)

Heinrich Johann Christian Heine gilt als Wegbereiter des zeitkritischen Journalismus und des modernen Feuilletons. Als vehementer Verfechter der geistigen und politischen Emanzipation wurde Heine, der als Journalist in Paris arbeitete, 1835 in Deutschland mit einem Publikationsverbot belegt. Sein literarisches Werk vereint Merkmale der Romantik mit denen des Jungen Deutschland. In seiner Lyrik verbindet er in meisterhafter Weise Volkslied, Satire und politischen Appell (»Buch der Lieder«), wobei seine Versepen durch einen scharfzüngigen essayistischen Stil geprägt sind.

Wer?	**Heinrich der Seefahrer**
Wann?	1394–1460
Was war er?	Portugiesischer Prinz und Seefahrtspionier
Berühmter Verwandter?	Sein Vater König Johann I. von Portugal

Heinrich gilt als Begründer und Organisator der portugiesischen Entdeckungsfahrten. 1421 gab er den Startschuss zur schrittweisen Erforschung der afrikanischen Westküste, ein Niemandsland, um das sich Legenden von Magnetbergen und Seeungeheuern rankten. Doch die Hoffnung auf lukrative Handelskontakte war stärker und ohne seine Initiative wäre der Aufstieg des kleinen Portugal zur großen Entdecker- und Kolonialmacht nicht möglich gewesen. Heinrich, der nie selbst mitreiste, war der theoretische Kopf und Financier der Unternehmungen. Er gründete in Sagres die erste Seefahrtschule der Welt.

GROSSE PERSONEN DER GESCHICHTE

Wer?	**Werner Heisenberg**
Wann?	1901–1976
Wofür bekannt?	Begründer der Quantentheorie, Heisenberg'sche Weltformel
Bedeutendste Auszeichnungen?	Nobelpreis für Physik 1932, Max-Planck-Medaille 1933

Heisenberg stellte 1927 die Unschärferelation auf und begründete mit Wolfgang Pauli die Quantentheorie. Vom nationalsozialistischen Regime wurde er zunächst diffamiert, weil er sich die Theorien des jüdischen Wissenschaftlers Albert Einstein zu eigen gemacht hatte. Für das kriegswichtige »Uran-Projekt« wurde er jedoch wieder gebraucht. Nach Ende des Zweiten Weltkriegs wurde Heisenberg mit anderen Physikern in Großbritannien interniert. Danach war er Vorsitzender des Deutschen Forschungsrats und trat öffentlich als Gegner der deutschen Wiederbewaffnung und der nuklearen Rüstung auf.

Wer?	**Ernest Hemingway**
Wann?	1899–1961
Was war er?	Schriftsteller
Woher?	Oak Park, Illinois (USA)
Sein Hauptwerk?	»Wem die Stunde schlägt«
Wie gestorben?	Selbstmord

Seine Erzählungen machten Hemingway zum Meister der Kurzgeschichte. Darüber hinaus verfasste er Reportagen über seine zahlreichen Reisen. Die Charakteristika seines Stils sind Kargheit und Sachlichkeit. Nüchtern, aber dennoch poetisch schreibt er über seine skeptische Weltanschauung. Mit »Wem die Stunde schlägt« (1940) über den Spanischen Bürgerkrieg lieferte er seinen bedeutendsten Roman. In allen seinen Büchern, vor allem aber in seiner großartigen Novelle »Der alte Mann und das Meer« (1952) findet sich das Bekenntnis des Autors: Es gibt nur einen Fehler – an sich selbst zu verzweifeln.

500 KURZPORTRÄTS VON A–Z

Wer?	**Jimi Hendrix**
Wann?	1942–1970
Beruf?	Gitarrist und Sänger
Wofür bekannt?	Seine Version der US-Nationalhymne
Eigentlicher Name?	James Marshall Hendrix

Wer?	**Audrey Hepburn**
Wann?	1929–1993
Beruf?	Schauspielerin
Bekannter Film?	»Frühstück bei Tiffany«
Eigentlicher Name?	Edda Kathleen van Heemstra-Hepburn-Ruston

Hendrix gilt als eine der Schlüsselfiguren der Rockmusik. Er war eine der schillerndsten Symbolfiguren der Jugend- und Protestkultur der 1960er Jahre und ein begnadeter Virtuose auf der elektrischen Gitarre. Als einer der Ersten setzte er Verstärker ein, verwendete Rückkopplungseffekte und mehr. Der Höhepunkt seiner Karriere war der Auftritt mit seiner »Jimi Hendrix Experience« auf dem Woodstock Festival 1969, wo er auf seiner Gitarre die amerikanische Nationalhymne, das »Star Spangled Banner«, elektronisch in seine Einzelteile »zerlegte« und so die Desillusionierung einer ganzen Jugendgeneration zum Ausdruck brachte.

Hepburn war eine der erfolgreichsten und schönsten Schauspielerinnen seit den 1950er Jahren und galt als Inkarnation von Grazie und Anmut. In über 30 Filmen verkörperte sie zumeist zierlich-unschuldige Charaktere mit natürlichem Charme. Mehrmals wurde sie für den Oscar nominiert, ausgezeichnet wurde sie nur einmal: 1953 für ihre Rolle in »Ein Herz und eine Krone«, der romantischen Geschichte einer Prinzessin, die inkognito das »richtige Leben« ausprobiert. Ebenfalls unvergessen sind bis heute ihre Glanzrollen in Filmen wie »Krieg und Frieden«, »Geschichte einer Nonne«, »Sabrina«, »My Fair Lady« oder »Warte, bis es dunkel ist«.

GROSSE PERSONEN DER GESCHICHTE

Wer?	**Katharine Hepburn**
Wann?	1907–2003
Welcher Beruf?	Theater- und Filmschauspielerin
Bekannte Filme?	»African Queen«, »Leoparden küsst man nicht«

Katharine Hepburn gehörte als Charakterschauspielerin zu den großen Hollywoodstars. Die selbstbewusste Darstellerin spielte in mehr als 40 Filmen und war in zahlreichen Fernsehproduktionen und Theaterstücken zu sehen. In ihrer langen Karriere wurde sie insgesamt zwölfmal für den Oscar nominiert – bis heute ein Rekord –, viermal erhielt sie den begehrten Academy-Filmpreis als beste Hauptdarstellerin. Zu ihren bekanntesten Filmen gehören »African Queen« mit Humphrey Bogart, »Leoparden küsst man nicht« mit Cary Grant oder »Die Frau, von der man spricht« mit ihrem langjährigen Lebensgefährten Spencer Tracy.

Wer?	**Heraklit**
Wann?	Um 540–480 v. Chr.
Was war er?	Philosoph
Woher?	Ephesos, Griechenland
Wodurch bekannt?	Durch seine Aussage »Alles fließt«

Heraklit gehört zu den bedeutendsten griechischen Naturphilosophen. Er beschäftigte sich mit der Frage nach dem Ursprung der Welt und der Ordnung, die alles zusammenhält (logos). Nach ihm wird die Grundwirklichkeit durch das Feuer symbolisiert, das mit seiner Unstetigkeit die Grundlage fortwährenden Wechsels versinnbildlicht. Die Welt ist für ihn Schauplatz des ewigen Kampfes gegensätzlicher Prinzipien, die einander jedoch im Gleichgewicht halten und so für Harmonie sorgen. Sinnbild dafür ist der Gedanke »Alles fließt« oder »Man kann nicht zweimal in denselben Fluss hinabsteigen«. Heraklits Philosophie beeinflusste Platon und die Stoiker.

500 KURZPORTRÄTS VON A–Z

Wer?	Johann G. von Herder
Wann?	1744–1803
Was war er?	Kulturphilosoph, Theologe und Schriftsteller
Wofür bekannt?	Anreger des Sturm und Drang und Wegbereiter der Klassik

Johann Gottfried von Herder wirkte als Philosoph, Pädagoge, Theologe, Autor, Literaturkritiker und Übersetzer. Er war überzeugt, dass der Mensch nicht durch Gott vorbestimmt ist, sondern selbstbestimmt und kreativ handelt. Höchstes Ideal und Ziel aller Entwicklung war für ihn die Humanität. Damit wurde er Wegbereiter des Sturm und Drang. In seinen literarischen Arbeiten prägte Herder den Begriff des »Volkslieds« und legte so den Grundstein für die Romantik. Mit Goethe, Schiller und Wieland prägte er die Weimarer Kulturepoche am Herzogshof von Karl August in Sachsen-Weimar-Eisenach.

Wer?	Heinrich Hertz
Wann?	1857–1894
Was war er?	Physiker
Woher?	Hamburg, Deutschland
Wofür bekannt?	Die nach ihm benannte Frequenz mit der Maßeinheit Hz

Hertz gilt als Pionier der Radiotechnik. Der Physiker wies 1886 bei einem Experiment langwellige elektromagnetische Wellen, Rundfunkwellen, nach und bestätigte damit ihre von J. C. Maxwell vermutete Wesensgleichheit mit den Lichtwellen. Die von ihm entdeckten Hertz'schen Wellen bilden eine der Grundlagen der Funktechnik, da sie die Entwicklung der drahtlosen Nachrichtenübertragung mit Radiowellen ermöglichten. Nach ihm benannt ist die Einheit der Frequenz Hz. Hertz war ab 1885 Professor für Physik in Karlsruhe und ab 1889 in Bonn. Er starb bereits im Alter von 37 Jahren an einer Blutvergiftung.

GROSSE PERSONEN DER GESCHICHTE

Wer?	**Theodor Herzl**
Wann?	1860–1904
Was war er?	Schriftsteller und Zionist
Wofür bekannt?	Gründung des politischen Zionismus
Werk?	»Der Judenstaat« (1896)

Wer?	**Hermann Hesse**
Wann?	1877–1962
Beruf?	Schriftsteller
Woher?	Calw, Deutschland
Wichtigste Werke?	»Der Steppenwolf«, »Siddharta«
Auszeichnung?	Nobelpreis für Literatur 1946

Theodor Herzl initiierte den politischen Zionismus und schuf die Voraussetzungen für die Gründung des Staates Israel im Jahre 1948. Unter dem Eindruck der Dreyfus-Affäre in Frankreich gelangte er zu der Auffassung, dass sich die Juden als Nation konstituieren und einen Staat gründen müssten. 1897 berief er daher den ersten Zionistenkongress nach Basel ein, auf dem er zum Präsidenten der Zionistischen Weltorganisation gewählt wurde. Sein erklärtes Ziel war es, eine »Heimstätte des jüdischen Volkes« in Palästina zu schaffen. Seine Ideen beschrieb er in »Der Judenstaat« (1896) und in dem utopischen Roman »Altneuland« 1902.

Hermann Hesse ist mit seinem von Toleranz und Humanität geprägten Werk in die Weltliteratur eingegangen und gilt als der meistübersetzte deutschsprachige Autor seit den Gebrüdern Grimm. Der Literaturnobelpreisträger war Zeit seines Lebens ein Suchender. Er thematisierte in seinen Werken vor allem die Fragen nach der eigenen Identität, der Bewältigung persönlicher Krisen, der stets aktuellen Sinnfrage des Lebens sowie nach Religion und Politik. Damit übte er besonders auf zahlreiche Jugendliche in der ganzen Welt großen Einfluss aus und wurde für die Jugendbewegung der 1960er Jahre zu einer regelrechten »Kultfigur«.

500 KURZPORTRÄTS VON A–Z

Die besten Wissenschaftler aller Zeiten
in chronologischer Reihenfolge:

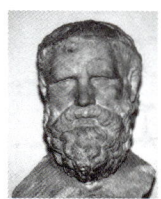
Pythagoras
(um 580–496 v. Chr.)
➔ *Porträt S. 218!*

Charles Darwin
(1809–1882)
➔ *Porträt S. 56!*

Hippokrates
(460–375 v. Chr.)
➔ *Porträt S. 117!*

Gregor Johann Mendel
(1822–1884)
➔ *Porträt S. 177!*

Nikolaus Kopernikus
(1473–1543)
➔ *Porträt S. 147!*

Wilhelm Conrad Röntgen
(1845–1923)
➔ *Porträt S. 228!*

Galileo Galilei
(1564–1642)
➔ *Porträt S. 84!*

Marie Curie
(1867–1934)
➔ *Porträt S. 53!*

Sir Isaac Newton
(1643–1727)
➔ *Porträt S. 193!*

Albert Einstein
(1879–1955)
➔ *Porträt S. 68!*

GROSSE PERSONEN DER GESCHICHTE

Wer?	**Thor Heyerdahl**
Wann?	1914–2002
Woher?	Larvik, Norwegen
Was war er?	Naturforscher
Wodurch berühmt?	Die Überquerung des Pazifik mit einem Holzfloß

Heyerdahl war einer der bekanntesten Forschungsreisenden des 20. Jahrhunderts. 1947 überquerte der studierte Zoologe mit dem Balsa-Holzfloß Kon-Tiki den Pazifik. Nur mit Hilfe des Passats und des Humboldstromes segelte er von Südamerika nach Polynesien. Der Dokumentarfilm über diese Reise wurde mit einem Oscar ausgezeichnet. Die erste Expedition mit dem Papyrusboot Ra I von Marokko nach Amerika scheiterte, da das Boot kurz vor dem Ziel zerbrach. 1970 erreichte Heyerdahl schließlich mit dem Ra II die Insel Barbados. Kon-Tiki und Ra II stehen heute im Seefahrtsmuseum Oslo.

Wer?	**Hildegard von Bingen**
Wann?	Um 1098–1179
Woher?	Bermersheim, Deutschland
Was war sie?	Äbtissin und Mystikerin
Wodurch berühmt?	Hildegard-Medizin
Gedenktag?	17. September

Hildegard von Bingen war die große Mystikerin des Mittelalters. Sie befasste sich mit Religion, Medizin, Biologie und Musik und verfasste 13 medizinische Abhandlungen, weshalb sie auch als erste deutsche Ärztin bezeichnet wird. Kennzeichnend für ihr Schaffen ist die Auffassung von der Ganzheit des Menschen sowie die Annahme, dass Krankheiten durch eine maßvolle Lebensweise und die Hinwendung zu Gott geheilt werden können. Im 16. Jahrhundert wurde Hildegard von Bingen in das Verzeichnis der Heiligen der Kirche aufgenommen, ohne bis heute offiziell heiliggesprochen zu werden.

500 KURZPORTRÄTS VON A–Z

Wer?	**Sir Edmund Hillary**
Wann?	Geboren 1919
Woher?	Auckland, Neuseeland
Was ist er?	Bergsteiger und Polarforscher
Wodurch berühmt?	Erstbesteigung des Mount Everest
Publikation?	»Ich stand auf dem Everest«

Sir Edmund Hillary ist der berühmteste Gipfelstürmer der Welt. 1953 gelang ihm mit Tenzing Norgay die Erstbesteigung des 8844 Meter hohen Mount Everest im Himalaya. Kurz nach der Besteigung brach in Nepal ein Streit darüber aus, wer als Erster oben gewesen sei. Hillary und Tenzing aber versicherten stets, zusammen den Gipfel betreten zu haben. 1958 erreichte Hillary nach Amundsen und Scott den Südpol. Er gründete eine Stiftung zur Unterstützung der nepalesischen Sherpas, zu der Krankenhäuser und Schulen gehören und gilt als scharfer Kritiker der kommerziellen Besteigungen des Mount Everest.

Wer?	**Hippokrates**
Wann?	460–377 v. Chr.
Woher?	Kos, Griechenland
Was war er?	Vater der Heilkunde
Zeitgenossen?	Platon, Sokrates
Wodurch berühmt?	Hippokratischer Eid

Hippokrates war der Begründer der medizinischen Wissenschaft und entwickelte die Lehre von den Körpersäften, aus deren Ungleichgewicht Krankheiten entstehen. Die Unterteilung der Temperamente in Melancholiker, Choleriker, Sanguiniker und Phlegmatiker geht auf die Säftelehre zurück, ebenso wie der Zusammenhang von Körperbau und Charakter. Die hippokratische Lehre bezog Vorgeschichte, Lebensumstände und seelische Verfassung der Patienten ein. Im Eid des Hippokrates verpflichteten sich die antiken Ärzte zur bedingungslosen Erhaltung des menschlichen Lebens, die Grundlage der ärztlichen Berufsethik.

GROSSE PERSONEN DER GESCHICHTE

Wer?	Adolf Hitler
Wann?	1889–1945
Woher?	Braunau, Österreich
»Beruf«?	Reichskanzler
Publikation?	»Mein Kampf« (1925)
Sein Ziel?	Weltmacht Deutschland

Wer?	Thomas Hobbes
Wann?	1588–1679
Woher?	Westport, England
Was war er?	Philosoph
Zeitgenossen?	Oliver Cromwell, Galileo Galilei
Berühmt?	»Leviathan« 1651

Adolf Hitler war Führer der NSDAP, Diktator im Deutschen Reich und Verursacher des Zweiten Weltkriegs. Sein Weltbild war geprägt vom »Recht des Stärkeren« und von der Diskriminierung der Juden als Gefahr für die germanische »Herrenrasse«. Als er 1933 zum Reichskanzler ernannt wurde, gelangten er und seine Partei zu uneingeschränkter Macht. Mit Hilfe des Terrorapparates der SS begann eine rassenideologisch begründete Unterdrückungs- und Vernichtungspolitik, der Millionen Menschen zum Opfer fielen. Der Ausbruch des Zweiten Weltkriegs war die Folge eines politischen Kurses, der die Vormacht Deutschlands über die Welt zum Ziel hatte.

Thomas Hobbes war ein einflussreicher Staatstheoretiker, der sich hauptsächlich mit Fragen der Staatsgründung beschäftigte. Er vertrat die These, dass der Mensch keinerlei gesicherte Erkenntnis über das Wesen der Welt besitze. Hobbes forderte, dass moralische Konflikte nicht von den Menschen selbst, sondern von einer übergeordneten Instanz gelöst werden müssen. Die Übertragung der Macht wird dabei durch einen Gesellschaftsvertrag vollzogen, in dem das Selbstbestimmungsrecht der Untertanen auf den Souverän übergeht und er sie im Gegenzug voreinander schützt. Hobbes Theorien bilden die Grundlagen heutiger Staatsformen.

Wer?	**Ho Chi Minh**
Wann?	1890–1969
Woher?	Kim Lien, Mittelvietnam
Was war er?	Revolutionär und Staatsmann
Wodurch bekannt?	Präsident Nordvietnams

Wer?	**David Hockney**
Wann?	Geboren 1937
Woher?	Bradford, Großbritannien
Beruf?	Maler, Grafiker, Fotograf u. Bühnenbildner
Wodurch berühmt?	Swimmingpool-Bilder

Ho Chi Minh war einer der berühmtesten Revolutionäre des 20. Jahrhunderts. Mit seinem Kampf für die Befreiung Vietnams von kolonialer Herrschaft wurde er für die Studenten der 1960er Jahre zur Leitfigur. 1954 wurde Ho Chi Minh Staatspräsident von Nordvietnam. Mit seiner Guerillatruppe, den Viet-Minh, kämpfte er zuerst gegen die Japaner, dann gegen die Franzosen und schließlich gegen das mit den USA verbündete Südvietnam. Der sogenannte Ho Chi Minh Pfad war ein geheimer Transportweg, der von Nord- nach Südvietnam führte. Der einbalsamierte Leichnam Ho Chi Minhs ruht in einem Mausoleum in der Hauptstadt Hanoi.

Der in Kalifornien lebende David Hockney ist einer der wichtigsten Vertreter der zeitgenössischen Kunst. Seine Arbeiten, die häufig mit Pop-Art in Verbindung gebracht werden, sind durch einen realistischen Stil geprägt. Bekannt wurde Hockney durch eine Serie von Ölgemälden mit Swimmingpools in leuchtenden Farben. Das bekannteste dieser Werke trägt den Titel »A Bigger Splash«. Für die Mailänder Scala und die Oper in New York fertigte er Bühnenbilder an. Außerdem arrangiert er im Stil des Kubismus Polaroidfotos, die zu unterschiedlichen Zeiten und aus verschiedenen Perspektiven aufgenommen werden, zu monumentalen Bildern.

GROSSE PERSONEN DER GESCHICHTE

Wer?	**Dustin Hoffman**
Wann?	Geboren 1937
Woher?	Los Angeles (USA)
Beruf?	Schauspieler
Wodurch berühmt?	Realistische Charakterdarstellungen

Dustin Lee Hoffman ist einer der profiliertesten US-amerikanischen Filmschauspieler. Als sympathischer Antiheld in »Die Reifeprüfung« wurde Hoffman zum Inbegriff eines Schauspielers, der keinem Hollywood-Klischee entspricht. Der wandlungsfähige Perfektionist, der kaum eine Herausforderung scheut, wurde für »Kramer gegen Kramer« und »Rain Man« mit dem Oscar ausgezeichnet. Er besitzt eine eigene Produktionsfirma, die vorwiegend kleine Produktionen unterstützt. Stets beklagt Hoffman den Mangel an guten Drehbüchern. Aus diesem Grund wirkte er zwischen 1999 und 2002 in keinem Film mit.

Wer?	**E.T.A. Hoffmann**
Wann?	1776–1822
Woher?	Königsberg, Deutschland
Was war er?	Schriftsteller, Zeichner, Komponist
Wodurch berühmt?	Fantastische Erzählungen, Märchen und Detektivgeschichten

Ernst Theodor Amadeus Hoffmann war ein bedeutender Vertreter der schwarzen Romantik und Erfinder des deutschen Schauerromans. Er mischte Alltagsleben mit magischen und fantastischen Elementen. Die literarischen Motive des Doppelgängertums und des Spiegelzaubers gehen auf ihn zurück. In sein Werk integrierte er zeitgenössische Ängste, wie etwa die Furcht vor Automaten. Zahlreiche seiner Erzählungen illustrierte er selbst. 1881 machte J. Offenbach den Schriftsteller zum Mittelpunkt seiner Oper »Hoffmanns Erzählungen«. Einflüsse Hoffmanns findet man bei Poe und Dostojewski.

Wer?	**Hugo von Hofmannsthal**
Wann?	1874–1929
Woher?	Wien, Österreich
Beruf?	Schriftsteller
Wodurch berühmt?	»Jedermann«
Zeitgenossen?	Stefan George, Arthur Schnitzler

Von Hofmannsthal war einer der bekanntesten österreichischen Dichter. Im Stil des Impressionismus beschwor er die Vergänglichkeit des Lebens und die Schönheit des Todes. Neben Gedichten und Trauerspielen verfasste Hofmannsthal auch Schriften zur Theatertheorie, ebenso wie Libretti zu Opern von Richard Strauss. Sein berühmtestes Werk, das Mysterienspiel »Jedermann«, eröffnete die ersten Salzburger Festspiele. Von 1926 bis heute wird es dort bis auf wenige Ausnahmen jedes Jahr aufgeführt. Auf eigenen Wunsch wurde Hofmannsthal in der Kutte eines Franziskanermönchs beerdigt.

Wer?	**Friedrich Hölderlin**
Wann?	1770–1843
Woher?	Lauffen, Deutschland
Was war er?	Dichter, Dramatiker, Philosoph
Zeitgenossen?	Goethe, Schiller, Fichte
Pseudonym?	Scardanelli

Friedrich Hölderlin gehörte zu den herausragendsten deutschen Lyrikern. Er verfasste Hymnen, Oden und Elegien, die sich an der Antike orientierten. Zu seinen Lebzeiten wurde nur ein Bruchteil seiner Werke veröffentlicht. Nach dem Tod seiner Geliebten erlitt Hölderlin 1802 den ersten Anfall einer Geisteskrankheit. Ab 1806 befand er sich in einer Tübinger Klinik und kam 1807 zur Pflege in den Haushalt eines Tischlers. Unter dem Namen Scardanelli verfasste er dort Gedichte und Prosatexte. Bis zu seinem Tod verließ der Dichter die Turmstube, die später »Hölderlinturm« genannt wurde, nicht mehr.

GROSSE PERSONEN DER GESCHICHTE

Wer?	Billie Holiday
Wann?	1915–1959
Woher?	Baltimore (USA)
Richtiger Name?	Eleonora Fagan Gough
Beruf?	Sängerin
Größte Hits?	»Strange Fruit«, »Loverman«

Billy Holiday, auch »Lady Day« genannt, gilt weithin als die größte Jazzsängerin aller Zeiten. Als erste schwarze Sängerin trat sie zusammen mit weißen Musikern auf und überwand damit Rassenschranken. So charakteristisch wie ihre herbe, brüchige Stimme und der fast instrumentale Gesangsstil war die weiße Gardenie, die sie bei ihren Auftritten stets im Haar trug. Billy Holidays größter Triumph war ein Auftritt in der Metropolitan Opera in New York, ihre Platten erzielten jedoch keine kommerziellen Erfolge. Völlig verarmt starb sie nach vielen Entziehungskuren mit nur 44 Jahren an den Folgen ihrer Heroinsucht.

Wer?	Homer
Wann?	8. Jahrhundert v. Chr.
Woher?	Griechenland
Was war er?	Dichter
Wodurch berühmt?	Odyssee und Ilias
Gattung?	Heldenepen

Nach antiker Überlieferung ist Homer der Verfasser der griechischen Epen »Ilias« und der »Odyssee«. Er gilt als Vorbild aller abendländischen Epiker. Als historische Person ist Homer nur schlecht fassbar, denn über sein Leben ist so gut wie nichts bekannt. Als homerische Frage bezeichnet man daher das seit dem 18. Jahrhundert unter Literaturwissenschaftlern diskutierte Problem der Entstehung und der Verfasserschaft der Ilias und der Odyssee. Heute geht man allgemein davon aus, dass im 8. Jahrhundert v. Chr. ein Dichter namens Homeros in Griechenland lebte, der mündlich überlieferte Gesänge zusammenfasste.

500 KURZPORTRÄTS VON A–Z

Wer?	**Erich Honecker**
Wann?	1912–1994
Woher?	Wiebelskirchen
Was war er?	Staatsoberhaupt der DDR
Wodurch berüchtigt?	Bau der Berliner Mauer, Ausbürgerung Wolf Biermanns

Als Sekretär des ZK der SED leitete der ehemalige Dachdecker Erich Honecker 1961 die Vorbereitungen für den Bau der Berliner Mauer. Mit diktatorischer Machtfülle prägte Honecker die Entwicklung der DDR in den 1970er und 1980er Jahren, die außenpolitisch von wachsender internationaler Anerkennung, innenpolitisch von Repression, Stagnation und wirtschaftlichem Verfall gekennzeichnet war. Honecker lehnte Reformen nach dem Vorbild Michail Gorbatschows rigoros ab und ignorierte die explosive Massenstimmung in der DDR. 1989 wurde er schließlich vom Politbüro zum Rücktritt gezwungen und aus der SED ausgeschlossen.

Wer?	**Edward Hopper**
Wann?	1882–1967
Woher?	Nyark (USA)
Beruf?	Maler
Wodurch berühmt?	»Nachtschwärmer« (»Nighthawks«)
Zeitgenossen?	Max Beckmann, Pablo Picasso

Edward Hopper ist einer der bekanntesten amerikanischen Künstler unserer Zeit. Seine ausdrucksstarken Darstellungen von isoliert stehenden Gebäuden und verloren wirkenden Menschen erzeugen mit harten Lichtkontrasten eine Atmosphäre der Vereinsamung. Durch ihren Realismus wirken sie fast wie Fotos. Von der Atmosphäre seiner Werke ließen sich Regisseure wie beispielsweise Alfred Hitchcock inspirieren. So diente diesem ein Bild von Hopper als Vorbild für das Hotel in seinem legendären Film »Psycho« (1960). Edward Hoppers Bild »Nighthawks« (»Nachtschwärmer«) gilt als populärstes Gemälde des 20. Jahrhunderts.

GROSSE PERSONEN DER GESCHICHTE

Wer?	Horaz
Wann?	65–8 v. Chr.
Woher?	Rom, Italien
Beruf?	Dichter
Wodurch berühmt?	Spottverse und Oden
Zeitgenossen?	Augustus, Kleopatra, Vergil

Quintus Horatius Flaccus war neben Vergil einer der einflussreichsten Dichter der römischen Antike. Er begann mit Spottversen und kurzstrophiger Lyrik. Seinen Ruhm begründete er durch seine nach griechischen Vorbildern gestalteten Oden, in denen er zu den Fragen des Lebens und der Politik Stellung nahm. Damit wurde er zum Hauptvertreter der politisch-moralischen Dichtung der römischen Antike. Seine Satiren und Episteln zeigen ihn als klugen Beobachter und humorvollen Zeitkritiker. Außerdem verfasste er die Ars poetica, eine Theorie der Dichtkunst. Horaz wird der Ausspruch »carpe diem« (»Nutze den Tag«) zugeschrieben.

Wer?	Max Horkheimer
Wann?	1895–1973
Woher?	Stuttgart
Beruf?	Soziologe und Philosoph
Wodurch berühmt?	»Dialektik der Aufklärung«
Partner?	Theodor W. Adorno

Unter den deutschen Soziologen nahm Horkheimer eine herausragende Stellung ein. Er emigrierte 1933 in die USA und kehrte erst 1948 nach Deutschland zurück. Hier verfasste er mit Theodor W. Adorno sein wichtigstes Werk »Die Dialektik der Aufklärung«. Horkheimers Interesse galt den Problemen der Autorität, der Ideologienlehre sowie einer dialektischen Anthropologie. Zusammen mit Adorno war er Begründer und Hauptvertreter der »Kritischen Theorie« der Frankfurter Schule. Der »späte Horkheimer« vollzog eine Hinwendung zur Theologie, die er als Sehnsucht des Menschen, der »verwalteten Welt« zu entfliehen, verstand.

Wer?	**Victor Hugo**
Wann?	1802–1885
Woher?	Besançon, Frankreich
Beruf?	Schriftsteller, Maler
Wodurch berühmt?	»Der Glöckner von Notre Dame«
Zeitgenossen?	Honoré de Balzac, Heinrich Heine

Victor Hugo gilt als führender Vertreter der französischen Romantik. Mit 14 Jahren begann er zu schreiben, mit 28 Jahren war er berühmt und erfolgreich – was ihm zeitlebens vergönnt blieb. Ein Jahr später folgte sein populärster Roman »Der Glöckner von Notre Dame«. Auf Jersey und Guernsey schrieb er einen weiteren bekannten Roman »Die Elenden«, der das harte Leben der proletarisierten Pariser Arbeitermassen zum Thema hatte. In seinen Gemälden, Skizzen und Zeichnungen gab Hugo oft eine düstere Naturstimmung wieder, die er nicht selten ins Visionäre, Dämonische und Fantastische steigerte.

Wer?	**Alexander von Humboldt**
Wann?	1769–1859
Woher?	Berlin, Deutschland
Was war er?	Wissenschaftler, Naturforscher, Geograf, Gelehrter
Zeitgenossen?	Carl F. Gauß, Johann W. Goethe

Alexander von Humboldt war ein äußerst vielseitiger und produktiver Naturforscher. Sein Ruf war schon zu Lebzeiten legendär. So bezeichnete man ihn auch als den »zweiten Kolumbus«. Er bereiste zuerst Nordwest- und Westeuropa und die Kanarischen Inseln. Später erforschte er von Amerika aus Venezuela, das Orinocogebiet, Kolumbien und Ecuador, wo er den Chimborazo bestieg. Seine letzte Expedition führte ihn nach Zentralasien (Ural, Altai, Dsungarei, Kaspisches Meer). Seine Forschungen beschrieb er in dem fünfbändigen Werk »Kosmos«, das in einer Auflage von 87 000 Exemplaren erschien.

GROSSE PERSONEN DER GESCHICHTE

Die besten Schauspieler der Gegenwart
in chronologischer Reihenfolge:

Charlie Chaplin
(1889–1977)
→ *Porträt S. 47!*

Marcello Mastroianni
(1924–1996)
→ *Porträt S. 175!*

Fritz Lang
(1890–1976)
→ *Porträt S. 149!*

Woody Allen
(Geboren 1935)
→ *Porträt S. 7!*

Marlene Dietrich
(1901–1992)
→ *Porträt S. 62!*

Robert Redford
(Geboren 1937)
→ *Porträt S. 221!*

Greta Garbo
(1905–1990)
→ *Porträt S. 87!*

Steven Spielberg
(Geboren 1947)
→ *Porträt S. 249!*

Federico Fellini
(1920–1994)
→ *Porträt S. 74!*

Jim Jarmusch
(Geboren 1953)
→ *Porträt S. 131!*

500 KURZPORTRÄTS VON A–Z

Wer?	**David Hume**
Wann?	1711–1776
Woher?	Edinburgh, Schottland
Was war er?	Nationalökonom, Philosoph
Zeitgenossen?	Jean-Jacques Rousseau, Adam Smith

David Hume machte sich als einer der größten Denker des 18. Jahrhunderts einen Namen und gilt als Vorläufer Kants. Seine Hauptwerke sind die »Abhandlung über die menschliche Natur« und die »Untersuchung über den menschlichen Verstand«. Er war mit Adam Smith befreundet, dem er auch in Fragen der Nationalökonomie nahestand. Als Philosoph suchte Hume nach dem Ursprung des menschlichen Denkens. Er teilte dabei Sinneseindrücke in Wahrnehmungen und Vorstellungen ein: Das Denken entsteht demnach durch die Verbindung von äußerer Sinneswahrnehmung und innerer Erfahrung.

Wer?	**F. Hundertwasser**
Wann?	1928–2000
Woher?	Wien, Österreich
Richtiger Name?	Friedrich Stowasser
Was war er?	Maler, Grafiker, Architekt
Hauptmotive?	Spiralen und Labyrinthe

Friedensreich Hundertwasser war einer der populärsten Künstler des 20. Jahrhunderts. Seine ornamentale Kunst ist stark vom Wiener Jugendstil beeinflusst. Konzentrische Kreise, deren Regenbogenfarbigkeit dem Verlauf des Spektrums folgt, kennzeichnen seinen Stil. Neben seinen Bildern verschönerte oder schuf der Künstler Gebäude wie das Hundertwasser-Haus in Wien. Er strebte danach, als Architekt einen Beitrag zur Humanisierung der Umwelt zu leisten und Fantasie zur Realität werden zu lassen. Seine letzten Lebensjahre verbrachte Hundertwasser auf einem Frachter in Neuseeland.

GROSSE PERSONEN DER GESCHICHTE

Wer?	Saddam Hussein
Wann?	1937–2006
Woher?	Tikrit, Irak
Was war er?	Staatspräsident des Irak
Berühmt durch?	Besetzung Kuwaits 1990, Beginn des 2. Golfkriegs

Saddam Hussein war von 1979 bis 2003 Staatsoberhaupt des Irak. Er errichtete einen totalitären Überwachungsstaat, in dem Regimegegner ausgeschaltet wurden. Er verwickelte den Irak in die Golfkriege, die zum wirtschaftlichen Niedergang des Landes führten. Trotzdem konnte er sich als uneingeschränkter Diktator behaupten. Sein langjähriger Widerstand gegen das Rüstungskontrollregime der UNO führte schließlich zur Konfrontation mit den USA, die mit dem Irak-Krieg 2003 seine Herrschaft beendeten. Saddam Hussein wurde im November 2006 wegen Verbrechen gegen die Menschlichkeit zum Tode verurteilt und im Dezember hingerichtet.

Wer?	Henrik Ibsen
Wann?	1828–1906
Woher?	Skien, Norwegen
Beruf?	Schriftsteller
Wodurch berühmt?	Begründer des Naturalismus
Hauptwerk?	»Nora oder Ein Puppenheim«

Henrik Johan Ibsen, Sohn eines Großhändlers, gilt als der wichtigste Autor Norwegens. Er übte mit seinen vielseitigen Gesellschafts- und Ideendramen großen Einfluss aus und war der meistgespielte Dramatiker seiner Zeit. In seinen Werken erforschte und beschrieb er die Konflikte zwischen Individuum und Gesellschaft. Die Figuren seiner Dramen schwanken zwischen Idealismus, Heuchelei, Weltflucht und Lebensbejahung. Ibsen bereitete dem Naturalismus den Weg und begründete darüber hinaus das symbolistische Drama. Er fühlte sich jedoch in Norwegen missverstanden und verbrachte von insgesamt 27 Jahren Exil auch einige in Deutschland.

Wer?	**John Irving**
Wann?	Geboren 1942
Woher?	Exeter (USA)
Beruf?	Erzähler
Wodurch berühmt?	Skurrile Romanfiguren
Seine Werke?	»Hotel New Hampshire«, »Garp«

John Winslow Irving ist einer der erfolgreichsten zeitgenössischen Schriftsteller. Mit seinen Romanen hält er der amerikanischen Gesellschaft einen Spiegel vor. Skurrile und makabre Geschehnisse, die zugleich tragisch und komisch sind, zeichnen seine Romane aus. Seine bevorzugtes Thema sind die Höhen und Tiefen der zwischenmenschlichen Beziehungen, in deren Beschreibung er auch vor Übertreibungen nicht zurückschreckt. Irving schreibt autobiografisch, bestimmte Motive finden sich in jeder seiner Veröffentlichungen wieder. 2003 erschien sein erstes Kinderbuch. John Irvings größtes literarisches Vorbild ist Charles Dickens.

Wer?	**Iwan III.**
Wann?	1440–1505
Woher?	Moskau, Russland
Was war er?	Großfürst von Moskau
Wodurch berühmt?	Beendigung der Mongolenherrschaft und Einigung Russlands

Iwan III. Wassiljewitsch, auch Iwan der Große genannt, vollendete die Einigung Russlands, indem er Nowgorod, Twer, Wjatka und Rjasan unterwarf. Der kampflose Abzug Achmat Chans von Moskau 1480 bedeutete das Ende der Mongolenherrschaft. Iwans Versuch einer Eroberung Livlands scheiterte hingegen am Widerstand des Deutschen Ordens. Die Heirat mit der Nichte des letzten byzantinischen Kaisers und die Übernahme des byzantinischen Hofzeremoniells waren Ausdruck des Anspruchs, Moskau sei als Nachfolgerin von Byzanz das »Dritte Rom«. Iwan III. herrschte über 43 Jahre und ließ sich als erster Herrscher »Zar« nennen.

GROSSE PERSONEN DER GESCHICHTE

Wer?	**Michael Jackson**
Wann?	Geboren 1958
Woher?	Gary, Indiana (USA)
Beruf?	Popsänger
Wodurch berühmt?	Erster Superstar
Größte Hits?	»Thriller«, »Billie Jean«, »Beat It«

Michael Jackson ist der erfolgreichste Solist der Popgeschichte. Das ehemalige Mitglied der Musikgruppe »Jackson Five« verkaufte bisher über 750 Millionen Tonträger. Das Album »Thriller« von 1982 ist das meistverkaufte Doppelalbum der Welt. Seine Musikvideos und seine Tanzchoreographien sind legendär und setzen bis heute Maßstäbe. Jackson ist der Rekordhalter in Bezug auf die meisten Nummer-Eins-Hits, den teuersten Videoclip, die am besten besuchten Tourneen und den höchstdotierten Plattenvertrag. In den 1990er Jahren kam er wegen mutmaßlichen Kindesmissbrauchs vor Gericht.

Wer?	**Mick Jagger**
Wann?	Geboren 1943
Was ist er?	Sänger, Musiker, Komponist
Wodurch berühmt?	Frontmann der Rolling Stones
Größte Hits?	»Satisfaction«, »Angie«, »Paint It Black«

Michael Phillip Jagger ist einer der berühmtesten Musiker der Welt. Zusammen mit dem Gitarristen Keith Richards führte er die 1962 gegründete Rockband »The Rolling Stones« zu Weltruhm. Jaggers markante Stimme wurde schnell das Markenzeichen der Band. Jagger und Richards komponierten zahllose Klassiker der Rockgeschichte. Für seine Verdienste »um die populäre Musik« wurde Jagger 2003 vom Prince of Wales zum Ritter geschlagen und darf den Titel Sir tragen. Mick Jagger spielt Gitarre, Klavier und Mundharmonika und ist seit Mitte der 1970er Jahre auch als Schauspieler tätig.

Wer?	**Jim Jarmusch**
Wann?	Geboren 1953
Woher?	Akron, Ohio (USA)
Beruf?	Regisseur
Wodurch berühmt?	Skurrile Schwarzweißfilme
Filme?	»Dead Man«, »Night on Earth«

Jim Jarmusch gehört zu den bekanntesten Vertretern des unabhängigen Films. Als Autorenfilmer behält er sowohl die Kontrolle über die gesamte Filmproduktion als auch die Rechte an den Negativen. Seine Themen, das Aufeinandertreffen verschiedener Kulturen und die Bindungskraft familiärer Beziehungen, folgen einem lakonischen Erzählstil. Konfliktreiche Konstellationen schildert Jarmusch mit lässiger Langsamkeit und skurrilem Humor. Die Plots schreibt er für ganz bestimmte Schauspieler. Er verwendet keine Drehbücher im herkömmlichen Sinn, sondern lässt seine Akteure improvisieren.

Wer?	**Jeanne d'Arc**
Wann?	1411–1431
Woher?	Domrémy, Frankreich
Wie wurde sie genannt?	Jungfrau von Orléans
Wodurch berühmt?	»Retterin Frankreichs«

Die Heilige Johanna ist eine der beeindruckendsten Frauenfiguren der Geschichte. Durch »göttliche Stimmen« veranlasst, erwirkte sie als Heerführerin die Anerkennung König Karls VII. als rechtmäßigen Herrscher und damit das Ende des Hundertjährigen Krieges Frankreichs gegen England. 1430 wurde sie von Verbündeten Englands gefangen genommen und für eine hohe Geldsumme an England ausgeliefert. Von Frankreich im Stich gelassen, wurde sie in Rouen wegen Hexerei und Ketzerei zum Tode verurteilt und verbrannt. Ein Revisionsprozess hob das Urteil später auf. 1920 erfolgte ihre Heiligsprechung.

Wer?	**Thomas Jefferson**
Wann?	1743–1826
Woher?	Shadwell, Virginia (USA)
Was war er?	Dritter Präsident der USA
Wodurch berühmt?	Verfassung der Unabhängigkeitserklärung

Thomas Jefferson war einer der bedeutendsten Präsidenten der USA. Als Gouverneur von Virginia sorgte er für die Aufhebung der Adelsprivilegien, die Trennung von Kirche und Staat sowie die Errichtung öffentlicher Schulen. 1793 gründete er die Demokratisch-Republikanische Partei, eine Vorgängerin der heutigen Demokratischen Partei. Jeffersons Denken war von Aufklärung bestimmt – in ihrem Sinne propagierte er die Trennung von kirchlicher und weltlicher Macht. Als politischer Denker verfocht er das Gesellschaftsideal des unabhängigen Farmers und eine weitgehende Selbstständigkeit der Einzelstaaten.

Wer?	**Boris Jelzin**
Wann?	Geboren 1931
Woher?	Butka, Russland
Was war er?	Staatspräsident der UdSSR
Wodurch berühmt?	Nachfolger Gorbatschows
Meilenstein?	Gründung der GUS

Boris Nikolajewitsch Jelzin war der erste demokratisch gewählte Präsident des unabhängigen Russland. 1991 erklärte Jelzin die Umwandlung der UdSSR in die Gemeinschaft unabhängiger Staaten GUS. Seine radikale Reformpolitik nach dem Ende der UdSSR stieß zunehmend auf den Widerstand konservativer Politiker, deren Putschversuch 1993 jedoch scheiterte. Seine politische Handlungsfähigkeit wurde im weiteren Verlauf seiner Präsidentschaft durch Erkrankungen zunehmend stark eingeschränkt. Auch gelang ihm keine Lösung des Tschetschenienproblems. 1999 trat er als Präsident zurück.

500 KURZPORTRÄTS VON A–Z

Wer?	Jesus von Nazareth
Wann?	Um 4 v. Chr.– 33 n. Chr.
Woher?	Nazareth, Galiläa
Was war er?	Zentrale Gestalt des Christentums
Wodurch berühmt?	Predigten und Wunder
Bekannte Jünger?	Petrus, Andreas, Matthäus, Thomas
Auch genannt?	Jesus Christus, Messias, Erlöser, Sohn Gottes

Jesus – Mensch oder Legende?

An der realen Existenz Jesu zweifelt die Geschichtsforschung nicht. So berichten historische Quellen von einem Mann namens »Chrestus«, den »der Prokurator Pontius Pilatus unter der Herrschaft des Tiberius hatte hinrichten lassen«. Darüber hinaus werden jüdische Unruhen in Rom beschrieben, die auf »Chrestus« zurückgehen. Der Talmud erzählt diesbezüglich von einem Wundertäter, der am Vorabend eines Pascha-Festes gehängt wurde. Jedoch steht trotz aller Berechnungen lediglich fest, dass das Auftreten Jesu um 30 n. Chr. stattfand. Wie lange sein Wirken dauerte, ist unbekannt.

Jesus – Gründer des Christentums?

Jesus vertrat keine neue Gotteslehre. Er sah in der Gottesherrschaft die Änderung der Menschen durch die ihnen in seiner Person begegnenden Gnade Gottes, die sich in erster Linie in Sündenvergebung und Nächstenliebe ausdrückte.

Jesus – der erste Revolutionär?

Die Lehre Jesu fand besonderen Widerhall unter den Verachteten und Besitzlosen. Unter Missachtung aller gesellschaftlichen Tabus wurde er ihr »Tischgenosse«. Diese Kühnheit erregte außerordentliches Aufsehen. Sein Anspruch, Sünde an Gottes Statt zu vergeben, galt als ungeheuerliche Anmaßung. Indem er sich über die Gesetze, die Propheten und den Tempel erhob, stellte er die Existenzberechtigung der Gelehrten und des mächtigen Priesteradels in Frage. Mit Hilfe der römischen Besatzungsmacht, an die Jesus denunziert wurde, verurteilte man ihn in Jerusalem zum Tod durch Kreuzigung.

GROSSE PERSONEN DER GESCHICHTE

Wer?	**Johannes Paul II.**
Wann?	1920–2005
Woher?	Wadowice, Polen
Richtiger Name?	Karol Wojtyla
Was war er?	Papst
Im Amt?	27 Jahre

Johannes Paul II. war der erste nicht italienische Papst nach 455 Jahren. In mehr als 100 Reisen versuchte Johannes Paul II. den Menschen die Lebendigkeit der katholischen Kirche vor Augen zu führen und ihre Einheit zu festigen. Sein theologisches Programm bestand in der Rückbesinnung auf Christus als Mittelpunkt der Kirche, im Streben nach einer Einheit der Christen, aber auch in einer streng konservativen Haltung in Fragen der innerkirchlichen Reform und der Moraltheologie. Immer wieder trat er nachdrücklich für die Wahrung der Menschenrechte ein. Im Mai 1981 wurde der Papst auf dem Petersplatz bei einem Attentat schwer verletzt.

Wer?	**Joseph II.**
Wann?	1741–1790
Woher?	Wien, Österreich
Was war er?	Römisch-deutscher Kaiser
Berühmte Verwandte?	Seine Eltern Franz I. und Maria Theresia

Joseph II. war ein Reformator des römisch-deutschen Kaisserreichs. Nach dem Tod seines Vaters Franz I. setzte er die Teilnahme Österreichs an der ersten Polnischen Teilung durch (Gewinn von Galizien) und ließ sich von der Türkei die Bukowina abtreten. Seit 1780 war er Alleinherrscher und praktizierte einen aufgeklärten Absolutismus mit radikalen Reformen. Das Reich sollte zentralistisch regiert werden. Die Staatssprache war Deutsch. Joseph gründete Ansiedlungen in Galizien, in der Bukowina, in Ungarn und Siebenbürgen, schaffte die Leibeigenschaft der Bauern ab und veranlasste außerdem den Bau von Schulen und Krankenhäusern.

500 KURZPORTRÄTS VON A–Z

Wer?	**James Joyce**
Wann?	1882–1941
Woher?	Dublin, Irland
Beruf?	Schriftsteller
Wodurch berühmt?	Einer der Erfinder des inneren Monologs
Hauptwerke?	»Ulysses«, »Finnegans Wake«

James Joyce gilt als berühmtester Schriftsteller Irlands. Seine Revolte gegen den realistischen Gesellschaftsroman und sein Bruch mit den traditionellen Erzählstrukturen wurde richtungweisend für die Literatur des 20. Jahrhunderts. Sein Hauptwerk »Ulysses« ist die Schilderung von 24 Stunden aus dem Leben zweier Dubliner Bürger, die in symbolhafte Beziehung zur Odyssee gestellt wird. Beeinflusst von der Psychoanalyse Freuds beschreibt Joyce in dem Roman zum Teil interpunktionslos die Bewusstseinsvorgänge seiner Figuren. Der 16. Juni, nach der Hauptfigur Leonard Bloom »Bloomsday« benannt, wird in Dublin als Gedenktag gefeiert.

Wer?	**Carl Gustav Jung**
Wann?	1875–1961
Woher?	Kesswyl, Schweiz
Was war er?	Psychologe
Wodurch berühmt?	Begründer der sogenannten analytischen Psychologie

Carl Jung war ursprünglich ein Schüler Freuds, begründete aber später eine eigene Schule der Psychologie. Er entwickelte eine Philosophie des Unbewussten, die das Seelenleben als ein dynamisches System auf dem Grund des schöpferischen kollektiven Unbewussten betrachtete. Dessen Inhalte sind die Archetypen (Urbilder). Diese Energiekomplexe entfalten besonders in Träumen ihre Wirkung. Das kollektive Unbewusste besteht aus den ererbten Grundlagen der Menschheitsgeschichte. Auf ihm beruhen alle Persönlichkeitsstrukturen. Außerdem geht auf Jung die Unterscheidung in extrovertierte und introvertierte Menschentypen zurück.

GROSSE PERSONEN DER GESCHICHTE

Wer?	**Franz Kafka**
Wann?	1883–1924
Woher?	Prag, Tschechische Republik
Beruf?	Schriftsteller
Wodurch berühmt?	Romane mit rätselhafter Symbolik
Werke?	»Die Verwandlung«, »Der Prozeß«

Franz Kafka wird als einer der wichtigsten Autoren des 20. Jahrhunderts gesehen. Sein Werk – rätselhaft und in geschliffener Sprache verfasst – wurde zum größten Teil posthum veröffentlicht. Kafkas einsame Romanfiguren bewegen sich in einer labyrinthisch-grotesken Welt ohne Handlungsfreiheit, in der Recht und Gesetz nicht gelten. Hilflos sind sie einer anonymen Macht ausgeliefert, der sie sich nicht entziehen können. Seine klaustrophobischen Visionen inspirierten und prägten die moderne Literatur. Das Adjektiv »kafkaesk« wurde zum Sinnbild der Ängste und Traumata des 20. Jahrhunderts.

Wer?	**Wassily Kandinsky**
Wann?	1866–1944
Woher?	Moskau, Russland
Was war er?	Maler
Wodurch berühmt?	Mitbegründer des Expressionismus

Wassily Kandinsky war einer der berühmtesten abstrakten Künstler und gilt als Begründer der ungegenständlichen Malerei. Er gründete in München die »Neue Künstlervereinigung«, aus der der Kreis des »Blauen Reiters« hervorging. Da er Farben nicht nur als optische, sondern auch als akustische Reize empfand, sprach er von Farbklängen und komponierte seine Bilder wie Musik. Er verglich die Harmonie von Farben mit der Harmonie von Klängen. So empfand er gelb als spitze Farbe, die sich in Verbindung mit der spitzen Form eines Dreiecks steigere. In der NS-Zeit galten seine Bilder als entartet.

Wer?	**Immanuel Kant**
Wann?	1724–1804
Woher?	Königsberg, Deutschland
Was war er?	Philosoph
Wodurch berühmt?	Forschungen über Denken und Erkenntnis
Hauptwerke?	»Kritik der reinen Vernunft«, »Kritik der praktischen Vernunft«, »Kritik der Urteilskraft«

Kant – Revolutionär des Denkens?

Kant ist Erkenntnistheoretiker und beschäftigt sich mit der Frage, wie der menschliche Verstand zu Erkenntnissen gelangt. Er kommt zu dem Schluss, dass der Mensch im Erkennen den Gegenstand seiner Erkenntnis selbst schafft. Entsprechend dieser These erfasst unser Denken nicht die Dinge an sich, sondern nur die Dinge »für uns«. Der Gegenstand an sich bleibt unerkennbar. Wir sehen nur seine Erscheinungswelt, die jedoch letztlich unser eigenes Werk ist. Der Mensch erkennt also nicht die Realität an sich, sondern einzig und allein das, was er dafür hält.

Kant – Theoretiker des menschlichen Handelns?

Der sittliche Anspruch, dem wir als Vernunftwesen verpflichtet sind, ist für Kant ein unleugbares Faktum. Im Gegensatz zur »theoretischen Vernunft« bezieht sich die »praktische Vernunft« auf das praktisch-sittliche Handeln des Menschen. In seinem ethischen Handeln gelangt der Mensch zu etwas absolut Gültigem, das durch die »theoretische Vernunft« allein nicht zu erreichen wäre.

Was ist der »kategorische Imperativ«?

Kants berühmter Leitsatz bezieht sich auf den sittlichen Anspruch, der dem Menschen in Gestalt des Gewissens gegenübertritt. Die Formulierung dafür lautet folgendermaßen: »Handle so, dass die Maxime deines Willens jederzeit zugleich als Prinzip einer allgemeinen Gesetzgebung gelten könnte«. Der Mensch soll sich also bei jeder seiner Handlungen vor Augen führen, welche Folgen es hätte, wenn jeder so handeln würde.

GROSSE PERSONEN DER GESCHICHTE

Wer?	**Herbert von Karajan**
Wann?	1908–1989
Woher?	Salzburg, Österreich
Beruf?	Dirigent
Wodurch berühmt?	Salzburger Festspiele
Auszeichnung?	Großes Bundesverdienstkreuz

Karajan machte als begnadeter Dirigent eine glanzvolle Karriere. Er wurde Konzertdirektor auf Lebenszeit der Wiener Gesellschaft der Musikfreunde und war Gastdirigent in Wien, Mailand und Bayreuth. Von 1964 bis 1987 war er im Direktorium der Salzburger Festspiele und gründete 1967 die Salzburger Osterfestspiele. Die Herbert-von-Karajan-Stiftung fördert junge Dirigenten und organisiert weltweit Gastspiele mit den Berliner und Wiener Philharmonikern; Karajan erhielt 1977 den Siemens-Musikpreis. Seine zahlreichen Aufnahmen beherrschen den Schallplattenmarkt.

Wer?	**Karl I.**
Wann?	747–814
Woher?	Aachen, Deutschland
Was war er?	Deutscher Kaiser
Bekannt als?	Karl der Große
Auszeichnung?	Heiligsprechung 1165

Karl I. war der herausragendste deutsche Kaiser aus dem Geschlecht der Karolinger. Er setzte zunächst die Politik seines Vaters fort, beendete die Unterwerfung Aquitaniens und eroberte das Langobardenreich. Als König der Langobarden übernahm er die Schutzherrschaft über den Kirchenstaat und in zahlreichen blutigen Feldzügen unterwarf und christianisierte er die Sachsen. Karl prägte seine Zeit in politischer, kirchlicher und kultureller Hinsicht und schuf die Grundlagen für die geistige sowie politische Einheit des Abendlands. Er wurde als Idealfigur eines christlichen Herrschers verehrt.

500 KURZPORTRÄTS VON A–Z

Wer?	**Erich Kästner**
Wann?	1899–1974
Beruf?	Autor
Wodurch berühmt?	Humorvolle Kinderbücher
Werke?	»Pünktchen und Anton«, »Das fliegende Klassenzimmer«

Kästner ist einer der berühmtesten Schriftsteller der Nachkriegszeit. Er bezeichnete sich selbst als einen »Urenkel der deutschen Aufklärung«. Mit seiner witzigen und zugleich zeitkritischen »Gebrauchslyrik« wurde er zu einem wichtigen Vertreter der Neuen Sachlichkeit. Seine Kinderbücher, allen voran »Emil und die Detektive« und »Das doppelte Lottchen« wurden in 59 Sprachen übersetzt. In den Verfilmungen übernahm Kästner häufig die Erzählerstimme. Sein einziger Roman von literarischer Bedeutung spielt im Berlin der 1930er Jahre. In »Fabian« beschreibt Kästner den Trubel dieser Zeit, aber auch den Niedergang der Weimarer Republik.

Wer?	**Katharina II.**
Wann?	1729–1796
Woher?	Stettin, Deutschland
Was war sie?	Kaiserin von Russland
Genannt?	Katharina die Große
Zeitgenossen?	James Cook, Voltaire, George Washington

Katharina II. war eine der einflussreichsten Herrscherinnen aller Zeiten. 1762 stürzte sie ihren Gatten Peter III. und ließ sich zur Kaiserin ausrufen. Intelligent und gebildet, stand sie mit den führenden Denkern ihrer Zeit in regem Briefkontakt. Unter ihrer Regierung stieg Russland zur europäischen Großmacht auf. Als aufgeklärte Herrscherin führte sie zunächst einige soziale Reformen durch, bevor sie sich wieder auf die konservativen Kräfte des Landes stützte und den Bauern den Rücken kehrte. Die dadurch verschärften sozialen Spannungen entluden sich in zahllosen Revolten, wie dem Bauern- und Kosakenaufstand von 1773 bis 1775.

GROSSE PERSONEN DER GESCHICHTE

Wer?	**Gottfried Keller**
Wann?	1819–1890
Woher?	Zürich, Schweiz
Beruf?	Schriftsteller
Wodurch berühmt?	Von Ironie geprägte Novellen
Zeitgenossen?	C. Baudelaire, G. Flaubert

Gottfried Keller ist einer der bekanntesten schweizerischen Schriftsteller des 19. Jahrhunderts. Er wird allgemein dem bürgerlichen Realismus zugeordnet. Keller war zunächst Landschaftsmaler und kam eher zufällig zum Schreiben. Sein Werk »Der grüne Heinrich« gilt immer noch als der wichtigste deutsche Bildungsroman, in seiner Bedeutung vergleichbar mit Goethes »Wilhelm Meister«. Seine Novellen und sein Alterswerk kennzeichnet ein kritischer Blick auf die kleinbürgerliche Gesellschaft seiner Zeit. Keller war Demokrat und radikaler Liberaler und betätigte sich neben dem Schreiben auch politisch.

Wer?	**John F. Kennedy**
Wann?	1917–1963
Woher?	Brookline, Massachusetts (USA)
Was war er?	35. Präsident der USA
Berühmter Ausspruch?	»Ich bin ein Berliner«

John Fitzgerald Kennedy war der seinerzeit beliebteste Politiker der USA. Seine Politik war einerseits von der Absicht bestimmt, die demokratische Idee in aller Welt durch Entwicklungshilfe zu unterstützen und damit eine Entspannung zwischen den Machtblöcken herbeizuführen. Andererseits führte die Entsendung von Spezialeinheiten nach Südostasien zum verstärkten amerikanischen Engagement im Vietnam-Krieg. Innenpolitisch leitete er ein umfangreiches Sozialreformwerk ein. Die Welt war schockiert, als Kennedy 1963 einem Attentat zum Opfer fiel – bis heute sind Verschwörungstheorien im Umlauf.

500 KURZPORTRÄTS VON A–Z

Wer?	**Johannes Kepler**
Wann?	1571–1630
Woher?	Weil der Stadt, Deutschland
Was war er?	Astronom, Mathematiker und Naturphilosoph
Wodurch berühmt?	Kepler'sche Gesetze

Johannes Kepler entdeckte die später nach ihm benannten ersten beiden Gesetze der Planetenbewegung. Er verbreitete in Deutschland das Rechnen mit Logarithmen und untersuchte den harmonischen Bau des Weltalls in seiner Schrift »Harmonices mundi«, in der er das dritte Gesetz der Planetenbewegung formulierte. 1627 veröffentlichte er die »Rudolfinischen Tafeln« der Planetenbewegung, die bis zum 18. Jahrhundert die Grundlage aller astronomischen Berechnungen bleiben sollten. Darüber hinaus legte er die optischen Grundlagen zur Entwicklung des astronomischen Fernrohrs in dem Buch »Dioptrice« dar.

Wer?	**Sören Kierkegaard**
Wann?	1813–1855
Woher?	Kopenhagen, Dänemark
Was war er?	Philosoph, Theologe
Wodurch berühmt?	Begründer der Existenzphilosophie

Sören Aabye Kierkegaard war ein einflussreicher dänischer Denker. Seine Philosophie ging davon aus, dass Wahrheit nicht in Sätzen gelehrt werden könne, sondern eine Bewegung des Menschen in der Zeit sei. So unterteilte er die Existenz des Menschen in drei Stadien: ästhetisches, ethisches und religiöses Stadium. Für ihn war die Philosophie die Grundlage jeglicher Art von Religiosität. Auch beschrieb er in seinen Schriften das Verhältnis von Angst, Existenz und Zeitlichkeit in der Theologie. Vor allem in Deutschland und Frankreich beeinflusste Kierkegaard maßgeblich die weitere Existenzphilosophie.

GROSSE PERSONEN DER GESCHICHTE

Wer?	**Martin Luther King**
Wann?	1929–1968
Woher?	Atlanta, Georgia (USA)
Was war er?	Pfarrer und Bürgerrechtler
Wodurch berühmt?	Seine Rede »I Have a Dream«
Sein Ziel?	Aufhebung der Rassenschranken

Martin Luther King war der populärste schwarze Bürgerrechtler der USA. Der redegewandte Baptisten-Pfarrer aus Atlanta gründete eine Widerstandsorganisation gegen den herrschenden Rassismus. Im Geiste Jesu und nach dem Vorbild Gandhis wollte King ohne Gewalt und durch passiven Widerstand die Rassenschranken zu Fall bringen. Sein erster großer Erfolg war die Aufhebung der Rassentrennung in den öffentlichen Verkehrsmitteln von Montgomery nach einem von ihm geleiteten Bus-Boykott. 1964 erhielt King den Friedensnobelpreis. 1968 wurde er von einem militanten Rassisten erschossen.

Wer?	**Paul Klee**
Wann?	1879–1940
Woher?	Münchenbuchsee, Schweiz
Was war er?	Maler
Wodurch berühmt?	Mitglied der Künstlergruppe »Der Blaue Reiter«

Paul Klee war ein begnadeter und vielseitiger Maler und Grafiker, der vorwiegend abstrakte Gemälde schuf. Sein Stil ist durch spielerische Elemente und mosaikhafte Farbigkeit gekennzeichnet. Federzeichnungen und Aquarelle gehörten zu seinen bevorzugten Techniken. Tragisches und Heiteres kommen in seiner Kunst in gleicher Weise zum Ausdruck. Klees Alterswerk spiegelt besonders in den auf Sackleinwand gemalten zeichenhaften Bildern den Ernst der zeitgeschichtlichen Situation wider. Ähnlich wie die Kunst Picassos bildet das Werk Klees eine Synthese aus gegenständlichen und abstrakten Formen.

Wer?	**Heinrich von Kleist**
Wann?	1777–1811
Woher?	Frankfurt/Oder, Deutschland
Was war er?	Dichter, Erzähler und Publizist
Wie gestorben?	Selbstmord am Berliner Wannsee
Hauptwerk?	»Der zerbrochene Krug«

Kleist zählt zu den größten deutschen Dramatikern. Seine Werke wie auch sein Leben waren erfüllt vom leidenschaftlichen Drang zum Unbedingten und dem Streben nach dem vollkommenen Glück. In seinen Dramen verarbeitete er mehrfach antike mythologische Inhalte, bei deren Bearbeitung er sich an den klassischen Dramenaufbau hielt. Er verletzte jedoch die Stilprinzipien, indem er nicht klassische Ideale, sondern das Grausame und Extreme in den Mittelpunkt der Handlung stellte. Gemeinsam mit der an Krebs erkrankten Henriette Vogel schied Kleist am Wannsee freiwillig aus dem Leben.

Wer?	**Kleopatra VII.**
Wann?	Um 69 v.Chr.–30 v.Chr.
Woher?	Ägypten
Was war sie?	Königin von Ägypten
Wodurch berühmt?	Geliebte von Cäsar und Antonius
Wie gestorben?	Durch Schlangenbiss

Kleopatra war die berühmteste Herrscherin Ägyptens und letzte Vertreterin der Ptolemäer-Dynastie. Als die Römer Ägypten eroberten, wurde sie die Geliebte Cäsars, dem sie auch einen Sohn gebar: Kaisarion. Nach Cäsars Tod wurde sie zur Geliebten des Antonius, mit dem sie weitere drei Kinder hatte. Der Entscheidungskampf zwischen Antonius und Octavian, der mit der Niederlage der ägyptischen Flotte endete, besiegelte Kleopatras Schicksal. Nach der Schlacht lehnte Octavian ihr Angebot ab, seine Geliebte zu werden, Kleopatra beging daraufhin Selbstmord, um der römischen Gefangenschaft zu entgehen.

GROSSE PERSONEN DER GESCHICHTE

Wer?	**Robert Koch**
Wann?	1843–1910
Woher?	Clausthal im Harz
Welcher Beruf?	Mediziner
Welche Auszeichnung?	Nobelpreis für Physiologie und Medizin

Robert Koch wurde 1882 durch seine Entdeckung des Tuberkulose-Erregers in der ganzen Welt bekannt. Nur ein Jahr später folgte die Entdeckung des Erregers der Cholera. Er wies nach, dass diese Erkrankung meist durch mit Cholera-Bakterien verunreinigtes Wasser verbreitet wird. Bereits in den 1870er Jahren hatte Koch gezeigt, wie man Bakterien züchten, aber auch, wie man sie abtöten kann. Seine Erfolge machten ihn zum gefragten Mann: Überall wo Seuchen drohten, rief man Koch um Hilfe. Seit 1891 war er Direktor des Königlich Preußischen Instituts für Infektionskrankheiten (heute Robert Koch-Institut).

Wer?	**Helmut Kohl**
Wann?	Geboren 1930
Woher?	Oggersheim, Deutschland
Zeitgenossen?	Michail Gorbatschow, François Mitterrand
Wodurch berühmt?	Kanzler der Wiedervereinigung

Helmut Kohl war 16 Jahre lang Bundeskanzler der Bundesrepublik Deutschland. Er war zunächst ab 1969 Ministerpräsident von Rheinland Pfalz, von 1973 bis 1998 Parteivorsitzender der CDU und von 1976 bis 1982 Vorsitzender der Bundestagsfraktion von CDU/CSU. 1982 wurde Kohl nach einem konstruktiven Misstrauensvotum gegen Helmut Schmidt mit 52 Jahren jüngster Bundeskanzler. Neben seinen Verdiensten um die Europäische Union (EU) ist er nach dem politischen Umsturz 1989 in der DDR ab 1990 besonders als Kanzler des wiedervereinigten Deutschlands in die Geschichte eingegangen.

Wer?	**Oskar Kokoschka**
Wann?	1886–1980
Woher?	Pöchlarn a. d. Donau, Österreich
Was war er?	Maler, Grafiker und Schriftsteller
Zeitgenossen?	Max Beckmann, Marc Chagall, Edward Hopper, René Magritte

Kokoschka war einer der führenden Meister des Expressionismus. Er war Schüler von Gustav Klimt an der Wiener Kunstgewerbeschule und schloss sich vor dem Ersten Weltkrieg der Künstlergruppe »Sturm« an. Er malte eindringliche Menschenporträts sowie sensible Landschafts- und Stadtansichten. Im Ersten Weltkrieg wurde er schwer verwundet, von 1919 bis 1924 war er Professor an der Akademie in Dresden, danach in Wien, Prag, London und am Genfer See. Von seinem literarischen Werk sind besonders die frühexpressionistischen Dramen wie »Der brennende Dornbusch« (1911) bekannt.

Wer?	**Konfuzius**
Wann?	551–479
Woher?	China
Richtiger Name?	Kong Qiu
Bekannt als?	Philosoph und Nationalheiliger
Zeitgenosse?	Lao Zi

Konfuzius fasste die Grundvorstellungen der Chinesen in einem System ethischer Prinzipien zusammen. Seine Philosophie hat auf die chinesische Kultur bis heute großen Einfluss. Sie enthält sich jeder metaphysischen Spekulation (Ablehnung des Aberglaubens). Stattdessen predigt Konfuzius Menschenliebe und Respekt. Sein Ideal war ein Mensch, der unabhängig von seiner sozialen Stellung vollkommene Tugend erlangt, nachzulesen im »Buch der Gespräche«. Der »Konfuzianismus« wurde zur einer Art Religion, die sich gegen Buddhismus, Taoismus und staatliche Unterdrückung behaupten konnte.

GROSSE PERSONEN DER GESCHICHTE

Wer?	**Christoph Kolumbus**
Wann?	1451–1506
Wo geboren?	Genua, Italien
Wodurch berühmt?	Entdeckung Amerikas
Für wen gearbeitet?	Spanische Krone
Zeitgenossen?	Sandro Botticelli, Vasco da Gama, Leonardo da Vinci
Seine Mission?	Den Seeweg nach Indien finden

Worin besteht die Leistung Kolumbus'?

Kolumbus gilt – nach den Wikingern um 1000 n. Chr. – als Entdecker Amerikas. Der Gedanke, dass die Erde keine Scheibe, sondern eine Kugel sei, war unter den Gelehrten jener Zeit bereits verbreitet. Kolumbus' besondere Leistung bestand jedoch darin, dass er diese Theorie für so wahrscheinlich hielt, dass er sie unter Einsatz des eigenen Lebens nutzen wollte, um einmal um die Erde herumzusegeln und so Indien zu erreichen. Der Seeweg nach Indien sollte den Europäern neue lukrative Handelswege eröffnen.

Wann startete er zur ersten Reise?

Nachdem er 1484 die Unterstützung Isabellas von Kastilien erlangt hatte, stach er 1492 mit drei Schiffen (Niña, Pinta und Santa Maria) in See. Nach über zwei Monaten erreichten die Schiffe am 12. Oktober die Bahamas, dann Kuba und Haiti. Erst auf seiner dritten Reise erreichte Kolumbus das südamerikanische Festland. Aufgrund von Misswirtschaft auf Haiti fiel er am spanischen Hof in Ungnade und wurde in Ketten zurück nach Spanien gebracht. Dort konnte er sich verteidigen und wurde rehabilitiert.

Wie viele Entdeckungsfahrten unternahm Kolumbus?

Insgesamt vier Reisen unternahm der Seefahrer, die letzte führte ihn nach Puerto Linón. Von dieser letzten Reise kehrte er Ende 1504 krank zurück und starb anderthalb Jahre später verbittert und fast vergessen. Er glaubte bis zuletzt, den Seeweg nach Indien gefunden zu haben und erfuhr nie, dass er einen neuen Kontinent entdeckt hatte: Amerika.

500 KURZPORTRÄTS VON A–Z

Wer?	**Konstantin I. der Große**
Wann?	280–337
Was war er?	Römischer Kaiser
Wie genannt?	»Der Apostelgleiche«
Woher?	Naissus, heute Serbien
Voller Name?	Flavius Valerius Constantinus

Konstantins weltgeschichtliche Bedeutung liegt in seiner Hinwendung zum Christentum begründet, dessen Aufstieg zur Staatsreligion unter seiner Herrschaft begann. Nach dem Tod seines Vaters wurde Konstantin 306 von seinen Soldaten zum Kaiser ausgerufen. In seiner Regierungszeit ordnete er Regierung, Verwaltung sowie Finanzen, stellte die Einheit des Römischen Reiches wieder her und entwarf das Modell einer »Kaiserkirche«. Im Toleranzedikt von Mailand gewährte er 313 dem Christentum neben den anderen Religionen kaiserlichen Schutz. Konstantin ließ sich allerdings erst kurz vor seinem Tod taufen.

Wer?	**Nikolaus Kopernikus**
Wann?	1473–1543
Woher?	Torn, Polen
Beruf?	Astronom und Mathematiker
Wodurch berühmt?	Entwicklung des kopernikanischen Weltbildes

Nikolaus Kopernikus löste das geozentrische Weltbild durch ein heliozentrisches Weltsystem ab. Er widersprach damit grundsätzlich der bisherigen Lehre von der Planetenbewegung. Kopernikus leitete einen grundlegenden Wandel in der Selbsteinordnung des Menschen ein: Nicht mehr die Erde stellte von nun an den Mittelpunkt des Sonnensystems dar, sondern die Sonne. Erst 1543, kurz vor seinem Tod, erschien in sechs Bänden sein Hauptwerk »De revolutionibus orbium coelestium«, in dem er die gesamte Astronomie auf der Basis der heliozentrischen Weltsicht mathematisch und geometrisch beschrieb.

GROSSE PERSONEN DER GESCHICHTE

Wer?	**Alfred Krupp**
Wann?	1812–1887
Was war er?	Stahl-Fabrikant
Woher?	Essen, Deutschland
Bekannt wofür?	Bauherr der Villa Hügel in Essen
Zeitgenossen?	Otto von Bismarck, Karl Marx

»Hart wie Krupp-Stahl« ist eine bekannte Redewendung. Ob sie von Alfred Krupp selbst geprägt wurde, ist nicht überliefert. Sicher ist aber, dass er die Krupp-Werke zu einem Weltunternehmen mit über 20 000 Mitarbeitern ausbaute. Erster großer Erfolg Krupps war die Produktion nahtloser Eisenbahn-Radreifen. Mit Rüstungsaufträgen des Deutschen Reiches wurde er größter Waffenproduzent der Welt (»Kanonenkönig«). Beispielhaft war die von ihm eingeleitete soziale Absicherung seiner Arbeiter durch die Gründung der Betriebskrankenkasse sowie der Kranken- und Sterbekasse.

Wer?	**Karl Otto Lagerfeld**
Wann?	Geboren 1933
Woher stammt er?	Hamburg, Deutschland
Was ist er?	Modedesigner und Fotograf
Bedeutende Preise?	1989 und 2005 Bambi-Preisträger, Bundesverdienstkreuz (1985)

Seine Markenzeichen: Pferdeschwanz, Sonnenbrille und Fächer – Karl Lagerfeld ist eine Stil-Ikone der Gegenwart. Der Designer begann seine Karriere bei Balmain, wurde 1963 sowie 1993 Chefdesigner bei Chloé und übernahm 1983 die Leitung der Kollektionen und der Prêt-à-Porter-Ware für Chanel. Parallel dazu gründete er sein eigenes Label. Lagerfeld entwirft auch Inneneinrichtungen, Möbel, Parfüms, Brillen und Porzellan und ist zudem als Fotograf erfolgreich. Seine Entwürfe, eine Mischung aus traditionsreichem Chanel-Stil und zeitgenössischen Trends, haben Chanel an die Spitze der Modewelt geführt.

Wer?	**Fritz Lang**
Wann?	1890–1976
Woher?	Wien, Österreich
Beruf?	Drehbuchautor und Regisseur
Film?	»Metropolis«
Zeitgenossen?	Charles de Gaulle, Ernst Lubitsch

Wer?	**Lao Zi**
Wann?	4.–3. Jh. v. Chr.
Richtiger Name?	Li-Po-Yang
Was war er?	Philosoph und religiöser Reformer
Hauptwerk?	»Dao-De-Jing«

Fritz Lang schrieb mit großen Filmen wie »Metropolis« (1927) oder auch »M – Eine Stadt sucht einen Mörder« (1931) Kinogeschichte. Seine Werke waren aufgrund ihrer modernen Ausstattung, einer neuen Ästhetik und der nicht fortlaufenden Erzählweise bahnbrechend für den expressionistischen Film und den Monumentalfilm. Mit Streifen wie »Dr. Mabuse« (1922) und »Frau im Mond« (1929) gelangen dem Regisseur einige der größten Erfolge der Stummfilmzeit. 1933 emigrierte er zunächst nach Frankreich, dann in die USA, arbeitete ab 1956 wieder in Deutschland und produzierte Filme wie »Die 1000 Augen des Dr. Mabuse« (1960).

Lao Zi ist – neben Konfuzius – wohl die bedeutendste und einflussreichste Persönlichkeit in der Geistesgeschichte Chinas. Er gilt als Begründer des Daoismus, dessen Hauptwerk »Dao-De-Jing« Lao Zi zugeschrieben wird. Dort lehrt er Menschenliebe und Selbstbesinnung, das Heil liegt demnach nicht im »Handeln« sondern im »Sein« des Menschen. Es wurde vermutet, dass Lao Zi als Geschichtsschreiber am kaiserlichen Hof tätig war, sich aber angesichts großer allgemeiner Not und sittlichen Verfalls in die Einsamkeit zurückzog, um dort zu meditieren. Diskutiert wird jedoch auch die Möglichkeit, dass die reale Person Lao Zi nie existiert hat.

GROSSE PERSONEN DER GESCHICHTE

Wer?	**Le Corbusier**
Wann?	1887–1965
Eigentl. Name?	Charles-Édouard Jeanneret-Gris
Woher?	Kanton Neuenburg, Schweiz
Publikation?	»Vers une architecture«
Wie gestorben?	Beim Baden ertrunken

Le Corbusier gilt als einer der wichtigsten Architekten des 20. Jahrhunderts. Seit Ende der 1920er Jahre war er als Städteplaner in der ganzen Welt tätig und errichtete bedeutende Großbauten wie das Nachtasyl der Heilsarmee in Paris (1929 bis 1933) und das »Schweizerische Haus« der Cité universitaire in Paris (1930 bis 1932). Nach dem Zweiten Weltkrieg wiesen seine Bauten, etwa die »Unité d'Habitation« in Marseille, zunehmend skulpturale Formen auf. 1955 wurde die Wallfahrtskirche »Notre-Dame-du-Haut« in Ronchamps fertiggestellt. Le Corbusiers Werk umfasst auch 44 Skulpturen und mehr als 400 Gemälde.

Wer?	**Gottfried W. Leibniz**
Wann?	1646–1716
Voller Name?	Gottfried Wilhelm Freiherr von Leibniz
Zeitgenossen?	John Locke, Isaac Newton
Welcher Beruf?	Universalgelehrter

Leibniz wird als einer der letzten Universalgenies in Europa bezeichnet. Er entwickelte ein philosophisches Weltsystem, das die Naturwissenschaften mit der Metaphysik verbindet. Mit ihm fand der »Rationalismus«, der die Vernunft in den Mittelpunkt stellt, seinen Abschluss. Neben seinem philosophischen Werk ist seine Leistung als Mathematiker hervorzuheben: 1675 entwickelte er unabhängig von Newton die Differenzial- und Integralrechnung. Er war aber auch als Naturforscher, Jurist, Theologe und Historiker tätig. Im 20. Jahrhundert wurden viele seiner philosophischen Ideen erneut aufgenommen.

Wer?	**Lenin**
Wann?	1870–1924
Richtiger Name?	Wladimir Iljitsch Uljanow
Was war er?	Revolutionär und Politiker
Wodurch bekannt?	Gründer der Sowjetunion

Lenin war Theoretiker und Organisator der Oktoberrevolution 1917 in Russland. Mit Hilfe der deutschen Heeresleitung aus dem Exil in der Schweiz nach Russland zurückgekehrt, wurde er Vorsitzender des Rates der Volkskommissare. Die folgenden Jahre waren geprägt vom Friedensschluss mit Deutschland, der Durchsetzung der bolschewistischen Macht im Bürgerkrieg und dem Versuch, die Wirtschaft zu stabilisieren. Lenin starb, nachdem er mehrere Schlaganfälle erlitten hatte. Stalin ließ seinen Leichnam in einem Mausoleum auf dem Roten Platz in Moskau beisetzen, das im Laufe der folgenden Jahre zu einer sozialistischen »Pilgerstätte« wurde.

Wer?	**John Lennon**
Wann?	1940–1980
Woher?	Liverpool, England
Wodurch berühmt?	Mitbegründer der Beatles
Gestorben?	Erschossen von einem fanatischen Fan
Ehefrau?	Yoko Ono

John Lennon erlangte Weltruhm als Mitglied der »Beatles« und schrieb zusammen mit Paul McCartney die meisten Hits der Band, etwa »Love Me Do«, »Help« oder »Please Please Me«. Nachdem Lennon 1966 die japanische Aktionskünstlerin Yoko Ono kennengelernt hatte, wurde aus dem rebellischen Musiker ein Friedensaktivist. Das demonstrieren auch einige seiner größten Hits als Solokünstler wie »Give Peace a Chance« (1969) oder »Imagine« (1971). Der Song »Woman« auf seinem letzten Album von 1980 ist eine Liebeserklärung an Yoko Ono. Lennon wurde von einem geistig Verwirrten vor seinem Apartmenthaus erschossen.

GROSSE PERSONEN DER GESCHICHTE

Wer?	**Leonardo da Vinci**
Wann?	1452–1519
Wo geboren?	Vinci bei Emboli, Italien
Was war er?	Maler, Bildhauer, Architekt, Erfinder und Forscher
Berühmtestes Gemälde?	»Mona Lisa«
Berühmte Zeitgenossen?	Sandro Botticelli, Michelangelo Buonarroti, Albrecht Dürer, Raffael, Tizian

Wer war Leonardo da Vinci?

Leonardo gilt als Renaissance-Ideal des universal gebildeten Künstlers und Forschers. Um 1467 kam er nach Florenz und wurde in der Werkstatt von Andrea del Verrocchio ausgebildet. Seine zentrale Bedeutung liegt in der neuartigen malerischen Behandlung seiner Stoffe: Als Maler und Bildhauer verwirklichte er durch meisterhafte Körper- und Raumaufteilung das Schönheitsideal der italienischen Hochrenaissance.

Was sind seine wichtigsten Werke?

Das wohl bekannteste Gemälde der Welt dürfte die »Mona Lisa« sein, das Leonardo 1503 bis 1506 während seiner Zeit in Florenz malte. Bereits ab 1483 arbeitete er an der »Madonna in der Felsengrotte«, »Das letzte Abendmahl« fertigte er in der Zeit von 1495 bis 1497, beide Bilder entstanden am Hof des Herzogs von Mailand. Mit diesen Werken begründete er die »Sfumato-Malweise«, die dezente Übergänge von Licht und Schatten ermöglichte.

Was leistete Leonardo als Forscher?

In seinen wissenschaftlichen Studien beschäftigte er sich mit Anatomie, Biologie, Mechanik und Optik. Er hinterließ mehr als 7000 Zeichnungen, Notizen und technische Entwürfe, zum Beispiel für Taucherglocken, Fallschirme und Flugapparate. Von erstaunlicher Qualität sind seine Landkarten der Toskana. Leonardo sezierte als einer der ersten Europäer seit der Antike Leichen, um seine Kenntnisse der Anatomie zu verbessern. Von seinen herausragenden Entwürfen für Bauwerke wurden die meisten nicht umgesetzt.

Wer?	**Gotthold E. Lessing**
Wann?	1729–1781
Beruf?	Schriftsteller
Bekannte Werke?	»Minna von Barnhelm« (1772), »Nathan der Weise« (1779)

Gotthold Ephraim Lessing wurde mit seinem dichterischen und literaturwissenschaftlichen Werk zu einem herausragenden Vertreter der deutschsprachigen Aufklärung. Er etablierte das »Bürgerliche Trauerspiel« (»Emilia Galotti«), befreite die deutsche Bühnendichtung von seinen französischen Vorbildern und gilt als einer der Begründer der modernen Literatur- und Theaterkritik (»Hamburger Dramaturgie«). Lessing ging 1748 bis 1767 nach Berlin, wo er als Schriftsteller und Redakteur für die »Vossische Zeitung« arbeitete. 1767 bis 1770 kam er ans neu gegründete »Deutsche Nationaltheater« in Hamburg, um danach die Herzögliche Bibliothek in Wolfenbüttel zu leiten.

Wer?	**Carl Lewis**
Wann?	Geboren 1961
Woher?	Birmingham, Alabama (USA)
Beruf?	Leichtathlet
Größte Erfolge?	17 Goldmedaillen bei Olympiaden und Weltmeisterschaften

Carl Lewis war einer der weltbesten Sprinter und Weitspringer aller Zeiten. Der Ausnahmesportler nahm 1984 bis 1996 an vier Olympischen Spielen teil und errang insgesamt zehn Medaillen, neun davon Goldmedaillen. Auch bei Weltmeisterschaften errang er acht Goldmedaillen. Seine Paradedisziplin war der Weitsprung, doch auch über 100 Meter (1991 Weltrekord mit 9,86 Sekunden), 200 Meter und als Staffelläufer war er erfolgreich: Sein Weltrekord mit der 4x100-Meter-Staffel (37,40 Sekunden) von 1992 hat immer noch Bestand. Bei den Olympischen Spielen 1984 gewann er vier Goldmedaillen, was vor ihm nur seinem Vorbild Jesse Owens 1936 in Berlin gelungen war.

GROSSE PERSONEN DER GESCHICHTE

Wer?	**Daniel Libeskind**
Wann?	Geboren 1946
Woher?	Łódź, Polen
Welcher Beruf?	Architekt und Professor an der Hochschule für Gestaltung in Karlsruhe

Libeskind zählt zu den bekanntesten zeitgenössischen Architekten. Er wird dem sogenannten Dekonstruktivismus zugerechnet und ist daher durchaus umstritten. Seine bekanntesten Projekte sind das »Jüdische Museum« in Berlin (1999 fertiggestellt) und der »Freedom Tower«, das Gebäude, das in New York an der Stelle der von Terroristen zerstörten Hochhäuser des »World Trade Centers« gebaut wird. Zunächst war Libeskind nur als Theoretiker bekannt und es dauerte lange, bis sein erster architektonischer Entwurf umgesetzt wurde. Unbestritten eröffnet sein Zugang der Architektur neue Perspektiven.

Wer?	**Georg C. Lichtenberg**
Wann?	1742–1799
Beruf?	Professor für Physik, Mathematik und Astronomie
Bekannt als?	Autor von Aphorismen, Essays und Kritiken

Georg Christoph Lichtenberg ist der Nachwelt durch seine geistreichen und witzigen Aphorismen bekannt. Doch war er auch einer der Begründer der modernen naturwissenschaftlichen Methodik. Seine kritisch-analytische Denkweise machte ihn zu einem bedeutenden Vertreter der Aufklärung. Typisch für Lichtenbergs satirischen Stil sind Aphorismen wie »Der Amerikaner, der den Kolumbus entdeckte, machte eine böse Entdeckung«, die er in seinen »Sudelbüchern« festhielt. Als bahnbrechendes Werk der Kunstkritik gilt »Ausführliche Erklärung der Hogarth'schen Kupferstiche« aus dem Jahre 1794.

Wer?	**Roy Lichtenstein**
Wann?	1923–1997
Woher?	Manhattan (USA)
Beruf?	Maler
Stil?	Pop-Art
Zeitgenossen?	Joseph Beuys, Friedensreich Hundertwasser

Roy Lichtenstein ist neben Andy Warhol der bekannteste Vertreter der amerikanischen Pop-Art. Bekannt wurde er mit großformatigen Bildern, die an Comics oder Zeitungsausschnitte erinnern. Dabei benutzte er kräftige, klare Farben (Rot, Blau, Gelb) und bediente sich einer Art Rastertechnik, die industrielle Verfahren nachahmt. Nachdem er in den 1950er Jahren im expressionistischen Stil gemalt hatte, gelang Lichtenstein 1961 mit dem Bild »Look Mickey« der Durchbruch. Neben seinen bekannten Comic-Bildern (»Girl with Ball«, 1961; »Whaam!«, 1963) malte er auch einige abstrakte Bilder (»Red Painting«, 1965) und schuf mehrere Skulpturen.

Wer?	**Justus Liebig**
Wann?	1803–1873
Adelstitel?	Freiherr von (seit 1845)
Wodurch berühmt?	Erfinder des Liebig-Fleischextrakts
Zeitgenossen?	Hans C. Andersen, Charles Darwin

Justus Liebig wird als Erfinder des Kunstdüngers bezeichnet. Er wurde mit 21 Jahren in Gießen zum Professor ernannt. Liebig machte sich verdient um die Förderung des Chemieunterrichts und gründete das erste deutsche Unterrichtslaboratorium. In seiner Forschungsarbeit untersuchte er insbesondere organische Verbindungen, wofür er die Labor-Apparaturen verbesserte. Er forschte bahnbrechend auf den verschiedensten Gebieten der Chemie (unter anderem Untersuchungen über Knallsäure, Aldehyde, Chloroform, alkoholische Gärung und den Nährstoffbedarf von Pflanzen). 1852 folgte er einem Ruf nach München.

GROSSE PERSONEN DER GESCHICHTE

Wer?	**Karl Liebknecht**
Wann?	1871–1919
Was war er?	Politiker
Woher?	Leipzig, Deutschland
Wie gestorben?	Von Freikorpsoffizieren ermordet
Berühmt als?	Gründer der KPD

Liebknecht war zusammen mit Rosa Luxemburg das geistige Zentrum der deutschen Arbeiterrevolution. Der Rechtsanwalt war für die SPD ab 1908 Mitglied des preußischen Abgeordnetenhauses und ab 1912 Mitglied des Reichstags. 1914 stimmte er als einziger Abgeordneter gegen die Kriegskredite. 1916 wurde er aus der SPD ausgeschlossen und gründete den »Spartakusbund«, aus dem die Kommunistische Partei Deutschlands (KPD) hervorging. Nach dem Berliner Spartakusaufstand, an dem er führend teilnahm, wurde Liebknecht zusammen mit Luxemburg verhaftet und von Freikorpsoffizieren ermordet.

Wer?	**Otto Lilienthal**
Wann?	1848–1896
Woher?	Anklam, Deutschland
Was war er?	Ingenieur und Flugpionier
Wodurch berühmt?	Erster Flug eines Menschen
Wie gestorben?	Absturz bei Flugversuch

Lilienthal führte 1891 einen ersten Gleitflug durch und gilt daher als Pionier der Luftfahrt. Zusammen mit seinem Bruder Gustav hatte er bereits viele Untersuchungen zum Vogelflug unternommen, bevor er in den 1890er Jahren über 2000 Gleitflüge absolvierte. Dabei verbesserte er seine Modelle ständig weiter und erreichte Flugstrecken von über 250 Metern. 1896 stürzte Lilienthal wärend eines Gleitflugs bei Stölln aus 15 Meter Höhe ab und erlag einen Tag später seinen schweren Verletzungen. Von seinen Experimenten profitierten unter anderem die Gebrüder Wright bei ihren ersten Flügen mit Motorkraft.

500 KURZPORTRÄTS VON A–Z

Die mächtigsten Herrscher aller Zeiten
in chronologischer Reihenfolge:

Gaius Julius Cäsar
(100–44 v. Chr.)
➜ *Porträt S. 44!*

Ludwig XIV.
(1638–1715)
➜ *Porträt S. 163!*

Alexander der Große
(356–323 v. Chr.)
➜ *Porträt S. 8!*

Friedrich II. der Große
(1712–1786)
➜ *Porträt S. 81!*

Karl I.
(747–814)
➜ *Porträt S. 138!*

Napoleon I.
(1769–1821)
➜ *Porträt S. 190!*

Friedrich I.
(1122–1190)
➜ *Porträt S. 80!*

Otto Fürst von Bismarck
(1815–1898)
➜ *Porträt S. 31!*

Dschingis Khan
(um 1167–1227)
➜ *Porträt S. 64!*

Sir Winston Churchill
(1871–1947)
➜ *Porträt S. 49!*

Wer?	**Abraham Lincoln**
Wann?	1809–1865
Woher?	Hodgenville, Kentucky (USA)
Bekannt als?	16. Präsident der USA
Berühmt als?	Gegner der Südstaaten und Befreier der Sklaven

Lincoln war einer der bedeutendsten Präsidenten der USA. Er war der erste Präsident aus der Republikanischen Partei. Nachdem elf Südstaaten, die die Sklaverei befürworteten, den Austritt aus den Vereinigten Staaten proklamiert hatten, führte er die Nordstaaten durch den Bürgerkrieg, setzte die Wiederherstellung der Union durch und befreite die Sklaven. In seiner Regierungszeit schlugen die USA den Weg zum zentral regierten, modernen Industriestaat ein und schufen so die Basis für ihren Aufstieg zur Weltmacht im 20. Jahrhundert. Lincoln wurde 1865 von einem fanatischen Südstaatler erschossen.

Wer?	**Charles Lindbergh**
Wann?	1902–1974
Woher?	Detroit, Michigan (USA)
Beruf?	Flugzeugpilot
Name seines Flugzeugs?	»The Spirit of St. Louis«

Er war der erste Mensch, der den Atlantik von New York nach Paris alleine und ohne Zwischenstopp überquerte. Dieses Meisterstück gelang Lindbergh am 20. und 21. Mai 1927. Für die mehr als 5800 Kilometer benötigte er 33,5 Stunden. In Paris wurde er von einer jubelnden Menschenmenge begeistert empfangen. Lindbergh hatte bei seinem Rekordflug zugunsten maximaler Treibstoffzuladung sogar auf Funkgerät und Sextant verzichtet und war deshalb nur auf Karten und Kompass angewiesen. Trotzdem war er kaum vom Idealkurs abgewichen und erreichte zwar völlig übermüdet, aber unbeschadet Paris.

Wer?	**Astrid Lindgren**
Wann?	1907–2002
Beruf?	Schriftstellerin
Woher?	Näs, Schweden
Wodurch berühmt?	Pippi Langstrumpf, Kalle Blomquist
Zeitgenossen?	Simone de Beauvoir, Katharine Hepburn

Wer?	**Carl von Linné**
Wann?	1707–1778
Woher?	Rashult, Schweden
Beruf?	Professor der Botanik
Besondere Position?	1. Präsident der Schwedischen Akademie der Wissenschaften

Die schwedische Kinderbuchautorin Lindgren wurde als Schöpferin von Figuren wie Pippi Langstrumpf weltberühmt. Die Geschichten rund um Pippi hatte sie sich zunächst für ihre eigene Tochter ausgedacht, bevor das erste von drei »Pippi Langstrumpf«-Büchern 1945 veröffentlicht wurde. Zahlreiche weitere Bücher Lindgrens kennt heute fast jedes Kind: »Kalle Blomquist« (ab 1946), »Wir Kinder aus Bullerbü« (ab 1947) oder »Ronja Räubertochter« (1981). Viele Geschichten wurden auch erfolgreich verfilmt. Die streitbare Autorin engagierte sich zeitlebens für die Einhaltung der Menschenrechte und besonders für die Rechte von Kindern.

Carl von Linné war der bedeutendste naturwissenschaftliche Systematiker seiner Zeit. Er entwickelte eine Benennung aller Lebewesen mit lateinischen Doppelnamen als international verständliche Bezeichnungen. Das von Linné entworfene System war gegenüber älteren Ansätzen einfacher und insbesondere offener für die Integration neuer Elemente und Erkenntnisse. Allerdings war seine Bezeichnung der Pflanzen, das »Linné'sche System«, zwar wegweisend, wurde aber bald durch eine praktikablere Systematik ersetzt. Er entdeckte darüber hinaus als einer der ersten Botaniker, dass es auch bei Pflanzen eine sexuelle Fortpflanzung gibt.

GROSSE PERSONEN DER GESCHICHTE

Wer?	**Franz Liszt**
Wann?	1811–1886
Woher?	Raiding, damals Ungarn
Welcher Beruf?	Pianist, Dirigent und Komponist
Bekannte Zeitgenossen?	Hans Guido von Bülow, Victor Hugo, Richard Wagner

Liszt war der erfolgreichste Klaviervirtuose seiner Zeit. Das Wunderkind erhielt Unterricht beim Beethovenschüler Carl Czerny. 1839 bis 1847 unternahm er Konzerttourneen durch ganz Europa. In der 1840er Jahren wurde er Hofkapellmeister in Weimar. In dieser Zeit entstanden Klavierkonzerte und seine großen symphonischen Dichtungen. Letztere wurden von Zeitgenossen als radikal neu empfunden. In den letzten Jahren entstanden besonders kirchenmusikalische Werke. Liszt war mit Richard Wagner befreundet und setzte sich sehr für dessen Werk ein. Liszts Tochter Cosima war mit Wagner verheiratet.

Wer?	**David Livingstone**
Wann?	1813–1873
Beruf?	Missionar
Bekannt als?	Forschungsreisender
Grabstätte?	1874 Überführung der Leiche nach London, Westminster Abbey

Livingstone gelang es, als erster Europäer den afrikanischen Kontinent von West nach Ost zu durchqueren. Ursprünglich als Missionar nach Afrika gekommen, brach er schon bald zu Forschungsreisen auf. So durchquerte er 1849 die Kalahari, 1852 begann er die Reise von West nach Ost und entdeckte unter anderem die Victoriafälle. Während einer späteren Expedition verschwand er spurlos, bis ihn 1871 der Journalist H. M. Stanley lebend aufspürte. Obwohl er schwer erkrankt war, bestand Livingstone auf der Fortsetzung seiner Expedition. Er verstarb 1873, ohne sein Ziel, die Quellen des Nil, gefunden zu haben.

Wer?	**John Locke**
Wann?	1632–1704
Woher?	Wrington, England
Zeitgenossen?	G. W. Leibniz, Isaac Newton
Hauptwerk?	»Versuch über den menschlichen Verstand«

John Locke war der herausragendste und einflussreichste Philosoph der Aufklärung im Sinne des Empirismus. In seinem Hauptwerk »Versuch über den menschlichen Verstand« lässt er als Quelle der Erkenntnis nur die Sinnes- und die Selbstwahrnehmung zu. Die Seele ist zunächst eine »Tabula rasa«, eine leere Tafel, die erst durch die Erfahrung eine Erkenntnis gewinnt. Nach Lockes Überzeugung wird dem Staat die Aufgabe zuteil, die individuelle Freiheit zu schützen. Seine staatsphilosophischen Überlegungen waren für die englische Demokratie grundlegend und beeinflussten sowohl die Verfassung der USA als auch die Frankreichs.

Wer?	**Konrad Lorenz**
Wann?	1903–1989
Woher?	Wien, Österreich
Welche Auszeichnung?	Nobelpreis für Physiologie und Medizin 1973
Was war er?	Biologe und Verhaltensforscher

Konrad Lorenz gilt als Begründer der modernen Verhaltensforschung. Einer breiten Öffentlichkeit wurde er bekannt durch seine Versuche mit Graugänsen und Rabenvögeln, mit denen er das Verhältnis von angeborenem und instinktivem Verhalten erforschte. Außerdem etablierte Lorenz die Verhaltensbiologie an den deutschen Hochschulen. Viele seiner Hypothesen über das Verhalten von Tieren werden jedoch mittlerweile relativiert (»Übersprungshandlung«) oder wurden sogar widerlegt. Er verfasste zahlreiche populärwissenschaftliche Bücher zur Verhaltensforschung, darunter »Über tierisches und menschliches Verhalten« (1965 bis 1966).

GROSSE PERSONEN DER GESCHICHTE

Wer?	**Ernst Lubitsch**
Wann?	1892–1947
Woher?	Berlin, Deutschland
Beruf?	Filmregisseur, Schauspieler und Produzent
Auszeichnung?	1947 Oscar für innovative Regie

Ernst Lubitsch gehört zu den großen Pionieren des Films und begann schon früh als Schauspieler und Regisseur beim Stummfilm. Er inszenierte unter anderem mit Pola Negri und Ernst Jannings die ersten UFA-Großfilme wie »Carmen« (1918) oder »Anna Boleyn« (1920). 1922 ging er in die USA, drehte für Warner Brothers, Paramount und MGM und beeinflusste mit seinem subtilen Inszenierungsstil, dem »Lubitsch-Touch«, besonders Komödien und Musikfilme. Zu seinen berühmtesten Filmen gehören »Ninotschka« (1939) mit Greta Garbo, »Rendezvous nach Ladenschluss« (1940) und die Nazi-Parodie »Sein oder Nichtsein« (1942).

Wer?	**Ludwig II.**
Wann?	1845–1886
Berühmt als?	»Märchenkönig«
Förderte?	Richard Wagner
Wie gestorben?	Ertrank unter mysteriösen Umständen im Starnberger See

Ludwig II., König von Bayern, wird heute gerne als »Märchenkönig« bezeichnet. Nach dem Tod seines Vaters Maximilian II. 1864 bestieg er den bayrischen Thron. Die Regierung für den realitätsfremden und menschenscheuen Ludwig übernahmen seine Minister. Er selbst verbrauchte große Summen für den Bau von »Märchenschlössern« wie das Schloss »Neuschwanstein«. Im Namen der deutschen Fürsten überreichte er 1970 Wilhelm I. ein – von Bismarck aufgesetztes – Schreiben, das ihm die Kaiserwürde antrug. Von seinen Ärzten für geisteskrank erklärt, ertrank er 1886 mit seinem Leibarzt unter ungeklärten Umständen im Starnberger See.

500 KURZPORTRÄTS VON A–Z

Wer?	**Ludwig XIV.**
Wann?	1638–1715
Woher?	Saint-Germain-en-Laye, Frankreich
Was war er?	König von Frankreich
Berühmt als?	Sonnenkönig
Berühmter Ausspruch?	»L'état, c'est moi!« (»Der Staat bin ich!«)
Berühmte Zeitgenossen?	John Locke, Molière, Sir Isaac Newton

Was zeichnet Ludwig XIV. als Herrscher aus?

Ludwig führte das französische Königtum auf den Gipfel seiner Macht und verkörperte zugleich den Höhepunkt des französischen Absolutismus (»Roi Soleil«, Sonnenkönig). Durch Überspannung der finanziellen und militärischen Macht leitete er aber auch den Niedergang Frankreichs ein. Er wurde bereits mit vier Jahren zum König gekrönt. Zunächst stand er unter der Vormundschaft seiner Mutter Anna von Österreich und Kardinal Mazarin, regierte dann ab 1661 aber allein.

Wie regierte der König?

Es gelang Ludwig bald, alle Macht auf seine Person zu konzentrieren. 1682 zog der König mit seinem prunkvollen Hofstaat von Paris in das Schloss von Versailles um. Den Adel beteiligte er am Hofleben, nahm ihm aber jeglichen politischen Einfluss. Innenpolitisch hob Ludwig das Verdikt von Nantes (Glaubensfreiheit für Protestanten) auf, weshalb viele Hugenotten aus Frankreich flohen. Außenpolitisch versuchte er in mehreren Kriegen, seine Vormachtstellung in Europa auszubauen.

Wie förderte Ludwig das kulturelle Leben?

Der König förderte Künste und Wissenschaften, was eine Blütezeit der französischen Kultur zur Folge hatte. Der Aufstieg von Künstlern wie der des Dramatikers Molière und des Komponisten Jean-Baptiste Lully wäre ohne die Unterstützung Ludwigs nicht denkbar gewesen. Beide bereiteten zahlreiche der großen Festlichkeiten vor, auf denen der König sich und seine Macht zelebrierte.

GROSSE PERSONEN DER GESCHICHTE

Wer?	**Auguste Lumière**
Wann?	1862–1954
Was war er?	Fototechniker und Erfinder des Kinematographen
Berühmter Verwandter?	Sein Bruder Louis Lumière, der mit ihm zusammenarbeitete

Auguste Lumière und sein Bruder Louis sind gemeinsam die Erfinder des Kinematographen. Mit diesem Gerät, das am 13. Februar 1895 patentiert wurde und das gleichzeitig Filmkamera, Kopiergerät und Projektor war, führten die Brüder im Dezember des gleichen Jahres in Paris erstmalig öffentlich einen Film vor. Der wahrscheinlich erste Film der Weltgeschichte zeigt Mitarbeiter der väterlichen Fabrik beim Verlassen des Fabrikgebäudes. 1904 gelang den genialen Tüftlern eine weitere Erfindung: Sie entwickelten eine erste brauchbare Methode zur Herstellung von Farbfotografien, das Autochromverfahren.

Wer?	**Martin Luther**
Wann?	1483–1546
Woher?	Eisleben, Sachsen-Anhalt
Was war er?	Mönch und Reformator
Berühmt als?	Übersetzer der Bibel ins Deutsche
Zeitgenossen?	Hans Sachs, Ulrich Zwingli

Martin Luther leitete durch seinen Bruch mit der katholischen Kirche die Reformation ein, die zur konfessionellen Spaltung Deutschlands und Europas führte. Die Veröffentlichung seiner »95 Thesen« an der Wittenberger Schlosskirche 1577 gilt als Beginn der Reformation. Darin wandte er sich gegen den »Ablasshandel«, der das Loskaufen von Sünde ermöglichte. Vor der 1521 gegen Luther ausgesprochenen Reichsacht nahm ihn Friedrich der Weise auf der Wartburg in Schutz. Dort übersetzte Luther 1522 das Neue Testament in die deutsche Sprache; 1534 folgte die Übersetzung des Alten Testaments.

500 KURZPORTRÄTS VON A–Z

Wer?	Rosa Luxemburg
Wann?	1871–1919
Geboren in?	Zamość, Polen
Bekannt als?	Sozialistische Politikerin
Hauptwerk?	»Die Akkumulation des Kapitals«

Luxemburg war eine der engagiertesten Vertreterinnen der europäischen Arbeiterbewegung und Mitbegründerin der polnischen Sozialdemokratie. 1898 ging sie eine Scheinehe ein, um die deutsche Staatsbürgerschaft zu erlangen. Sie schrieb ab 1901 für die »Leipziger Volkszeitung« sowie ab 1905 für den »Vorwärts« und lehrte ab 1907 an der Berliner Parteischule der SPD. Als Kriegsgegnerin war sie 1914/15 im Gefängnis und von 1916 bis 1918 in Schutzhaft. Sie gründete 1918 unter anderem mit Karl Liebknecht die Kommunistische Partei Deutschlands (KPD). Am 15. Januar 1919 wurden beide in Berlin von Freikorpsoffizieren ermordet.

Wer?	Niccolò Machiavelli
Wann?	1469–1527
Woher?	Florenz, Italien
Beruf?	Politiker und Schriftsteller
Hauptwerk?	»Il Principe«

Niccolò Machiavelli ist der Nachwelt bekannt als großer, aber umstrittener Staatstheoretiker und Philosoph. Sein bekanntestes Werk, »Il Principe«, wurde bereits 1513 geschrieben, aber erst fünf Jahre nach seinem Tod gedruckt. Neu ist die Erkenntnis, dass die Macht ein konstituierendes Element der Politik ist. Besonders wenn man die anderen großen Werke hinzunimmt, die »Discorsi« (ab 1513), in denen das Wesen der Republik betrachtet wird, oder »Istorie Fiorentine« (ab 1521), die Geschichte der Stadt Florenz, entsteht kein eindeutiges Bild des Autors. Dabei kann Machiavelli als Begründer der Wissenschaft von der Politik verstanden werden.

GROSSE PERSONEN DER GESCHICHTE

Wer?	**Madonna**
Wann?	Geboren 1958
Woher?	Bay City, Michigan (USA)
Richtiger Name?	Madonna Louise Veronica Ciccone
Beruf?	Popsängerin und Filmschauspielerin

Madonna ist eine der erfolgreichsten und wandelbarsten Popsängerinnen der Gegenwart. Geboren in eine katholische Familie, wurde sie 1983 mit dem Titel »Holiday« von ihrem ersten Album »Madonna« schlagartig berühmt. Durch Skandale, Selbstinszenierungen und Hits wie »Like a virgin« wurde sie zur Pop-Ikone. Ihre Versuche sich auch als Schauspielerin zu etablieren, wurden mit unterschiedlichem Erfolg quittiert. In den 1990er Jahren avancierte sie zum Superstar – mittlerweile ist sie in Sachen Musik und Mode unangefochtene Trendsetterin. Auch als Autorin mehrerer Kinderbücher war sie erfolgreich.

Wer?	**Fernando de Magellan**
Wann?	Um 1480–1521
Was war er?	Seefahrer und Entdecker
Woher?	Sabrosa, Portugal
Zeitgenossen?	Vasco da Gama, Christoph Kolumbus, Amerigo Vespucci

Magellan entdeckte den westlichen Seeweg zu den Gewürzinseln (Molukken) und unternahm die erste Weltumsegelung. 1519 brach er von Spanien aus nach Westen auf, um im Süden Amerikas eine Passage in den Pazifik zu suchen. Tatsächlich entdeckte er die später nach ihm benannte Magellanstraße zwischen Südamerika und Feuerland, durchkreuzte den Pazifik und erreichte die Philippinen. Magellan selbst konnte seinen Triumph nicht mehr genießen, auf Mactan wurde er von Eingeborenen erschlagen. Die Reise vollendete J. S. Elcano, der 1522 Spanien erreichte und damit bewies, dass die Erde eine Kugel ist.

500 KURZPORTRÄTS VON A–Z

Wer?	**René Magritte**
Wann?	1898–1967
Woher?	Lessines, Belgien
Erster Beruf?	Plakat- und Werbezeichner
Was war er?	Maler
Zeitgenossen?	Bertolt Brecht, Henry Moore

Der belgische Maler zählt zu den maßgeblichen Vertretern des Surrealismus. Magritte malte immer wieder Objekte wie etwa den Apfel, die Pfeife, den Bowlerhut, um unter anderem durch die Bildunterschrift »Dies ist kein Apfel« (1964) den Unterschied zwischen Realität und Abbildung zu verdeutlichen. Sein Werk sollte eine kritische Distanz zur Realität schaffen. Berühmt sind Bilder wie »Dies ist keine Pfeife« (1928) oder »Der Mann mit der Melone« (1964). Seit den 1960er Jahren übte Magrittes Malerei großen Einfluss auf Strömungen in der Kunst wie zum Beispiel »Pop-Art« und Konzeptkunst aus.

Wer?	**Gustav Mahler**
Wann?	1860–1911
Woher?	Kalisch, Böhmen
Welcher Beruf?	Dirigent und Komponist
Bekannte Werke?	»Auferstehungssymphonie«, »Symphonie der Tausend«

Mahler war ein wichtiger Komponist am Übergang zur Moderne und einer der berühmtesten Dirigenten seiner Zeit. Sein Werk konnte sich allerdings erst in den 1960er Jahren im Zuge der sogenannten Mahler-Renaissance endgültig durchsetzen. Er begann als Dirigent und war von 1897 bis 1907 Kapellmeister und Hofoperndirektor in Wien. Während dieser Zeit hatte er Gastauftritte als Dirigent in ganz Europa. Nach seiner Wiener Zeit ging er nach New York zur Metropolitan Oper, wo er bis zu seinem Tod beschäftigt war. Ab 1909 dirigierte Mahler auch die New Yorker Philharmoniker.

GROSSE PERSONEN DER GESCHICHTE

Wer?	**Moses Maimonides**
Wann?	1135–1204
Was war er?	Religionsphilosoph und Arzt
Woher?	Córdoba, Spanien
Zeitgenossen?	Franz von Assisi, Dschingis Khan
Hauptwerk?	»Führer der Unschlüssigen«

Moses Maimonides gilt als bedeutendster jüdischer Denker des Mittelalters und als Autorität in Fragen des jüdischen Gesetzes. Sein Ziel war die Systematisierung der jüdischen religiösen Überlieferung mit Hilfe der aristotelischen Philosophie. Dennoch vertrat er – entgegen aristotelischem Gedankengut – die Schöpfungslehre der Bibel. Besonderen Einfluss übte sein Hauptwerk »Führer der Unschlüssigen« aus, das zentrale Werk der mittelalterlichen jüdischen Religionsphilosophie. Maimonides verfasste außerdem zahlreiche medizinische Werke und genoss als Arzt auch das Vertrauen des Sultans Saladin.

Wer?	**Nelson R. Mandela**
Wann?	Geboren 1918
Was war er?	Politiker
Woher?	Umtata, Transkei (Südafrika)
Wofür bekannt?	Kampf gegen die Apartheid
Auszeichnung?	Friedensnobelpreis 1993

Nelson Ralihlahla Mandela ist die Symbolfigur Südafrikas im Kampf gegen die Apartheid und für die demokratische Umgestaltung des Landes. Er trat 1944 dem Afrikanischen Nationalkongress (ANC) bei und wurde 1952 dessen Vizepräsident. 1964 wurde er zu lebenslänglicher Haft verurteilt. Seine Haftentlassung im Jahr 1990 markierte die politische Wende in Südafrika. Als Staatspräsident (1994 bis 1999) kümmerte er sich darum, dem in sich zerrissenen Staat eine politische und ökonomische Zukunft zu geben. 1993 bekam er zusammen mit Frederik Willem de Klerk den Friedensnobelpreis.

500 KURZPORTRÄTS VON A–Z

Wer?	Édouard Manet
Wann?	1832–1883
Woher?	Paris, Frankreich
Beruf?	Maler und Grafiker
Berühmt als?	Wegbereiter des Impressionismus
Schüler von?	T. Couture

Édouard Manet gilt als Pionier der impressionsitischen Malerei. Sein Stil war zunächst naturalistisch geprägt. Den Impressionisten fühlte er sich zwar verbunden, bezeichnete sich aber nicht als Impressionist, da er eine flächige Malweise bevorzugte, ohne auf atmosphärische Effekte zu verzichten. Zentrales Thema in Manets Bildern war der Mensch, daneben malte er auch Landschaften und Porträts. Bilder wie »Das Frühstück im Freien« (1863) oder »Olympia« (1865) wurden wegen der freizügigen Darstellung in der Öffentlichkeit als Skandal empfunden. Auf der Weltausstellung 1867 in Paris war er mit 50 Werken vertreten.

Wer?	Heinrich Mann
Wann?	1871–1950
Woher?	Lübeck, Deutschland
Beruf?	Schriftsteller
Berühmte Verwandte?	Bruder Thomas Mann, Söhne Klaus und Golo Mann, Tochter Erika Mann

Heinrich Mann ist einer der herausragenden deutschsprachigen Autoren des 20. Jahrhunderts. Heute ist er insbesondere durch zwei Romane bekannt: »Professor Unrat« (1905; verfilmt unter dem Titel »Der blaue Engel« 1930) und »Der Untertan« (1914/15; erschien erst 1918 im deutschen Buchhandel; verfilmt 1951). Mann sympathisierte mit dem Kommunismus und flüchtete daher schon 1933 vor den Nazis in die Tschechoslowakei, dann nach Frankreich und 1940 in die USA. Bereits ab 1885 erschienen erste Erzählungen und Rezensionen, später kulturkritische Essays und Romane, die oft Kritik an den herrschenden Verhältnissen übten.

GROSSE PERSONEN DER GESCHICHTE

Wer?	**Thomas Mann**
Wann?	1875–1955
Wo geboren?	Lübeck
Beruf?	Schriftsteller und Essayist
Auszeichnung?	Literaturnobelpreis 1929
Kinder?	Erika, Golo und Klaus Mann

Thomas Mann wurde mit seinen Novellen und Romanen als deutschsprachiger Erzähler weltberühmt und zum vielgelesenen Klassiker des 20. Jahrhunderts. Bereits sein erster Roman »Buddenbrooks« (1901) machte ihn weithin bekannt. Weitere Romane wie »Der Zauberberg« (1924), »Doktor Faustus« (1947) oder »Bekenntnisse des Hochstaplers Felix Krull« (1954) gehören zum Kanon deutschsprachiger Literatur. Viele Werke kreisen thematisch um die Künstlerexistenz in der bürgerlichen Gesellschaft. Vor den Nazis floh Mann in die Schweiz, später in die USA. 1952 kehrte er nach Europa zurück.

Wer?	**Mao Zedong**
Wann?	1893–1976
Woher?	Shaoshan, Provinz Hunan, China
Als was verehrt?	Großer Vorsitzender
Berühmte Publikation?	»Mao-Bibel«

Mao war Gründer der Volksrepublik China und einflussreicher kommunistischer Theoretiker (»Maoismus«). Er führte nach langen innenpolitischen Kämpfen die kommunistische Partei in China an die Macht. Dabei setzte er auf eine rigorose sozialistische Umgestaltung von Wirtschaft, Kultur und Gesellschaft. Nachdem die kommunistischen Truppen im Bürgerkrieg ab 1946 es geschafft hatten, ganz China zu erobern, rief Mao 1949 die Volksrepublik China aus und wurde Vorsitzender der Zentralen Volksregierung. Bereits zu Lebzeiten wurde um ihn ein Personenkult als »Großer Vorsitzender« inszeniert.

500 KURZPORTRÄTS VON A–Z

Die erfolgreichsten Entdecker aller Zeiten
in chronologischer Reihenfolge:

Marco Polo
(1254–1324)
➜ Porträt S. 212!

Heinrich Schliemann
(1822–18906)
➜ Porträt S. 237!

Christoph Kolumbus
(1451–1506)
➜ Porträt S. 146!

Roald Amundsen
(1872–1928)
➜ Porträt S. 9!

James Cook
(1728–1779)
➜ Porträt S. 50!

Thor Heyerdahl
(1914–2002)
➜ Porträt S. 116!

Alexander von Humboldt
(1769–1859)
➜ Porträt S. 125!

Juri A. Gagarin
(1934–1968)
➜ Porträt S. 84!

David Livingstone
(1813–1873)
➜ Porträt S. 160!

Neil Armstrong
(Geboren 1930)
➜ Porträt S. 15!

GROSSE PERSONEN DER GESCHICHTE

Wer?	**Ludwig Marcuse**
Wann?	1894–1971
Was war er?	Philosoph und Schriftsteller
Woher?	Berlin, Deutschland
Auch genannt?	Der gute Mensch von Wiessuan
Zeitgenossen?	Max Horkheimer, Mao Zedong

Ludwig Marcuse war einer der geistreichsten und scharfsinnigsten philosophischen Schriftsteller des 20. Jahrhunderts. Als gebürtiger Jude flüchtete er 1933 vor den Nationalsozialisten über Frankreich und die Sowjetunion in die USA. Dort übernahm er 1945 eine Professur für deutsche Literatur an der Universität von Los Angeles. 1963 kehrte er nach Deutschland zurück und ließ sich in Bad Wiessee nieder. Marcuse ist vor allem durch seine profunden zeithistorischen Biografien bekannt, so über August Strindberg, Heinrich Heine, Gerhart Hauptmann oder Ignatius von Loyola.

Wer?	**Maria Stuart**
Wann?	1542–1587
Was war sie?	Königin von Schottland
Auch genannt?	Maria die Katholische
Zeitgenossen?	Elisabeth I. von England, Heinrich VIII. von England

Marias Lebenszeit war von den religiösen Konflikten der Reformationszeit überschattet. Im protestantischen England regierte Heinrich VIII., der regelmäßig seine Truppen in das katholische Schottland einmarschieren ließ. Einer von ihm geplanten Entführung entging Maria im französischen Exil, wo sie Franz II. heiratete. 1561 nach Schottland zurückgekehrt, bemühte sie sich erfolglos um eine Rekatholisierung des Landes. 1568 wurde sie von ihrer Rivalin Elisabeth I. als Verschwörerin verhaftet und 1587 hingerichtet. Ihr tragisches Leben diente oft als Vorlage für Dramen (Friedrich Schiller) und Opern (Gaetano Donizetti).

Wer?	**Maria Theresia**
Wann?	1717–1780
Was war sie?	Königin von Ungarn und Böhmen
Berühmte Eltern?	Karl VI., römisch-deutscher Kaiser
Verwandte?	Franz I. und Leopold II. von Österreich

Maria Theresia war eine der bedeutendsten Herrscherinnen ihrer Zeit. Außenpolitisch war ihre Regentschaft von Kriegen gekennzeichnet: 1740 zettelten unter anderem Bayern, Spanien und Sachsen den Österreichischen Erbfolgekrieg an, der bis 1748 dauerte. 1756 begann der Siebenjährige Krieg und 1778 kam es durch Friedrich den Großen zum Bayerischen Erbfolgekrieg. Innenpolitisch führte Maria Theresia umfangreiche Reformen durch, mit denen sie Wirtschaft, Verwaltung und Bildungswesen wichtige Impulse gab und den Staat modernisierte. Ihr privates Refugium war das ausgebaute Schloss Schönbrunn in Wien.

Wer?	**Mark Aurel**
Wann?	121–180
Titel?	Römischer Kaiser
Auch genannt?	Marcus Aurelius Antoninus
Wodurch berühmt?	Philosophische Schrift »Selbstbetrachtungen«

Mark Aurel war der letzte der sogenannten Adoptivkaiser, der seinem Adoptivvater Antoninus Pius 161 auf den Thron folgte. Als umfassend gebildeter Philosoph machte er die Ethik der Stoa – Tugenden wie Nachsicht, Milde, Bescheidenheit und Wahrhaftigkeit – zu Maximen seines politischen Handelns. Seine auf Harmonie ausgerichtete Regentschaft bewahrte ihn indes nicht vor außenpolitischen Konflikten. Er konnte das Reich trotz Pest und Hungersnot jedoch erfolgreich gegen Angriffe der Parther, Markomannen und Jazygen verteidigen. Als schwarzer Fleck in seiner sonst vorbildlichen politischen Karriere gilt die Christenverfolgung von Lyon 177.

GROSSE PERSONEN DER GESCHICHTE

Wer?	**Mark Twain**
Wann?	1835–1910
Richtiger Name?	Samuel Langhorne Clemens
Was war er?	Schriftsteller
Wodurch berühmt?	Tom Sawyer und Huckleberry Finn
Zeitgenossen?	Victor Hugo, Abraham Lincoln

Mark Twain ist der bekannteste US-amerikanische Jugendschriftsteller des 19. Jahrhunderts. Inspiriert zu seinen Abenteuerromanen haben ihn seine eigenen Erlebnisse als Lotse auf dem Mississippi. Seine Bücher gehen indes weit über den reinen Unterhaltungswert hinaus und enthalten im Stil des Realismus durchaus deutliche Zeitkritik. Der literarische Durchbruch gelang Mark Twain 1876 mit den »Abenteuern Tom Sawyers«. 1884 folgten »Die Abenteuer des Huckleberry Finn« mit ihrem Credo für das aufklärerische Ideal der »Gleichheit« anstelle von rassistischen Klassenunterschieden.

Wer?	**Karl Marx**
Wann?	1818–1883
Was war er?	Philosoph und Revolutionär
Woher?	Trier, Deutschland
Hauptwerk?	»Das Kapital«
Zeitgenossen?	Friedrich Engels, Viktoria I.

Karl Marx war gemeinsam mit Friedrich Engels der Begründer des Marxismus. Im »Kommunistischne Manifest« (1848), ihrer Programmschrift, entwarfen sie eine alternative Gesellschaft – basierend auf der Herrschaft des Proletariats sowie sozialen Reformen. Marx' revolutionäre Ideen brachten ihn zwangsläufig in Opposition zur politischen Führung in Deutschland. Er wurde 1843 ausgewiesen, lebte danach zunächst in Frankreich und emigrierte 1849 schließlich nach London. Seine Ideen sind bis heute lebendig und finden sich besonders in den Programmen der kommunistischen Parteien wieder.

500 KURZPORTRÄTS VON A–Z

Wer?	**Marcello Mastroianni**
Wann?	1924–1996
Welcher Beruf?	Bühnen- und Filmschauspieler
Woher?	Fontana Liri, Italien
Hauptwerk?	»Das süße Leben«
Verheiratet mit?	Catherine Deneuve

Marcello Mastroianni war einer der größten italienischen Leinwandstars des 20. Jahrhunderts. Das schauspielerische Naturtalent wurde nach dem Zweiten Weltkrieg von Luchino Visconti entdeckt. Mastroianni profilierte sich zunächst in Theaterrollen wie »Endstation Sehnsucht« von Tennessee Williams oder »Der Geizige« von Molière. In den 1950er Jahren stieg er zum Leinwandstar auf und wurde 1959 mit dem Fellini-Film »La dolce vita« (»Das süße Leben«) weltberühmt. In den folgenden Jahrzehnten wurde er in rund 150 Filmen zu einem vielseitigen und preisgekrönten Charakterdarsteller.

Wer?	**Mata Hari**
Wann?	1876–1917
Woher?	Leeuwarden, Niederlande
Beruf?	Tänzerin
Richtiger Name?	Margaretha Gertruida Zelle
Wie gestorben?	Hingerichtet wegen Hochverrats

Sie vertauschte die Bühne mit dem politischen Parkett und zahlte dafür mit dem Leben. Mata Hari wurde Anfang des 20. Jahrhunderts zunächst als exotische Tänzerin in indischen Gewändern bekannt. Für zusätzliche Attraktivität sorgte ihre schillernde Lebensgeschichte, die sie – im Kontrast zu der deprimierenden Realität – ständig variierte und neu erfand. Sie führte ein luxuriöses Leben und verkehrte mit zahlreichen Prominenten aus der Gesellschaft sowie aus Politik und Militär. Daraus wurde eine Spionagetätigkeit für das Deutsche Reich konstruiert, die 1917 in Paris zur Hinrichtung führte.

GROSSE PERSONEN DER GESCHICHTE

Wer?	**Henri Matisse**
Wann?	1869–1954
Beruf?	Maler und Bildhauer
Woher?	Frankreich
Zeitgenossen?	Wassily Kandinsky, Pablo Picasso
Hauptwerk?	»Der Tanz«

Gemeinsam mit Künstlern wie Maurice de Vlaminck gab Henri Matisse der Kunst des 20. Jahrhunderts durch den Fauvismus neue Impulse. Nach impressionistischen Anfängen fand er zu seinem persönlichen Stil, der vor allem von den Farben und dem Licht des Südens inspiriert ist. Auch arbeitete er mit ganz anderen Materialien – so entstanden in den 1940er Jahren seine berühmten Papierschnitte. Zu seinen bekanntesten Werken gehört das dynamische Gemälde »Der Tanz« von 1910. Der Künstler selbst schätzte vor allem die von ihm in Personalunion als Architekt und Maler entworfene und gestaltete Rosenkranzkapelle in Vence bei Nizza.

Wer?	**Paul McCartney**
Wann?	Geboren 1942
Beruf?	Popsänger und Komponist
Woher?	Liverpool, England
Bekannt als?	Mitglied der Beatles
Titel?	Sir (seit 1996)

Als Mitbegründer der Beatles revolutionierte Paul McCartney in den 1960er Jahren die Popmusik. Gemeinsam mit John Lennon, Ringo Starr und George Harrison machte er ein Millionenpublikum zu willigen Opfern der »Beatlemania«. Nach Auflösung der Gruppe startete McCartney eine Solokarriere und gründete 1972 mit seiner Frau Linda seine eigene Band »Wings«. Daneben versuchte er sich auch als klassischer Komponist und schrieb etwa das »Liverpool Oratorio«. 1990 sicherte er sich durch die unglaubliche Zuschauerzahl von über 180 000 Menschen bei einem Konzert in Rio de Janeiro einen Eintrag ins Guinessbuch der Rekorde.

500 KURZPORTRÄTS VON A–Z

Wer?	**Golda Meir**
Wann?	1898–1978
Woher?	Kiew, später Israel
Beruf?	Politikerin
Richtiger Name?	Golda Meyerson
Zeitgenossen?	David Ben Gurion, Richard Nixon

Wer?	**Gregor Johann Mendel**
Wann?	1822–1884
Was war er?	Mönch, Lehrer und Biologe
Woher?	Mähren, Österreich
Auch genannt?	Bruder Gregor

Golda Meir wurde in einer Biografie als »Israels Mutter Courage« gewürdigt. Sie bemühte sich in ihrem politischen Wirken um eine Verständigung zwischen Israel und Palästina. Eine von Pogromen im zaristischen Russland geprägte Kindheit hatte frühzeitig Golda Meirs Kampfgeist und ihre Widerstandskraft geweckt. Als Mitglied unter anderem des Zionistischen Weltkongresses stellte sie ihre Überzeugungen und Energie ab 1929 konsequent in den Dienst der national-jüdischen Bewegung. 1969 zur ersten Ministerpräsidentin Israels gewählt, trat sie nach einer politischen Fehlentscheidung während des Jom-Kippur-Krieges 1974 zurück.

Mit seinen bahnbrechenden Vererbungsgesetzen schlug Mendel im 19. Jahrhundert eines der vermutlich spannendsten Kapitel in der Geschichte der Biologie auf. Der Garten des Augustinerklosters von Brno (Brünn), in das er 1843 als Novize eingetreten war, diente ihm als Versuchslabor für Kreuzungsversuche mit Erbsen und Bohnen. Seine Ergebnisse formulierte er in den drei Mendel'schen Gesetzen, die für alle geschlechtlichen Fortpflanzungsvorgänge allgemeingültige Vererbungsregeln aufstellten. Als »Vater der Genetik« ging er in die Geschichte der Biologie ein, obwohl seine Verdienste erst nach seinem Tod gewürdigt wurden.

GROSSE PERSONEN DER GESCHICHTE

Wer?	**Moses Mendelssohn**
Wann?	1729–1786
Richtiger Name?	Moses Dessau
Berühmte Verwandte?	Felix Mendelssohn Bartholdy, Dorothea Schlegel
Was war er?	Philosoph

Moses Mendelssohn war nicht nur ein Hauptvertreter der deutschen Aufklärung, sondern vor allem der wichtigste Förderer der Judenemanzipation. Dabei ging es ihm gleichermaßen um eine gesellschaftlich-politische Gleichberechtigung der Juden wie um einen Dialog mit dem Christentum. Die Quintessenz von Mendelssohns (religions)philosophischen Gedanken findet sich in drei Hauptwerken wieder: in der »Jerusalem«-Schrift mit ihrem Plädoyer für religiöse Toleranz, in den »Phädon«-Dialogen über die Bestimmung des Menschen sowie in »Morgenstunden oder Vorlesungen über das Dasein Gottes«.

Wer?	**Gerhard Mercator**
Wann?	1512–1594
Richtiger Name?	Gerhard Kremer
Woher?	Flandern
Beruf?	Geograf und Kartograf
Berühmt als?	Ptolemäus seiner Zeit

Gerhard Mercator schuf im 16. Jahrhundert einen Meilenstein in der Geschichte der Geografie. Bereits berühmt durch seine neuartigen Seekarten mit der nach ihm benannten Mercatorprojektion begann er ab 1569 mit der kartografischen Aufbereitung der Welt. Seine Karten zu Europa und den Polargebieten erfassten auf wissenschaftlicher Basis das mittelalterliche Bild der Erde. Veröffentlicht wurde sein Weltatlas erst ein Jahr nach seinem Tod von seinem Sohn Rumold. Mercator lebte und arbeitete ab 1552 in Duisburg, wo auf vielfältige Weise der Geist dieses berühmten Wissenschaftlers weiterlebt.

500 KURZPORTRÄTS VON A–Z

Wer?	**Eddy Merckx**
Wann?	Geboren 1945
Wo geboren?	Tienen, Brabant in Belgien
Welcher Beruf?	Radrennfahrer
Wodurch berühmt?	5-facher Sieger der Tour de France 1969 bis 1972, 1974

Merckx, mit bürgerlichem Namen Edouard Louis Joseph Merckx, war Ende der 1960er und Anfang der 1970er Jahre der erfolgreichste Radrennfahrer der Welt. Mit 19 Jahren wurde er jüngster Amateur-Straßenweltmeister aller Zeiten. Als Profi gewann er neben seinen fünf »Tour-Siegen« auch fünfmal den Giro d'Italia, viele bedeutende Straßenrennen und war erfolgreicher Sechs-Tage-Fahrer. 1972 stellte der Ausnahmesportler mit 49,408 Kilometern einen Weltrekord über eine Stunde auf. Insgesamt gewann Eddy Merckx über 500 Rennen. Wegen seines Siegeswillens wurde er auch der »Kannibale« genannt.

Wer?	**Reinhold Messner**
Wann?	Geboren 1944
Was ist er?	Bergsteiger und Schriftsteller
Woher?	Brixen, Südtirol
Berühmt durch?	Erstbesteigung des Mount Everest ohne Sauerstoffgerät

Reinhold Messner macht seit den 1970er Jahren als Extrembergsteiger von sich reden. Daneben ist er auch in anderen Bereichen aktiv: Er schreibt Bücher, gründet Museen und saß von 1999 bis 2004 als Abgeordneter im Europaparlament. Als »Grenzgänger«, wie er sich selbst bezeichnet, sucht er immer neue Herausforderungen. So bestieg er 1970 den Nanga Parbat ohne Sauerstoffgerät gemeinsam mit seinem Bruder Günther, der dabei ums Leben kam. In den folgenden Jahren bezwang er alle 14 »Achttausender« im Himalaya. Nicht weniger spektakulär war seine Durchquerung der Antarktis mit Arved Fuchs.

GROSSE PERSONEN DER GESCHICHTE

Wer?	**Michelangelo**
Wann?	1475–1564
Was war er?	Bildhauer, Maler, Baumeister und Dichter
Berühmtes Werk?	Fresken in der Sixtinischen Kapelle
Auch genannt?	Der Göttliche

Der italienische Universalkünstler Michelangelo Buonarroti gilt als Hauptmeister der Hoch- und Spätrenaissance. Sein künstlerisches Testament hinterließ er unter anderem in Rom als Bauleiter des Petersdoms und vor allem mit der Ausmalung der Decke der Sixtinischen Kapelle. Das Fresko des »Jüngsten Gerichts« in den Ausmaßen von rund 12 mal 13 Metern ist ein meisterhaftes Monumentalgemälde und auch heute noch die Hauptattraktion der Vatikanischen Museen. Auch die Statue des David in Florenz, die Pièta im Petersdom, der Moses und weitere Arbeiten des Genies gelten als Meisterwerke.

Wer?	**Ludwig Mies v. d. Rohe**
Wann?	1886–1969
Beruf?	Architekt, Leiter des »Bauhaus«
Woher?	Aachen, Deutschland
Hauptwerk?	»Neue Nationalgalerie« in Berlin
Zeitgenossen?	Le Corbusier, Frank Lloyd Wright

Ludwig Mies van der Rohe gehört zu den einflussreichsten Bauschöpfern der Moderne, der mit seinem auf Einfachheit und Sachlichkeit ausgerichteten Stil die Architektur revolutionierte. In ihm verbinden sich Elemente des niederländischen »Stijl«, des Expressionismus und Konstruktivismus. Beispielhaft dafür sind unter anderem das Denkmal für Rosa Luxemburg und der »Deutsche Pavillon« auf der Weltausstellung 1929 in Barcelona. Ab 1937 lebte und arbeitete Mies van der Rohe in den USA, wo er Häuser in Stahlskelettbauweise entwarf. Sein letztes großes Projekt war die »Neue Nationalgalerie« in Berlin.

Wer?	**Mohammed**
Wann?	Um 570–632
Woher?	Mekka, Saudi-Arabien
Was war er?	Begründer der Weltreligion des Islam
Welcher Beruf?	Kaufmann
Richtiger Name?	Abul Kasim Muhammad ibn Abd Allah
Gestorben in?	Medina, Saudi-Arabien, Wallfahrtsstätte der Muslime

Wodurch wurde Mohammed berühmt?

Mohammed stiftete im 7. Jahrhundert die Religion des Islam. Aus ärmlichen Verhältnissen stammend, war er nach seiner Heirat mit einer reichen Witwe zunächst als Kaufmann und Karawanenführer tätig. Er beförderte Händler und ihre Waren sicher an ihr Ziel. Mit 40 Jahren geriet er in eine tiefe Sinnkrise und stellte sein ganzes bisheriges Leben infrage. Er zog sich zur Meditation zurück und wurde durch göttliche Offenbarungen zum Propheten berufen.

Was zeichnet seine Lehre aus?

Der Islam ist – genauso wie auch das Juden- und Christentum – eine monotheistische Religion, die Allah als allmächtigen und einzigen Gott verehrt. Ein fundamentaler Unterschied besteht jedoch darin, dass der Islam auf Gesetzen und nicht auf dem Glauben aufgebaut ist. Aus diesem Grund steht die Erfüllung religiöser Pflichten im Zentrum der Lehre. Diese sind – neben den Offenbarungen an Mohammed – im Koran, der heiligen Schrift des Islam, aufgezeichnet.

Wie wird Mohammed heute verehrt?

Mohammed machte sich zu Lebzeiten mit seiner Lehre nicht nur Freunde, sondern auch viele Feinde. Vor ihnen flüchtete er auf der sogenannten Hedschra in die Oase Yathrib, die heute Medina heißt. Dort starb der Prophet und seither gehört die Stadt mit dem Grabmal Mohammeds zu den heiligen Stätten des Islam. Wichtigste Pilgerstätte, die jeder Gläubige einmal im Leben besucht haben soll, ist die Kaaba in Mekka mit dem heiligen schwarzen Stein.

Wer?	**Molière**
Wann?	1622–1673
Beruf?	Schriftsteller
Woher?	Paris, Frankreich
Richtiger Name?	Jean Baptiste Poquelin
Zeitgenossen?	Pierre Corneille, Jean Racine

Durch König Ludwig XIV. begünstigt, avancierte Molière im 17. Jahrhundert zu einem der größten Lustspieldichter Frankreichs. Von seinen praktischen Erfahrungen als Schauspieler und Theaterdirektor inspiriert, schrieb er in den 1650er Jahren seiner Theatertruppe auch eigene Werke auf den Leib. 1659 landete er mit den »Lächerlichen Preziösen« einen größeren Erfolg. Seine scharfe Gesellschaftskritik in Werken wie »Tartuffe« erregte allerdings den Unwillen der höfischen Gemüter und hetzte ihm die Zensur auf den Hals. Nur scheinbar gezähmt karikierte er doch immer wieder gesellschaftliche Missstände und menschliche Schwächen.

Wer?	**W. M. Molotow**
Wann?	1890–1986
Was war er?	Sowjetischer Politiker
Auch genannt?	»Mister Njet«
Zeitgenossen?	N. Chruschtschow, Lenin, J. Stalin

Wjatscheslaw Michailowitsch Molotow war ab 1930 fast drei Jahrzehnte lang eine zentrale Figur in der sowjetischen Politik. An der Seite von Stalin verfolgte er als Ministerpräsident und Außenminister fanatisch die Realisierung der kommunistischen Ideale. So spielte er bei den Zwangskollektivierungen und »Säuberungen« eine zentrale Rolle. Auch eher zweifelhaften Ruhm erwarb er sich als »Mister Njet« (»Mister Nein«) bei den alliierten Nachkriegskonferenzen sowie als Namensgeber für den handgranatenähnlichen Molotow-Cocktail. Die mit dem Aufstieg Chruschtschows verbundene Entstalinisierung setzte auch ihn 1957 politisch schachmatt.

Wer?	**Claude Monet**
Wann?	1840–1926
Was war er?	Maler
Zeitgenossen?	C. Pissarro, A. Renoir, A. Sisley
Bekannt als?	Begründer des Impressionismus

Auf der Suche nach völlig neuen Ausdrucksmöglichkeiten in der Malerei wurde Claude Monet 1874 eher unfreiwillig zum Begründer einer neuen Kunstrichtung. Sein Gemälde »Impression – soleil levant« (»Impression – Sonnenaufgang«) nahm ein Journalist zum Anlass, die neue, unakademische Malweise einiger Künstler mit dem Namen »Impressionismus« zu verspotten. Der Journalist ging, der Name blieb und bezeichnet seither den Stil einer Generation von Malern, für die das (wechselnde) Licht im Mittelpunkt ihrer Arbeit stand. Aus diesen individuellen Momentaufnahmen (»Impression«) erschufen sie Kunstwerke von zeitloser Schönheit.

Wer?	**Marilyn Monroe**
Wann?	1926–1962
Name?	Norma Jean Mortenson
Was war sie?	Filmschauspielerin
Gestorben an?	Überdosis Schlaftabletten

»MM« war bereits zu Lebzeiten ein Mythos. Als strahlendes Sexidol eroberte sie ein Millionenpublikum und blieb doch im wirklichen Leben unglücklich. Dreimal verheiratet – unter anderem mit dem Schriftsteller Arthur Miller – wurde ihr das erfolgreiche Image als naives Blondchen zum Verhängnis. Die Komödien »Blondinen bevorzugt« und »Wie angelt man sich einen Millionär?« machten sie 1953 zum Filmstar. Als ernsthafte Schauspielerin wie in »Der Prinz und die Tänzerin« mit Laurence Olivier oder ihrem letzten Film »Misfits – Nicht gesellschaftsfähig« mit Clark Gable wurde Marilyn Monroe allenfalls von der Kritik gewürdigt.

Wer?	**Charles de Montesquieu**
Wann?	1689–1755
Was war er?	Philosoph und Staatsrechtler
Hauptwerk	»De l'esprit des lois«
Bekannt als?	Wegbereiter der Aufklärung
Zeitgenossen?	Ludwig XV., Friedrich der Große

Charles de Montesquieu gilt als erster französischer Aufklärer, der nicht nur nachhaltig die Französische Revolution beeinflusste, sondern auch die Verfassung der USA. Sein staatsphilosophisches Vermächtnis ist die Schrift »De l'esprit des lois« (»Vom Geist der Gesetze«). Darin entwickelt er unter anderem den bereits von John Locke formulierten Gedanken der Gewaltenteilung als Prinzip des inneren Staatsaufbaus. Die Schrift löste bei Erscheinen 1748 hitzige Debatten aus und landete auf dem »Index der verbotenen Bücher« des Vatikan. Ihr Geist weht indes durch unzählige demokratische Verfassungen.

Wer?	**Montezuma II.**
Wann?	1467–1520
Was war er?	Herrscher des Aztekenreiches
Auch genannt?	Motecuzoma, Moctezuma
Woher?	Tenochtitlán, Mexiko
Zeitgenossen?	Hernando Cortés

Unter Montezuma II. erlebte das Aztekenreich gleichzeitig seine größte Ausdehnung und seinen Niedergang. Verantwortlich für den Untergang im Jahr 1519 war der Glaube an eine Rückkehr des Gottes Quetzalcoatl, den die Azteken in dem spanischen Eroberer Hernando Cortés inkarniert sahen. Daher setzten sie ihm keinerlei Widerstand entgegen. Montezuma selbst wurde als Geisel gefangen genommen und wenig später gesteinigt. Sein Schicksal ist mehrfach in Literatur und Musik behandelt worden, so in Gerhart Hauptmanns »Der weiße Heiland« oder in Opern von Antonio Vivaldi und Wolfgang Rihm.

Wer?	**Joseph-Michel Montgolfier**
Wann?	1740–1810
Welcher Beruf?	Erfinder
Berühmter Bruder?	Jacques Étienne Montgolfier
Erfindung?	Heißluftballon

Mit Joseph-Michel Montgolfier und seinem Bruder Jacques-Étienne begann die Geschichte der Passagierluftfahrt. Sie erfanden die nach ihnen benannte Montgolfière, einen Ballon, der mittels heißer Luft aufsteigen konnte. Nach ersten Versuchen in ihrer Heimatstadt demonstrierten sie 1783 König Ludwig XVI. in Versailles ihre sensationelle Erfindung – erstmals auch mit »Passagieren« in Gestalt einer Ente, eines Hahns und eines Hammels. Nach dem Erfolg dieses Experiments stand einer »bemannten« Ballonfahrt nichts mehr im Wege und so stiegen am 21. November 1783 die ersten Menschen in die Lüfte.

Wer?	**Henry Moore**
Wann?	1898–1986
Woher?	Castleford, England
Beruf?	Maler und Bildhauer
Hauptwerke?	»Mutter und Kind«, »Reclining Figure« (»Liegende«)

Inspiriert von afrikanischen und altmexikanischen Skulpturen avancierte Moore zu einem der bedeutendsten Bildhauer der Moderne. Im Mittelpunkt seiner Arbeiten stand dabei der Mensch des 20. Jahrhunderts. Neben vielen Skulpturen dokumentieren dies auch seine »Shelter Drawings«, Zeichnungen und Aquarelle über die Bombardierung Londons. Außer in diversen Museen rund um den Globus sind seine Arbeiten auch als Monumentalplastiken – harmonisch integriert in ihre Umgebung – vor vielen öffentlichen Gebäuden präsent, so in Paris, New York, London, Rotterdam, Wien, Bregenz und Bonn.

GROSSE PERSONEN DER GESCHICHTE

Wer?	**Samuel Finley Morse**
Wann?	1791–1872
Beruf?	Kunstmaler und Erfinder
Woher?	Charlestown, Massachusetts (USA)
Wodurch berühmt?	Erfindung des Morsealphabets
Zeitgenossen?	M. Faraday, A. Lincoln

Samuel Morse revolutionierte im 19. Jahrhundert die Kommunikationstechnik. Durch die Erfindung seines Morsealphabets, das das Zeitalter der Telegrafie einläutete, konnten Nachrichten erstmals innerhalb kürzester Zeit an den Empfänger übermittelt werden. Anfangs diente ihm dazu noch ein umständlicher Zahlencode. Als dauerhaft erfolgreich und effizient erwies sich erst ein Code aus Punkten und Strichen, mit denen sich – individuell kombiniert – das gesamte Alphabet darstellen ließ. Damit schickte Morse am 24. Mai 1844 seine erste telegrafische Nachricht von Washington nach Baltimore.

Wer?	**Wolfgang Amadeus Mozart**
Wann?	1756–1791
Woher?	Salzburg, Österreich
Zeitgenossen?	Joseph Haydn, Maria Theresia, Antonio Salieri

Mozart und seine Musik gelten als Inbegriff der Klassik. Bereits mit sechs Jahren als pianistisches Wunderkind an den Höfen Europas herumgereicht, befreite sich der erwachsene Komponist 1781 von seinen höfischen Salzburger Fesseln und wagte den Sprung in die künstlerische Selbstständigkeit. Seine Werke besitzen einen melodischen Reichtum und eine vor ihm unerreichte Ausgeglichenheit von Form und Inhalt. In gerade einmal 35 Lebensjahren schuf er mehr als 600 Werke, darunter Opern, Symphonien, Sonaten und Messen. Viele seiner Kompositionen wurden zu Meilensteinen in der Geschichte der Musik.

500 KURZPORTRÄTS VON A–Z

Wer?	**Mohammed Hosni Mubarak**
Wann?	Geboren 1928
Woher?	Kafr Abu Salha, Ägypten
Was ist er?	Staatspräsident
Zeitgenossen?	Shimon Peres, König Hussein

Mubarak besitzt seit drei Jahrzehnten eine Schlüsselfunktion in dem immer wieder aufbrechenden Nahost-Konflikt und hat sich die Friedenssicherung zwischen Arabern und Juden zur Lebensaufgabe gemacht. Als Weggefährte Sadats übernahm er nach dessen Ermordung im Jahr 1981 das oberste politische Amt. Seither initiierte und unterstützte er zahlreiche Friedensverhandlungen im Nahen Osten und machte damit Ägypten wieder zu einem wichtigen außenpolitischen Partner. Innenpolitisch regiert er sein Land als autokratischer Machthaber, auch wenn sich an vielen Stellen die Zügel zu lockern scheinen.

Wer?	**Robert Musil**
Wann?	1880–1942
Welcher Beruf?	Schriftsteller
Woher?	Klagenfurt, Österreich
Hauptwerk?	»Der Mann ohne Eigenschaften«
Zeitgenossen?	James Joyce, Leo Tolstoi

Musil ist einer der bedeutendsten österreichischen Schriftsteller des 20. Jahrhunderts. Gleich sein erster Roman »Die Verwirrungen des Zöglings Törless« hatte 1906 einen durchschlagenden Erfolg. 1965 erlebte er als filmisches Debüt von Volker Schlöndorff ein preisgekröntes Comeback. Der Anschluss Österreichs an das Deutsche Reich bedeutete 1938 eine private und künstlerische Zäsur, die auch die Arbeit an dem dreiteiligen Roman »Der Mann ohne Eigenschaften« unterbrach. Der 2000 Seiten starke Wälzer über den Untergang »Kakaniens« – die k.u.k.-Monarchie Österreich-Ungarn – blieb unvollendet.

GROSSE PERSONEN DER GESCHICHTE

Wer?	**Muhammad Ali**
Wann?	Geboren 1942
Richtiger Name?	Cassius Clay
Woher?	Louisville, Kentucky (USA)
Berühmt als?	Boxweltmeister im Schwergewicht
Welche Zeitgenossen?	George Foreman, Joe Frazier, Leon Spinks
Siege?	22 WM-Titel (von 25 Kämpfen)

Muhammad Ali – Greatest of all Time?

Unter diesem Titel erschien 2003 ein exklusiver Bildband über Muhammad Ali, der 1999 vom Internationalen Olympischen Komitee zum »Boxer des Jahrhunderts« gekürt wurde. Sein Sieg über Sonny Liston im Jahr 1964 machte ihn zum Weltmeister, der sich fortan für unschlagbar hielt (»Ich bin der Größte«). In den folgenden Jahren kämpfte er gegen Boxgrößen wie Joe Frazier und musste dabei auch so manche Niederlage einstecken.

Warum wurde aus Cassius Clay Muhammad Ali?

Clay trat 1965 zum Islam über und änderte gleichzeitig seinen Namen in Muhammad Ali. Er wurde Mitglied der »Black Muslims«, einer radikal-religiösen Bewegung der Schwarzen um Malcolm X. Aus seinem neuen Glauben heraus machte er 1967 als Wehrdienstverweigerer Schlagzeilen und verlor dadurch Titel und Lizenz. Nach seinem Comeback im Jahr 1970 wurde er trotz seiner Niederlage endgültig zur Box-Legende und besiegte etwa im »Rumble in the Jungle« George Foreman.

Was ist aus dem einstigen Champion geworden?

Seit dem Rückzug aus dem Boxsport im Jahr 1979 kämpft Muhammad Ali seinen vielleicht schwersten Kampf gegen die Parkinson'sche Krankheit, die 1984 ausbrach. Trotz seiner sprachlichen und motorischen Beeinträchtigungen engagiert sich der »tragische Held« in diplomatischen Missionen und unterstützt die Parkinson-Forschung. 2001 ernannte Kofi Annan den ehemaligen Boxer zum Friedensbotschafter der Vereinten Nationen.

500 KURZPORTRÄTS VON A–Z

Wer?	**Benito Mussolini**
Wann?	1883–1945
Auch genannt?	Il Duce
Was war er?	Diktator
Welche Zeitgenossen?	Francisco Franco, Adolf Hitler, Josef Stalin

Mussolini war der erste faschistische Diktator Europas. Er rief 1919 mit dem ersten »Fascio di combattimento« (»Kampfbund«) die Keimzelle der faschistischen Partei Italiens ins Leben. 1922 übernahm er mit dem »Marsch auf Rom« die Regierung, die er 1925 in eine Diktatur umwandelte. Außenpolitisch solidarisierte er sich unter anderem mit dem Deutschen Reich, was ihm im Zweiten Weltkrieg zum Verhängnis wurde. Auf Sizilien wurde er 1943 durch die Alliierten verhaftet. Nach seiner Befreiung durch Deutsche flüchtete er nach Norditalien, wo er 1945 auf der Flucht von Partisanen erschossen wurde.

Wer?	**Mutter Teresa**
Wann?	1910–1997
Richtiger Name?	Agnes Gonxha Bojaxhio
Woher?	Skopje, Makedonien
Was war sie?	Katholische Ordensschwester
Wodurch berühmt?	Friedensnobelpreis

Sie machte das Gebot »Liebe deinen Nächsten wie dich selbst« zu ihrem Lebensmotto und wurde als »Engel der Armen« für Tausende von Menschen zum Hoffnungsträger. 1950 gründete Mutter Teresa in den Slums von Kalkutta den Orden der »Missionarinnen der Nächstenliebe«, aus dem inzwischen eine weltumspannende Organisation geworden ist. Diese Ordenshäuser geben Kindern und Kranken neue Perspektiven und ermöglichen Sterbenden einen würdevollen Tod. Für ihr segensreiches Wirken erhielt sie 1979 den Friedensnobelpreis und wurde 2003 seliggesprochen.

GROSSE PERSONEN DER GESCHICHTE

Wer?	Napoleon I.
Wann?	1769–1821
Was war er?	Kaiser der Franzosen
Woher?	Ajaccio, Korsika
Berühmte Ehefrau?	Joséphine de Beauharnais
Welche Zeitgenossen?	Zar Alexander I., Franz II. von Österreich, Friedrich Wilhelm III. von Preußen
Größte innenpolitische Leistung?	Das Gesetzbuch »Code Civil«

Napoleon Bonaparte – Visionär oder Tyrann?

Napoleon hatte für sich und sein Land große Ziele, die er beharrlich verfolgte. Seit 1799 bereits als Erster Konsul mit weitreichenden Machtbefugnissen ausgestattet, etablierte er ab 1804 als Kaiser der Franzosen eine Autokratie. Dies machte ihn in seinem Land zum Verräter an den Idealen der Französischen Revolution. Mindestens ebenso unpopulär war er im Ausland, wo er seine Vision von einem vereinten Europa gewaltsam zu realisieren suchte.

Wann ging es mit Napoleon bergab?

In den Koalitionskriegen kämpfte Napoleon seit 1792 unter anderem gegen Österreich, Preußen, Spanien, Portugal und England. Bis auf die Seeschlacht von Trafalgar ging er dabei als Sieger hervor und konnte sein europäisches Imperium erweitern. 1812 machte er sich mit 700 000 Mann zur Eroberung Russlands auf. Nach anfänglichen Erfolgen musste er jedoch den Rückzug antreten, wobei seine »Grande Armée« aufgerieben wurde.

Was passierte in Waterloo?

Ermutigt von Napoleons Niederlage in Russland, holen nun die Völker Europas zu einem Gegenschlag aus. In der Völkerschlacht bei Leipzig jagten 1813 die verbündeten Preußen, Österreicher und Russen die französische Armee aus dem Land. 1814 dankte Napoleon ab und wurde nach Elba verbannt. 1815 kehrte er noch einmal auf die politische Weltbühne zurück. Er übernahm die Herrschaft der »Hundert Tage«, wurde jedoch bei Waterloo vernichtend geschlagen und lebte danach bis zu seinem Tod im Exil auf St. Helena.

Wer?	**Fridtjof Nansen**
Wann?	1861–1930
Woher?	Store-Fröen, Norwegen
Was war er?	Polarforscher
Wodurch berühmt?	Fram-Expedition
Zeitgenossen?	R. Amundsen, R. F. Scott

Seine erste Grönland-Expedition eröffnete das Kapitel der Arktisforschung. Gegen alle Widerstände machte sich Nansen am 5. Mai 1888 mit fünf Männern zu seiner Durchquerung Grönlands mit Skiern über das Inlandeis von Osten nach Westen auf. Nach erfolgreichem Abschluss dieser Expedition brach er 1893 zu seiner spektakulären Driftfahrt mit der »Fram« auf, mit der er die Existenz der ostwestlichen Polarströmung bewies. Nansen wurde später Professor für Meeresbiologie und erhielt 1922 den Friedensnobelpreis für sein unermüdliches humanitäres Engagement für die Opfer des Ersten Weltkriegs.

Wer?	**Horatio Nelson**
Wann?	1758–1805
Was war er?	Admiral
Wodurch berühmt?	Schlacht bei Trafalgar
Gegner?	Napoleon I. Bonaparte
Woran gestorben?	Schussverletzung

Der Sieg seiner Flotte am 21. Oktober 1805 über die vereinten Seestreitkräfte von Frankreich und Spanien sicherte Großbritannien nicht nur für ein Jahrhundert die Weltherrschaft zur See, sondern hielt den expansionswütigen Korsen Napoleon auch auf Dauer von der britischen Insel fern. Nelson konnte indes die Lorbeeren dieses Triumphes nicht mehr ernten, weil er noch am selben Tag an den Folgen einer Schussverletzung starb. Zurück in London wurde ihm ein pompöses Staatsbegräbnis zuteil. Heute erinnert die »Nelson's Column« auf dem Trafalgar Square mitten in London an ihn und seinen Sieg.

GROSSE PERSONEN DER GESCHICHTE

Wer?	**Nero**
Wann?	37–68
Was war er?	Römischer Kaiser
Richtiger Name?	Nero Claudius Caesar Augustus Germanicus
Wie gestorben?	Selbstmord

Wer?	**Pablo Neruda**
Wann?	1904–1973
Woher?	Parral, Chile
Richtiger Name?	Neftalí Ricardo Reyes Basoalto
Hauptwerk?	»Canto General« (»Der große Gesang«)
Preis?	Literaturnobelpreis

Nero war einer der umstrittensten Staatsmänner der römischen Antike. Selbst vielfältig künstlerisch interessiert, erlebten Kultur und Wirtschaft während seiner Regentschaft eine Blütezeit. Doch nach vielversprechenden Anfängen entwickelte er sich zu einem tyrannischen, verschwendungssüchtigen und weltfremden Herrscher. Der Unmut über ihn führte auch zu der Behauptung, er selbst habe den Brand von Rom im Jahr 64 gelegt. Ein Mordanschlag auf ihn im Rahmen der »Pisonischen Verschwörung« konnte im letzten Moment vereitelt werden. 68 wurde er zum Staatsfeind erklärt und entging einer Verhaftung durch Selbstmord.

Neruda war die antifaschistische literarische Stimme Chiles und Spaniens und einer der bedeutendsten Schriftsteller Lateinamerikas. Er bezog öffentlich Stellung zu politischen Missständen und befand sich aus diesem Grund jahrelang ständig auf der Flucht. 1950 erschien sein Hauptwerk »Canto General«, eine Gedichtsammlung von 15 000 Versen über die Natur und Geschichte Südamerikas. Teile daraus inspirierten Mikis Theodorakis später zu einem 13-teiligen Oratorium. Pablo Neruda wurde 1972 als »Dichter der verletzten Menschenwürde« für seine schriftstellerische Arbeit mit dem Nobelpreis für Literatur ausgezeichnet.

500 KURZPORTRÄTS VON A–Z

Wer?	**Helmut Newton**
Wann?	1920–2004
Beruf?	Fotograf
Woher?	Berlin
Hauptwerk?	»Big Nudes«
Wie gestorben?	Autounfall

Newton war einer der umstrittensten und innovativsten Fotografen des 20. Jahrhunderts. Er begann in den 1950er Jahren als Modefotograf. Schon dabei entwickelte er einen ganz eigenen Stil, der nicht nur Zustimmung fand. Ende der 1970er Jahre verlegte er sich auf die Aktfotografie und löste mit seinen »Big Nudes« unter Feministinnen einen Sturm der Entrüstung aus. Sie wurden als pornografisch, frauenverachtend und provokativ empfunden. Nach 1980 betätigte sich Newton auch als Porträtfotograf. Seit seinem Tod sind seine Werke im Berliner »Museum für Fotografie, Helmut Newton Stiftung« zu sehen.

Wer?	**Isaac Newton**
Wann?	1643–1727
Was war er?	Physiker, Mathematiker und Astronom
Wodurch berühmt?	Gravitationsgesetz
Zeitgenossen?	G. W. Leibniz, J. Locke, H. Purcell

Sir Isaac Newton ist einer der bedeutendsten Universalwissenschaftler der Neuzeit. Aufbauend auf dem Wissen großer Vorgänger wie Galilei und Kepler gelangte er zu bahnbrechenden neuen Erkenntnissen. 1682 stellte er nach seinem berühmten Apfel-Experiment das Gravitationsgesetz auf. 1704 formulierte er in seiner Schrift »Opticks« die Entstehung der Spektralfarben. Mit der »Analysis« wurde er neben Leibniz zum Begründer der Infinitesimalrechnung. Und 1687 stellte er in seinem Hauptwerk »Principia mathematica« mit den drei nach ihm benannten Newton'schen Axiomen die Grundsätze der Bewegung auf.

GROSSE PERSONEN DER GESCHICHTE

Wer?	**Friedrich Nietzsche**
Wann?	1844–1900
Welcher Beruf?	Philosoph
Hauptwerk?	»Also sprach Zarathustra«
Zeitgenossen?	Richard Wagner
Wodurch berühmt?	Theorie vom Übermenschen

Nietzsche war einer der großen Denker des 19. Jahrhunderts. Bereits in seinem ersten Werk »Die Geburt der Tragödie« über die griechische Antike erwies er sich als unabhängiger Kopf, der neue Ansätze verfolgte. Als Quintessenz seiner Philosophie gilt die Gedankendichtung »Also sprach Zarathustra«, in der er auch die Lehre des Übermenschen entwickelte. Diese war später dem deutschen und italienischen Faschismus eine willkommene Legitimierung ihrer Ideologie. Weniger folgenreich erwies sich indes die Vertonung des Werkes durch Richard Strauss zu seiner gleichnamigen symphonischen Dichtung.

Wer?	**Nikolaus II.**
Wann?	1868–1918
Was war er?	Zar von Russland
Zeitgenossen?	Rasputin, Lenin
Bekannt als?	Initiator der ersten Haager Friedenskonferenz 1899

Der Tod Nikolaus' II. besiegelte 1918 das Ende der russischen Monarchie. Als der Zar 1894 den Thron bestieg, kündigte sich die Oktoberrevolution bereits an. Seine Regentschaft war wiederholt geprägt von landesweiten Streiks und Protesten gegen seine rigoristische Politik. 1905 führte er widerstrebend die gesetzgebende Volksvertretung der Duma und das allgemeine Wahlrecht ein – nur um es wenig später wieder einzuschränken. Der innenpolitische Hexenkessel und seine militärischen Niederlagen im Ersten Weltkrieg zwangen ihn 1917 zur Abdankung. 1918 wurden er und seine Familie ermordet.

Wer?	**Alfred Nobel**
Wann?	1833–1896
Woher?	Stockholm, Schweden
Beruf?	Erfinder
Berühmt als?	Stifter des Nobelpreises
Erfindung?	Dynamit

Mit über 300 Patenten ein äußerst kreativer Forscher, ist Nobels Name heute vor allem mit der Entwicklung des Sprengstoffs Dynamit verbunden. Seine Mischung von Nitroglyzerin mit Kieselgur und Soda erfreute sich schnell weltweiter Beliebtheit, war jedoch Segen und Fluch für die Menschheit zugleich. Neben einer friedlichen Nutzung im Berg- und Straßenbau wurde sie zur verheerenden Kriegswaffe, die der Pazifist Nobel eigentlich als Abschreckung konzipiert hatte. Er gründete eine Stiftung, die seit 1901 die nach ihm benannten Nobelpreise an Menschen vergibt, »die im verflossenen Jahr der Menschheit den größten Nutzen gebracht haben«.

Wer?	**Nofretete**
Wann?	Um 1350 v. Chr.
Auch genannt?	Nefertiti
Ehemann?	Echnaton
Was war sie?	Ägyptische Königin

Nofretete war eine der einflussreichsten Frauen der ägyptischen Antike. Sie stieg etwa um 1350 v. Chr. an der Seite ihres Gemahls Echnaton (Amenophis IV.) zur Herrscherin des Nilreiches auf. Dabei nahm sie mehr als nur reine Repräsentationspflichten wahr und scheint unter anderem die treibende Kraft hinter der Einführung des Sonnenkultes um den Gott Aton gewesen zu sein. Um 1338 v. Chr. verschwand Nofretete von der Weltbühne und im Dunkel der Geschichte. Von der Bedeutung ihres Namens »die Schöne ist gekommen« können sich Besucher heute im Ägyptischen Museum von Berlin anhand ihrer berühmten Porträtbüste überzeugen.

GROSSE PERSONEN DER GESCHICHTE

Wer?	**Emil Nolde**
Wann?	1867–1956
Richtiger Name?	Emil Hansen
Beruf?	Maler und Grafiker
Woher?	Nolde, Deutschland
Zeitgenossen?	Ernst Ludwig Kirchner, Henri Matisse

Emil Nolde gehört zu den Hauptmeistern des Expressionismus. Inspiriert vor allem von Edvard Munch fand er früh zu einem ganz aus der Farbe lebenden Malstil. Im Zentrum seines Schaffens standen dabei Landschafts- und Menschendarstellungen. Trotz einer Mitgliedschaft in der NSDAP landeten seine Werke 1937 auf der Liste der »entarteten Kunst«. Vier Jahre später wurde Nolde Malverbot erteilt. Nach 1945 entstand mit den als »Ungemalten Bilder« bezeichneten Aquarellen die Quintessenz seines künstlerischen Schaffens. Noldes ehemaliges Wohnhaus in Seebüll wurde 1957 in ein Museum zu Leben und Werk des Künstlers umgewandelt.

Wer?	**Novalis**
Wann?	1772–1801
Richtiger Name?	Friedrich von Hardenberg
Was war er?	Schriftsteller und Philosoph
Hauptwerk?	»Heinrich von Ofterdingen«

Novalis war neben Ludwig Tieck der wichtigste Vertreter der Frühromantik und machte das Bild der »blauen Blume« zum Symbol für die gesamte Epoche. Erstmals in dem unvollendet gebliebenen Roman »Heinrich von Ofterdingen« erwähnt, wurde die »blaue Blume« zum Sinnbild für Sehnsucht (nach dem Unerreichbaren) und Liebe. Novalis setzte sich in diesem Werk ausführlich mit Goethes »Wilhelm Meisters Lehrjahre« auseinander. Dabei wich die anfängliche Bewunderung zunehmend scharfer Kritik. Während Novalis seinen Roman als »Apotheose der Poesie« konzipierte, empfand er Goethes Werk als unpoetisch, eben »unromantisch«.

500 KURZPORTRÄTS VON A–Z

Wer?	**Dirk Werner Nowitzki**
Wann?	Geboren 1978
Beruf?	Basketballspieler
Woher?	Würzburg
Bekannt als?	Mitglied der »Dallas Mavericks«
Auch genannt?	German Wunderkind

Mit gerade mal 20 Jahren hatte sich Nowitzki im internationalen Basketballsport einen Namen gemacht. Nach einem sensationellen Aufstieg von der Amateurliga in die Nationalmannschaft wurde man auch jenseits des Atlantik auf das Naturtalent aufmerksam. 1998 gab Nowitzki seinen Einstand bei den »Dallas Mavericks«, mit denen er neue Vereinsrekorde aufstellte. Parallel dazu verstärkt er regelmäßig das Team der deutschen Nationalmannschaft. Dass seine sportliche Erfolgssträhne bis heute angehalten hat, verdankt er neben seiner Wurftechnik unter anderem seiner Vielseitigkeit und Zielstrebigkeit.

Wer?	**Georg Simon Ohm**
Wann?	1789–1854
Was war er?	Physiker
Wodurch berühmt?	Ohm'sches Gesetz
Zeitgenossen?	C. F. Gauß, A. Volta
Woran gestorben?	Schlaganfall

Der von ihm entdeckte Zusammenhang zwischen elektrischer Spannung und Widerstand markiert einen Meilenstein in der Geschichte der Elektrotechnik. Auf die Anerkennung seiner epochalen Leistung musste Ohm indes lange warten. Nachdem man im Ausland Ende der 1830er Jahre auf den deutschen Physiker aufmerksam geworden war, erhielt er erst 1849 die ersehnte Stelle eines Hochschulprofessors. In dem nach ihm benannten Ohm'schen Gesetz stellte er die Gleichung »Spannung gleich Stromstärke mal Widerstand« auf. Dieser Widerstand wird seit 1881 in der Einheit Ohm gemessen.

GROSSE PERSONEN DER GESCHICHTE

Wer?	**Julius Robert Oppenheimer**
Wann?	1904–1967
Beruf?	Physiker
Auch genannt?	Vater der Atombombe
Zeitgenossen?	Albert Einstein, Otto Hahn

1945 gewannen die USA dank Oppenheimers Leitung des »Manhattan-Projekts« das Wettrennen um die Entwicklung der Atombombe. Die verheerenden Folgen ihres ersten Einsatzes in Hiroshima und Nagasaki brachten Oppenheimer in schwere Gewissenskonflikte. Er bemühte sich um »Schadensbegrenzung« und forderte mehrfach strikte Rüstungskontrollen. Als er sich in den 1950er Jahren öffentlich gegen den Bau der Wasserstoffbombe aussprach, leitete die McCarthy-Kommission ein Verfahren gegen ihn ein. Nach seiner Rehabilitierung wurde er 1963 mit dem Enrico-Fermi-Preis ausgezeichnet.

Wer?	**Carl Orff**
Wann?	1895–1982
Was war er?	Komponist
Woher?	München
Hauptwerk?	»Carmina Burana«
Zeitgenossen?	Werner Egk, Paul Hindemith

Orffs Werk nimmt in der Musik des 20. Jahrhunderts eine Sonderstellung ein. Ungeachtet aller zwölftonigen und seriellen Experimente ließ er sich vor allem von dem Komponisten Monteverdi inspirieren. Orffs Musik zeichnet sich durch bewusste Einfachheit aus, die traditionelle Kompositionstechniken in moderne Gewänder steckte. Neben der szenischen Kantate »Carmina Burana« schuf er Opern wie »Der Mond« und »Die Kluge«. Einen besonderen Stellenwert nahm die musikpädagogische Arbeit ein (»Schulwerk für Kinder«), bei der es ihm um eine Verbindung von Musik und Bewegung ging.

Wer?	**George Orwell**
Wann?	1903–1950
Beruf?	Schriftsteller
Woher?	Großbritannien, geboren in Indien
Name?	Eric Arthur Blair
Werke?	»Animal Farm«, »1984«

George Orwell wandte sich in seinen Werken entschieden gegen den Totalitarismus. Nach seiner Kindheit in Bengalen und Großbritannien diente er bei der Polizei in Burma. 1936 kämpfte der überzeugte Sozialist im Spanischen Bürgerkrieg und wurde zum Gegner dogmatischer Ideologien. Seit Beginn der 1930er Jahre brachte er seine Zivilisationskritik in Romanen, Sozialreportagen und Essays zum Ausdruck. Der Roman »Animal Farm« (1945), mit dem er Weltruhm erlangte, ist eine beißende Satire über den Stalinismus, »1984« (1948) schildert eine Vision des totalitären Staates, in dem der »Große Bruder« alle Menschen überwacht.

Wer?	**Otto I.**
Wann?	912–973
Was war er?	Deutscher König und Kaiser
Auch genannt?	Otto der Große
Wodurch berühmt?	Ottinisch-salisches Reichskirchensystem

Otto I. wurde 936 zum König gekrönt. Er versuchte, die Macht der Herzöge einzuschränken und baute die Reichskirche als Gegengewicht aus. Er förderte energisch die Slawenmission, unternahm Feldzüge nach Frankreich, zog 951 über die Alpen und übernahm die langobardische Königswürde. Über Burgund übte er eine Schutzherrschaft aus. 961 zog Otto erneut nach Italien und wurde 962 zum Kaiser gekrönt. Daraufhin erneuerte er die Schutzherrschaft über das Papsttum, womit er seine Macht nach Unteritalien ausdehnte. Als Kaiser förderte er das Zusammengehörigkeitsgefühl des Abendlands, das er beträchtlich nach Osten erweiterte.

GROSSE PERSONEN DER GESCHICHTE

Wer?	**Nikolaus August Otto**
Wann?	1832–1891
Woher?	Holzhausen an der Haide
Welcher Beruf?	Unternehmer, Ingenieur und Erfinder
Wodurch berühmt?	Ottomotor

Nikolaus August Otto war der Erfinder des nach ihm benannten Verbrennungsmotors. Schon von Jugend an interessierte er sich für technische Probleme und entdeckte 1861 bei dem Versuch, den existierenden Leuchtgas-Verbrennungsmotor zu verbessern, das 4-Takt-Prinzip. 1864 gründete er mit Eugen Langen die Deutzer Maschinenfabrik und es gelang ihnen, einen funktionsfähigen Motor zu konstruieren. Auf der Pariser Weltausstellung 1867 wurde ihr Gasmotor mit einer Goldmedaille ausgezeichnet. In Zusammenarbeit mit Gottlieb Daimler und Wilhelm Maybach kam es zur Weiterentwicklung der Motoren.

Wer?	**Ovid**
Wann?	43 v. Chr.–17 oder 18 n. Chr.
Was war er?	Römischer Dichter
Richtiger Name?	Publius Ovidius Naso
Hauptwerk?	Sagensammlung »Metamorphosen«

Ovid gilt als Klassiker der lateinischen Literatur. Er stammte aus wohlhabenden Verhältnissen und widmete sich schon früh der Dichtkunst. Die Liebeselegien »Amores« standen am Anfang seines Schaffens, in »Ars amatoria« beschrieb er die Kunst der Verführung. Zu den schönsten Werken der Weltliteratur gehören die 250 Verwandlungssagen seiner »Metamorphosen«. Darin verknüpfte er antike Mythologie und ihre zeitaktuellen Deutungen. Er wirkte stark auf seine Zeitgenossen sowie auf die abendländische Kunst und Literatur. Aus ungeklärten Gründen wurde er 8 n. Chr. von Augustus nach Tomis verbannt.

Die besten Maler von heute
in chronologischer Reihenfolge:

Wassily Kandinsky
(1866–1944)
➔ Porträt S. 136!

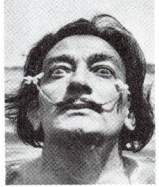
Salvador Dalí
(1904–1989)
➔ Porträt S. 55!

Pablo Picasso
(1881–1973)
➔ Porträt S. 209!

Joseph Beuys
(1921–1986)
➔ Porträt S. 30!

Edward Hopper
(1882–1967)
➔ Porträt S. 123!

Roy Lichtenstein
(1923–1997)
➔ Porträt S. 155!

Max Beckmann
(1884–1950)
➔ Porträt S. 26!

Andy Warhol
(1928–1987)
➔ Porträt S. 272!

René Magritte
(1898–1967)
➔ Porträt S. 167!

Gerhard Richter
(Geboren 1932)
➔ Porträt S. 224!

GROSSE PERSONEN DER GESCHICHTE

Wer?	**Niccolò Paganini**
Wann?	1782–1840
Beruf?	Komponist und Violinvirtuose
Woher?	Genua, Italien
Auch genannt?	Teufelsgeiger (wegen »dämonischer Wirkung« seiner Musik)

Niccolò Paganini gilt als der erste Virtuose der Musikgeschichte. In seiner Beherrschung der Geige entwickelte er geradezu artistische Fertigkeit und ein technisch meisterhaftes Spiel, dem man dämonische Wirkung nachsagte. Er komponierte zahlreiche Werke für Violine. Zu den bekanntesten gehören die Violinkonzerte in Es-Dur und h-Moll sowie die 24 Capricci für Solo-Violine. Zwischen 1810 und 1837 unternahm er sehr erfolgreiche Konzertreisen in ganz Europa, bei denen sein neuartiger Umgang mit der Geige das Publikum in Begeisterung versetzte. 1925 machte der Komponist Franz Lehár ihn zur Titelfigur einer Operette.

Wer?	**Orhan Pamuk**
Wann?	Geboren 1952
Beruf?	Schriftsteller
Woher?	Istanbul, Türkei
Auszeichnungen?	Literaturnobelpreis, Friedenspreis des Deutschen Buchhandels

Orhan Pamuk ist der bedeutendste zeitgenössische türkische Schriftsteller. Mit seinen bilderreichen, durchkomponierten Werken gilt er als herausragender Vertreter der türkischen Postmoderne. In seinen teilweise surreal-symbolistischen Romanen greift er die Frage nach der Identität seines Heimatlandes zwischen Orient und Okzident sowie zwischen Tradition und Moderne auf. Große internationale Anerkennung erlangte er mit den Werken »Die weiße Festung« (1985), »Das schwarze Buch« (1990) sowie »Rot ist mein Name« (1998). 2005 wurde ihm der Friedenspreis des Deutschen Buchhandels verliehen, 2006 erhielt er den Literaturnobelpreis.

500 KURZPORTRÄTS VON A–Z

Wer?	**Emmeline Pankhurst**
Wann?	1858–1928
Was war sie?	Frauenrechtlerin
Woher?	Manchester, Großbritannien
Welcher Gruppe gehörte sie an?	Den »Suffragetten«

Emmeline Pankhurst widmete sich dem Kampf für Frauenrechte. Nach ihrer Hochzeit bekam sie zunächst fünf Kinder, bevor sie 1889 die »Women's Franchise League« zur Durchsetzung des Frauenwahlrechts gründete. 1903 rief sie die »Women's Social and Political Union« ins Leben, aus der dann der militante Flügel der englischen Frauenbewegung, die »Suffragetten«, wurde. Unter Pankhursts Führung kämpften die Frauen durch Störung politischer Veranstaltungen, Hungerstreiks sowie zahlreiche illegale Aktionen für ihre Ziele. Nach dem Ersten Weltkrieg wurde ihnen schließlich das Wahlrecht zugesprochen.

Wer?	**Charlie Parker**
Wann?	1920–1955
Auch genannt?	Bird
Was war er?	Jazzmusiker
Woher?	Kansas City, Kansas (USA)
Wodurch berühmt?	Begründer des Bebop

Charles Christopher Parker gilt als eine der kreativsten Persönlichkeiten des Jazz. Der Altsaxophonist hob die Standardregeln von Melodie, Harmonie und Rhythmus auf, brach Tonfolgen unerwartet ab oder zerfetzte sie mit Zitaten aus anderen Musikstücken. So wurde er zum Schöpfer des Bebop, einer Stilart mit aggressivem Ton, hektischem und nervösem Tempo sowie kompliziertem Rhythmus. Besonders in der Zusammenarbeit mit dem Trompeter Dizzy Gillespie ab 1944 spielte er zahlreiche Schallplattenaufnahmen ein. Bedeutende Stücke sind zum Beispiel »Night in Tunisia« und »Bird of Paradise«.

GROSSE PERSONEN DER GESCHICHTE

Wer?	**Blaise Pascal**
Wann?	1623–1662
Was war er?	Mathematiker, Physiker und Philosoph
Woher?	Clermont, Frankreich
Wodurch berühmt?	Pascal'scher Satz, Pascal'sches Dreieck, Hektopascal

Wer?	**Louis Pasteur**
Wann?	1822–1895
Welcher Beruf?	Chemiker und Biologe
Woher?	Dôle, Frankreich
Berühmt als?	Erfinder der Pasteurisierung und Entwickler von Impfstoffen

Blaise Pascal war ein vielseitiger Universalgelehrter. 1639 erschien seine Schrift über Kegelschnitte, eine Rechenmaschine erfand er 1642. Er begründete die Wahrscheinlichkeitsrechnung und arbeitete über Zahlenkombinatorik. Auch physikalische Untersuchungen fanden sein Interesse, besonders im Bereich des Luftdrucks. 1649 schloss er sich den Jansenisten an und wandte sich, von nervlicher Krankheit gezeichnet, philosophischen Fragen und der Religion zu. In seinem Denken geht es um die Grenzen rationaler Erkenntnis, um die »Logik des Herzens«, um Elend und Größe des Menschen sowie um die Absolutheit des Christentums.

Louis Pasteur gilt als der Begründer der Mikrobiologie. Durch seine Untersuchungen von Gärungs- und Fäulnisprozessen entdeckte er die Bakterien und deren Bedeutung für Erkrankungen. Er entwickelte daraufhin die Methode der Pasteurisierung zum Abtöten von Mikroorganismen durch Hitze und wurde so ein wichtiger Wegbereiter der Keimfreiheit und der Hygiene. Ihm gelang die Entwicklung von Impfstoffen gegen Tollwut, Milzbrand und Hühnercholera. Für die Erforschung der Mikrobiologie und ihrer Beziehungen zu Medizin und Chemie wurde 1888 in Paris das »Institut Pasteur« gegründet, dem er als Direktor vorstand.

Wer?	**Iwan P. Pawlow**
Wann?	1849–1936
Was war er?	Physiologe und Verhaltensforscher
Woher?	Rjasan, Russland
Auszeichnung?	Nobelpreis für Medizin
Berühmt durch?	Prinzip der Konditionierung

Iwan Petrowitsch Pawlow erforschte die Reflexe von Lebewesen auf bestimmte Reize und entdeckte das Prinzip der Konditionierung. Mit dem weithin berühmt gewordenen »Pawlow'schen Hund« wies er nach, dass eine bestimmte Reaktion auf Reize auch gelernt werden kann, was spätere Lerntheorien stark beeinflusste. Er war überzeugt, dass man seine Ergebnisse lernpsychologisch auf den Menschen anwenden könne. Zahlreiche seiner Werke über Psychologie, Physiologie und Psychiatrie haben bis heute Berechtigung. 1904 erhielt er für seine Arbeiten über Verdauungsdrüsen den Nobelpreis für Medizin.

Wer?	**Pelé**
Wann?	Geboren 1940
Beruf?	Fußballspieler
Woher?	Três Coraçoes, Brasilien
Richtiger Name?	Edson Arantes do Nascimento
Auszeichnung?	»Sportler des Jahrhunderts« (1999)

Pelé ist eine Fußball-Legende und gilt als der beste Spieler aller Zeiten. 1957 gab er seinen Einstand in der brasilianischen Nationalmannschaft. Er bestritt im Laufe seiner Karriere 112 Länderspiele und gewann drei Weltmeisterschaften. Mit der Nummer »10« auf dem Rücken, die durch ihn legendär wurde, übernahm er die Rolle des Stürmers. Insgesamt schoss er mehr als 1200 Tore. Ehrungen der Superlative begleiten seine Karriere: »Weltsportler des Jahres« 1970, »Athlet des Jahrhunderts« 1980, »Fußballer des Jahrhunderts« 1999. Von 1994 bis 1998 hatte Pelé das Amt des brasilianischen Sportministers inne.

GROSSE PERSONEN DER GESCHICHTE

Wer?	**Perikles**
Wann?	Um 490–429 v. Chr.
Was war er?	Politiker und General
Woher?	Athen, Griechenland
Berühmt als?	Brillanter Redner und Stratege
Gegner?	Sparta

Perikles gilt als Begründer der Demokratie. 462 setzte er eine demokratische Verfassungsreform durch, ab 443 war er Athens einflussreichster Stratege. Seine Regierungszeit war der Höhepunkt der Geschichte Athens in wirtschaftlicher und kultureller Hinsicht. Außenpolitisch beendete er die Perserkriege und schloss mit Sparta Frieden. In den folgenden Jahren festigte er die athenische Herrschaft über den attischen Seebund. 431 brach der »Peloponnesische Krieg« aus, der zum Wendepunkt der athenischen Geschichte wurde. 429 wurde er seines Amtes enthoben und starb noch im gleichen Jahr an der Pest. Plutarch schrieb eine Biografie des Perikles.

Wer?	**Eva Maria Perón**
Wann?	1919–1952
Beruf?	Politikerin
Woher?	Los Toldos, Argentinien
Genannt?	Evita
Auch bekannt als?	Präsidentengattin

Eva Perón war die erste Frau an der politischen Spitze Argentiniens. Aus einfachen Verhältnissen stammend, unterstützte sie ihren Mann Juan Domingo Perón im Präsidentschaftswahlkampf 1946 und nahm in der Folge Einfluss auf seine Politik. Sie förderte mit der von ihr gegründeten »Eva Perón Stiftung« sozialpolitische Maßnahmen. Die Unterstützung der Armen und das Frauenwahlrecht, das durch ihr Zutun 1947 eingeführt wurde, lagen ihr dabei besonders am Herzen. 1949 gründete sie die »Peronistische Frauenpartei«. Von der Bevölkerung wurde sie leidenschaftlich verehrt und wurde zum Zentrum eines extremen Personenkults.

Wer?	Peter I.
Wann?	1672–1725
Was war er?	Russischer Zar
Genannt?	Peter der Große
Leidenschaften?	Bau von Sankt Petersburg, Schiffbau, Reformen

Peter der Große machte Russland zur osteuropäischen Vormacht und näherte es Europa an. Zunächst herrschte er mit seiner Stiefschwester, übernahm jedoch 1694 die Regierung und dehnte in zahlreichen Kriegen Russlands Macht vom Ostseeraum bis zum Kaspischen Meer aus. Innenpolitisch nahm er umfassende Reformen vor, die zu einer Europäisierung des Landes führten: Er reorganisierte den Staatsapparat, reformierte Wirtschaft, Handel und Kirche und schuf einen Dienstadel. Sichtbarer Ausdruck der Wandlung waren die Verlegung der Hauptstadt in das 1703 gegründete Sankt Petersburg und die Annahme des Kaisertitels 1721.

Wer?	Wolfgang Petersen
Wann?	Geboren 1941
Beruf?	Filmregisseur
Woher?	Emden, Deutschland
Auszeichnungen?	Sechs Oscar-Nominierungen für »Das Boot«

Wolfgang Petersen ist der erfolgreichste deutsche Regisseur in Hollywood. Er begann seine Karriere zunächst mit Fernseharbeiten. 1980 gelang ihm mit der TV-Serie »Das Boot« der internationale Durchbruch. Es folgten Mammutproduktionen wie »Die unendliche Geschichte« (1984), die ihm den Weg nach Hollywood ebneten. Seither versammelt Petersen in seinen Filmen Schauspielgrößen um sich, seine Produktionen sind durchweg erfolgreich und bereits kurz nach ihrem Erscheinen echte Klassiker: »Tod im Spiegel« (1990), »In the Line of Fire« (1993), »Outbreak« (1995), »Air Force One« (1997), »Der Sturm« (2000), »Troja« (2004) und »Poseidon« (2006).

GROSSE PERSONEN DER GESCHICHTE

Wer?	**Francesco Petrarca**
Wann?	1304–1374
Was war er?	Dichter und Philologe
Woher?	Arezzo, Italien
Zeitgenossen?	Boccaccio, Dante Alighieri

Wer?	**Philipp II.**
Wann?	1527–1598
Was war er?	König von Spanien
Berühmte Eltern?	Kaiser Karl V. und Isabella von Portugal
Verheiratet mit?	Maria von Portugal, Maria von England

Petrarca war mit seiner kritischen Denkart der eigentliche Begründer des Humanismus. Nach kurzem Rechtsstudium in Montpellier widmete er sich seinen literarischen und philosophischen Interessen. 1330 trat er in die Dienste des Kardinals Colonna, bereiste als Diplomat ganz Europa und lebte zeitweise dennoch gänzlich abgeschieden. Größten Ruhm erwarb er sich mit seinen Gedichten, die mit der Schilderung selbst durchlittener Gefühle völlig neu waren. Er beeinflusste inhaltlich wie formal die gesamte Lyrik des 15. und 16. Jahrhunderts. 1341 erhielt er, antiker Tradition folgend, auf dem Capitol in Rom seine Dichterkrönung.

Philipp II. erstrebte die spanische Weltherrschaft und das Alleinbestehen des Katholizismus. 1556 wurde er König von Spanien, förderte die Gegenreformation und wollte ein absolutistisches System etablieren. Durch vier Hochzeiten gelang es ihm, Spanien zum mächtigsten Land Europas zu machen, als sichtbares Zeichen dieser Macht errichtete er das Monumentalbauwerk »Escorial« bei Madrid. Erfolgreich ließ er gegen Frankreich, die Seeräuber und die Türken kämpfen, scheiterte aber an der Eroberung Englands und der Niederlande. Durch Überlastung der Finanz- und Wirtschaftskräfte trieb er den Niedergang der spanischen Weltmacht voran.

Wer?	**Pablo Picasso**
Wann?	1881–1973
Was war er?	Maler, Grafiker und Bildhauer
Woher?	Malaga, Spanien
Bekannte Zeitgenossen?	Georges Braque, Henri Matisse
Bekanntestes Werk?	»Guernica«
Richtiger Name?	Pablo Ruiz y Picasso

Wer war Picasso?

Picasso ist der bekannteste, einflussreichste und produktivste Künstler des 20. Jahrhunderts. Er schuf mehr als 15 000 Werke, überwiegend Gemälde, aber auch rund 1000 Zeichnungen und Grafiken, eine Reihe von Plastiken sowie eine Vielzahl von keramischen Arbeiten. Seit 1904 lebte und arbeitete Picasso mit kurzen Unterbrechungen in Frankreich. In der Nachkriegszeit erreichte sein Ruhm einen Höhepunkt, seine für den Weltfriedenskongress in Paris 1949 geschaffene Taube wurde zum internationalen Friedenssymbol.

Was heißt »Blaue« und »Rosa Periode«?

Während seines Lebens entwickelte Picasso mehrere charakteristische Malstile. Seine »Blaue Periode« von 1900 bis 1904 zeichnet sich durch den Gebrauch von Blautönen und den melancholischen Charakter seiner Sujets aus: zumeist gebrochene, kraftlose Menschen. Während der kurzen »Rosa Periode« von etwa 1905 bis 1906 veränderte sich Picassos Stil zu einem freundlichen rosa Ton mit Themen aus der Welt des Zirkus.

Was war »Guernica«?

Sein berühmtes Gemälde »Guernica« war ein Protest gegen den Luftangriff auf die baskische Stadt Guernica und ihre völlige Zerstörung während des Spanischen Bürgerkriegs. Picasso malte das Wandgemälde in Schwarz, Weiß und Grau für den spanischen Pavillon der Pariser Weltausstellung von 1937. Bis 1981 hing es im Museum of Modern Art in New York, dann wurde es in den Prado von Madrid überführt und ist seit 1992 im Queen Sofia Center of Art in Madrid zu sehen.

GROSSE PERSONEN DER GESCHICHTE

Wer?	**Pippin der Jüngere**
Wann?	715–768
Was war er?	König der Franken
Berühmte Verwandte?	Karl Martell (Vater), Karl der Große (Sohn)

Unter der Führung Pippins erlangten die Karolinger die Herrschaft im Frankenreich. 741 war er Hausmeier, also königlicher Verwalter, in Neustrien, Burgund und der Provence, 747 im Gesamtreich. Indem er König Childerich III. im Jahr 751 absetzte, beendete er die Herrschaft der Merowinger und ernannte sich darauf selbst zum König. Bei den Alemannen beseitigte Pippin die Herzogswürde, Bayern zwang er in ein Vasallenverhältnis, er besiegte die Sachsen und vereinigte ganz Gallien unter seiner Herrschaft. Mit Papst Stephan II. schloss er 754 ein Schutzbündnis, befreite Rom vom Druck der Langobarden und machte der Kirche die sogenannte »Pippinische Schenkung«.

Wer?	**Pius XII.**
Wann?	1876–1958
Richtiger Name?	Eugenio Pacelli
Woher?	Rom, Italien
Woran gestorben?	An den Folgen eines Schlaganfalls

Pius XII. war Papst von 1939 bis 1958. Nach seiner Priesterweihe 1899 wurde er zunächst Nuntius in Bayern und in Berlin, 1929 erlangte er die Kardinalswürde. Als Kardinalstaatssekretär war er ab 1930 maßgeblich an den Verträgen mit den deutschen Staaten und dem Deutschen Reich (Reichskonkordat 1933) beteiligt. Er regierte die Kirche autokratisch, vereinte in seinem Amt asketische Lebensführung, umfassende Bildung, rhetorische Begabung und diplomatisches Geschick. Unerbittlich bekämpfte er den Kommunismus. Nach dem Zweiten Weltkrieg geriet er wegen seiner politischen Haltung während des Krieges und fehlenden Protestes gegen die Judenverfolgung immer mehr in die Kritik.

500 KURZPORTRÄTS VON A–Z

Wer?	**Max Planck**
Wann?	1858–1947
Woher?	Kiel, Deutschland
Was war er?	Physiker
Zeitgenossen?	Albert Einstein, Sigmund Freud, Heinrich Hertz

Max Planck schuf die Grundlage der Quantentheorie. Ab 1885 war er als Professor in Kiel und später in Berlin tätig, sein Hauptarbeitsgebiet war die theoretische Thermodynamik. Für seine Untersuchung der Strahlungsenergie von schwarzen Körpern erhielt er 1918 den Nobelpreis. An der Preußischen Akademie der Wissenschaften war er 1912 bis 1938 leitender Sekretär, 1930 wurde er Präsident der Kaiser-Wilhelm-Gesellschaft zur Förderung der Wissenschaften. Planck leistete Widerstand gegen die Politik der Nationalsozialisten und verlor dadurch alle Ämter. Seit 1946 trägt die Kaiser-Wilhelm-Gesellschaft ihm zu Ehren seinen Namen.

Wer?	**Platon**
Wann?	427–347 v. Chr.
Was war er?	Griechischer Philosoph
Schüler des?	Sokrates
Bekannt durch?	Seine Ideenlehre und seine Dichtkunst

Platon übte mit seinen Schriften größten Einfluss auf die Philosophie des Abendlandes aus. Mütterlicherseits aus vornehmer Familie stammend, widmete er sich früh der Dichtkunst, wandte sich aber nach der Bekanntschaft mit Sokrates philosophischen und politischen Fragestellungen zu. Gemeinsam zielten sie darauf, den Staat zu reorganisieren. Nach Sokrates' Hinrichtung hielt Platon dessen Gedanken in seinen in Dialogform verfassten Werken fest. Seine 36 erhaltenen Bücher haben meist die Erkenntnistheorie und deren reale Umsetzung zum Thema. 387 v. Chr. gründete Platon in Athen die »Akademie«, die als Vorbild späterer Universitäten gilt.

GROSSE PERSONEN DER GESCHICHTE

Wer?	**Marco Polo**
Wann?	1254–1324
Woher?	Venedig, Italien
Was war er?	Kaufmann und Weltreisender
Wodurch berühmt?	Reisebericht »Il Milione«
Zeitgenossen?	Thomas v. Aquin, Dante Alighieri

Marco Polo war der berühmteste Reisende des Mittelalters. Als Kaufmann begab er sich 1271 zunächst über die Türkei, Persien und die Seidenstraße nach China. 1275 erreichte er Peking, wo er 17 Jahre in den Diensten des Großkhans verbrachte. Zahlreiche Reisen ließen ihn während der Zeit ein intimer Kenner Asiens werden. 1292 kehrte er über Sumatra und Persien nach Italien zurück. Dort ließ er seine Erlebnisse niederschreiben, denen zunächst wenig Glauben geschenkt wurde. Erst spätere Forschungen erwiesen ihre Richtigkeit und viele Forscher, so auch Kolumbus, stützten sich auf Polos Berichte.

Wer?	**Madame de Pompadour**
Wann?	1721–1764
Was war sie?	Mätresse Ludwigs XV. von Frankreich
Richtiger Name?	Jeanne Antoinette Poisson
Zeitgenossen?	Diderot, Voltaire

Madame Pompadour nahm als Geliebte Ludwigs XV. mehrfach Einfluss auf die französische Politik. Der König machte sie 1745 als erste Bürgerliche am französischen Hof zu seiner offiziellen Mätresse und erhob sie sogar zur Marquise de Pompadour mit eigenem Landsitz und Wappen. Es gelang ihr, dank ihres diplomatischen Geschicks, stets auch ein gutes Verhältnis zur Königin zu halten. Sie nutzte ihre Position sowohl zur Förderung zahlreicher Intellektueller und Künstler als auch zur Mitsprache in politischen Angelegenheiten, wie etwa beim Bündnis Frankreich-Österreich gegen Preußen-England 1756.

Wer?	**Sir Karl Popper**
Wann?	1902–1994
Woher?	Wien (später britischer Staatsbürger)
Beruf?	Philosoph
Hauptwerke?	»Die offene Gesellschaft und ihre Feinde«

Karl Raimund Popper war Begründer des kritischen Rationalismus. Nach dem Studium der Mathematik und Physik und der Promotion in Psychologie entwickelte er die Theorie der Falsifikation, der Widerlegbarkeit, von philosophischen Aussagen. Seine Wissenschaftsphilosophie basiert auf der Methode von Versuch und Irrtum (»Trial-and-Error-Verfahren«). Demnach müssten Theorien stets überprüft und wenn nötig korrigiert werden. Als Kritiker des Nationalsozialismus wandte er sich gegen jede Form von Historizismus und wurde Vordenker des Liberalismus. 1965 würdigte Queen Elizabeth II. seine Leistungen durch den Ritterschlag.

Wer?	**Elvis Presley**
Wann?	1935–1977
Was war er?	Rocksänger und Gitarrist
Woher?	East Tupelo, Mississippi (USA)
Auch genannt?	King of Rock 'n' Roll

Elvis Presley war der weltweit erfolgreichste Musiker. Zunächst war er musikalisch von Country, Blues und Gospel beeinflusst, entwickelte aber schnell seinen typischen, rhythmischen Rockabilly-Stil, der den Rock 'n' Roll bald zum Massenphänomen machte. In den Jahren 1954 bis 1958 begeisterte er mit Hits wie »Heartbreak Hotel« oder »Jailhouse Rock« und wirkte in vielen Musikfilmen mit. Nach der Militärzeit wurde sein Musikstil ruhiger, die Erfolge weniger. 1969 gelang ihm ein grandioses Comeback und seine Bühnenshows der 1970er Jahre wurden legendär, jedoch kennzeichneten Krankheit und Tablettenkonsum die letzten Jahre.

GROSSE PERSONEN DER GESCHICHTE

Wer?	**Birgit Prinz**
Wann?	Geboren 1977
Was ist sie?	Fußballerin
Woher?	Frankfurt am Main, Deutschland
Beruf?	Physiotherapeutin und Masseurin

Wer?	**Marcel Proust**
Wann?	1871–1922
Woher?	Paris, Frankreich
Welcher Beruf?	Schriftsteller
Hauptwerk?	»Auf der Suche nach der verlorenen Zeit« (1913–22)

Birgit Prinz ist die erfolgreichste und bekannteste deutsche Fußballerin. Mit ihren Vereinen FSV Frankfurt, wo sie 1992 bis 1998 spielte, und dem 1. FFC Frankfurt wurde sie vielfache Meisterin und Pokalsiegerin. 1994 bestritt sie ihr erstes Länderspiel (gegen Kanada) und entwickelte sich in den zwölf folgenden Jahren zur Rekordtorschützin. In den Jahren 1995, 1997, 2001 und 2005 siegte sie mit der deutschen Frauennationalmannschaft bei den Europameisterschaften, 2003 holte sie den Weltmeistertitel. Sie wurde seit 2001 sechsmal als »Fußballerin des Jahres« ausgezeichnet und war von 2003 bis 2005 außerdem »Weltfußballerin des Jahres«.

Prousts revolutionäre Schreibweise wurde wegweisend für den Roman des 20. Jahrhunderts. Als junger Ästhet verkehrte er in seinen frühen Jahren in den mondänen Pariser Salons. Er zog sich jedoch seit 1906 aufgrund gesundheitlicher Probleme der Atemwege immer mehr in sein aromatisiertes Krankenzimmer zurück. Von dort aus gelang es ihm, aus seinen Erinnerungen heraus ein dichtes, oft mikroskopisch genaues, teilweise auch absonderliches Bild der Gesellschaft zu schaffen. Er nutzte dabei seine eigenen Erfahrungen und Erlebnisse als Rohmaterial, das er mittels einer assoziativen Technik des inneren Monologs zum Leben erweckte.

Wer?	**Ptolemäus**
Wann?	Um 100–175
Woher?	Alexandria, Ägypten
Was war er?	Geograf, Mathematiker, Astronom
Werke?	Naturwissenschaftliche Handbücher

Claudius Ptolemäus war der bekannteste Astronom des Altertums. In seinem Hauptwerk »Syntaxis mathematike« stellte er eigene Studien und Arbeiten anderer Astronomen zusammen und schuf damit die grundlegende Literatur auf diesem Gebiet. Er beschrieb darin das geozentrische ptolemäische Weltbild, das bis Kopernikus Geltung hatte, listete einen Sternenkatalog auf und erklärte Planetenbewegungen. In seiner »Geographie« entwickelte er eine mathematisch-astronomisch orientierte Geografie mit Längen- und Breitengraden für 350 Orte der damals bekannten Welt.

Wer?	**Joseph Pulitzer**
Wann?	1847–1911
Welcher Beruf?	Verleger
Woher?	Makó, Ungarn (später US-Amerikaner)
Berühmt als?	Stifter des Pulitzer-Preises

Pulitzer war Journalist und Verleger, dessen Name für freien, gut recherchierten Journalismus steht. Er wanderte 1864 in die USA aus und arbeitete für Zeitungen in St. Louis. 1878 erwarb er dort zwei Tageszeitungen, 1883 außerdem »The World« in New York, die sich in den folgenden Jahren zu einer der wichtigsten und einflussreichsten Zeitungen des Landes entwickelte. Auch politisch engagierte er sich aktiv und wurde 1885 ins US-Repräsentantenhaus gewählt. Testamentarisch stiftete er die »School of Journalism« an der Columbia-Universität und den seit 1917 jährlich verliehenen Pulitzer-Preis.

GROSSE PERSONEN DER GESCHICHTE

Die einflussreichsten Religionsführer
in chronologischer Reihenfolge:

Zarathustra
(Um 700 oder 800 v. Chr.)
➔ *Porträt S. 281!*

Mohammed
(Um 570–632)
➔ *Porträt S. 181!*

Konfuzius
(551–479)
➔ *Porträt S. 145!*

Martin Luther
(1483–1546)
➔ *Porträt S. 164!*

Lao Zi
(4.–3. Jh. v. Chr.)
➔ *Porträt S. 149!*

Mahatma Gandhi
(1869–1948)
➔ *Porträt S. 86!*

Jesus von Nazareth
(etwa 4 v. Chr.– 33 n. Chr.)
➔ *Porträt S. 133!*

Martin Luther King
(1929–1968)
➔ *Porträt S. 142!*

Buddha
(560–480 v.Chr.)
➔ *Porträt S. 40!*

Dalai Lama
(Geboren 1935)
➔ *Porträt S. 54!*

500 KURZPORTRÄTS VON A–Z

Wer?	**Alexander Sergejewitsch Puschkin**
Wann?	1799–1837
Welcher Beruf?	Dichter, Publizist
Hauptwerk?	Versroman »Eugen Onegin«
Woran gestorben?	An den Folgen eines Duells

Puschkin gilt als einer der größten Dichter Russlands. Schon in seiner Jugend verkehrte er in den literarischen Salons St. Petersburgs und erregte mit satirischen und politischen Gedichten Aufsehen. Mit den Stilen verschiedener Epochen spielend wurde er zum Begründer der modernen russischen Literatur und Dichtungssprache. Seine formvollendete Lyrik bildet den Schwerpunkt seines Werks, daneben verfasste er Charakterkomödien, Versepen und Erzählungen. Nach 1830 verstärkte sich Puschkins Interesse an der Prosa, in der er romantische Motive mit betont sachlicher Erzählweise zu verbinden wusste.

Wer?	**Wladimir Wladimirowitsch Putin**
Wann?	Geboren 1952
Woher?	Leningrad, Russland
Was ist er?	Jurist und Politiker
Vorgänger?	Boris Jelzin

Wladimir Putin ist seit 2000 Staatspräsident Russlands. Von 1975 bis 1991 war er in der Auslandsspionage des KGB tätig, danach folgten ein Bürgermeisteramt in St. Petersburg und Aufgaben in der russischen Präsidialverwaltung, bis er 1999 Ministerpräsident wurde. Während dieser Zeit intervenierte die russische Armee in Tschetschenien, deren hartes Vorgehen Putins Popularität steigerte. Als Präsident verfolgt er eine autoritär-zentralistische Politik, ökonomische Reformen und staatliche Kontrolle kennzeichnen seine Wirtschaftspolitik. Außenpolitisch betont er den russischen Großmachtsanspruch.

Wer?	Pu Yi
Wann?	1906–1967
Woher?	Peking, China
Berühmte Verwandte?	Qing-Dynastie
Autobiografie?	»Ich war Kaiser von China« (1964)

Pu Yi war unter dem Namen Xuantong von 1908 bis 1912 der letzte Kaiser von China. Als Zweijähriger wurde er von der Kaiserinwitwe Cixi als Thronerbe eingesetzt. 1912 stürzte er durch die Revolution, lebte aber bis 1924 in der Verbotenen Stadt. Im Rahmen der japanisch-chinesischen Mandschurei-Krise wurde er 1932 Präsident des japanischen Satellitenstaates Mandschukuo, 1934 bis 1945 war er dort Kaiser. Nach der Kapitulation Japans im Zweiten Weltkrieg geriet er in sowjetische Gefangenschaft, wurde 1950 an China überstellt und dort einer Umerziehung unterzogen. Mao Zedong ließ ihn 1959 begnadigen, wonach er als Historiker tätig war.

Wer?	Pythagoras
Wann?	Etwa 580–496 v. Chr.
Was war er?	Philosoph
Woher?	Insel Samos, Griechenland
Berühmt durch?	»Satz des Pythagoras«

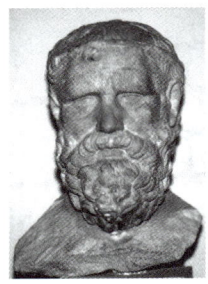

Phythagoras gründete den Geheimbund der Pythagoreer, dessen Ziel es war, den Aufbau der Welt zu ergründen und der Natur ihre Geheimnisse zu entreißen. Neben der Lehre von der Wiedergeburt der Seele vertrat er hauptsächlich mathematische Interessen. Mit dem Grundsatz »Alles ist Zahl« maß Pythagoras den Zahlen grundlegende Bedeutung bei und versuchte, Erscheinungen zahlenmäßig zu erfassen. Der »Satz des Pythagoras« ist der wohl bekannteste mathematische Lehrsatz, der seinem Namensgeber allerdings fälschlicherweise zugeschrieben wird. Ihm gelang lediglich eine allgemeine Formulierung bereits bekannter Fakten.

Wer?	Sergej W. Rachmaninow
Wann?	1873–1943
Woher?	Russland (später US-Amerikaner)
Welcher Beruf?	Komponist, Pianist und Dirigent
Welche Zeitgenossen?	Franz Liszt, Peter Tschaikowski

Sergej Wassiljewitsch Rachmaninow war ein bedeutender Klaviervirtuose. Bereits als Jugendlicher widmete er sich leidenschaftlich der Musik und machte mit Konzerten auf sich aufmerksam. 1897 wirkte er als Dirigent an der Russischen Staatsoper, bevor ihm in den folgenden Jahren mit eigenen Kompositionen und Interpretationen der fulminante internationale Durchbruch gelang. Er wirkte in Dresden, Moskau und Paris und seit 1919 in den USA. Seine Opern, Symphonien, Klavier- und Vokalwerke legen ein Zeugnis seiner Musikalität, technischen Perfektion und emotionalen Ausdruckskraft ab.

Wer?	Raffael
Wann?	1483–1520
Richtiger Name?	Raffaello Santi
Was war er?	Maler und Baumeister
Woher?	Urbino, Italien
Hauptwerk?	»Sixtinische Madonna«

Raffael war ein Hauptmeister der italienischen Renaissance. Nach seiner Lehrzeit bei seinem Vater und Pietro Perugino hielt er sich ab 1504 in Florenz auf, wo ihn die Kunstwerke Leonardo da Vincis und Michelangelos künstlerisch beeinflussten. Sein Stil wurde lebendiger und freier, wobei die Thematik der Madonna immer mehr in den Vordergrund trat. Während der folgenden Jahre war er für Papst Julius II. in Rom tätig, gestaltete monumentale Fresken und leitete ab 1515 den Bau der Peterskirche. Seinen Stil kennzeichnen eine immense Lebendigkeit und Individualität der dargestellten Figuren.

GROSSE PERSONEN DER GESCHICHTE

Wer?	Ramses II.
Wann?	Etwa 1290–1224 v. Chr.
Was war er?	Ägyptischer König
Berühmte Verwandte?	Sohn von Sethos I., Hauptgemahlin Nofretiri

Wer?	Rasputin
Wann?	1869–1916
Wer war er?	Russischer Mönch und Wunderheiler
Woher?	Sibirien
Wie gestorben?	Ermordet (ertränkt in der Newa)

Ramses II. war der wohl mächtigste Pharao Ägyptens. 66 Jahre lang herrschte er über Ober- und Unterägypten und erneuerte die kulturelle Hochzeit des Landes. Zu Beginn seiner Regierungszeit ab 1278 versuchte er, den ägyptischen Einfluss in Nordsyrien zu erweitern, scheiterte jedoch in der Schlacht von Kadesch. 1270 gelang es ihm, einen Friedensvertrag mit den Hethitern zu erwirken. Ramses II. ist berühmt für seine enorme Bautätigkeit: Er ließ gewaltige Tempel bauen, wie etwa den Amun-Tempel in Abu Simbel oder seine Totenstadt in Theben, das Ramasseum. Im Nildelta errichtete er eine neue Hauptstadt Ägyptens, die Ramsesstadt.

Grigorij Jefimowitsch Rasputin stand in enger Verbindung zur russischen Zarenfamilie. Ursprünglich aus ärmlichen Verhältnissen stammend, begab er sich 17-jährig auf eine Pilgerreise, um seine Religiosität zu vertiefen. 1903 gelangte er nach Sankt Petersburg, wo er angeblich mit Hilfe wunderheilerischer Fähigkeiten zur Genesung des Zarensohns beitrug. Auf diese Weise erlangte er großen Einfluss auf die Herrscherfamilie, der sich auch bis ins Politische erstreckte. Aufgrund seines geheimnisvollen Wesens und außergewöhnlichen Äußeren wurde er daraufhin Opfer zahlreicher Verleumdungen und schließlich eines Mordkomplotts.

Wer?	**Ronald Reagan**
Wann?	1911–2004
Woher?	Tampico, Illinois (USA)
Welcher Beruf?	Schauspieler, später US-amerikanischer Präsident
Politik?	»Reaganomics«

Reagan war von 1981 bis 1989 Präsident der USA. Ab 1962 machte er politisch Karriere und wurde als Republikaner 1967 Gouverneur in Kalifornien. Seine Amtszeit als Präsident prägte eine angebotsorientierte Wirtschaftspolitik, die von Kürzungen im sozialen Bereich begleitet war. Gesellschaftspolitisch schlug er einen konservativen Kurs ein, außenpolitisch betrieb er eine Politik der Stärke gegenüber den Staaten des Ostblocks und gegen linke Bestrebungen in Mittelamerika. 1987 schloss er mit der UdSSR ein Abkommen über die Beseitigung der beiderseitigen nuklearen Mittelstreckenwaffen in Europa.

Wer?	**Robert Redford**
Wann?	Geboren 1937
Welcher Beruf?	Filmschauspieler, Regisseur und Produzent
Woher?	Santa Monica, Kalifornien (USA)
Berühmte Filme?	»Der Clou«, »Jenseits von Afrika«

Redford ist eine der führenden Persönlichkeiten des US-amerikanischen Kinos. Zu Beginn seiner Karriere 1962 galt er in erster Linie als gut aussehend, machte sich jedoch in den 1970er Jahren durch die Zusammenarbeit mit berühmten Regisseuren schnell einen Namen, zum Beispiel in »Der Clou«, oder »Die Unbestechlichen«. Später trat er auch hinter der Kamera in Aktion und feierte mit »Quiz Show« (1994) oder »Der Pferdeflüsterer« (1998) große Erfolge. 1981 rief er das »Sundance Filmfestival« als Plattform für den unabhängigen Film ins Leben. 2002 erhielt er den Ehrenoscar für sein Lebenswerk.

GROSSE PERSONEN DER GESCHICHTE

Wer?	**Rembrandt**
Wann?	1606–1669
Richtiger Name?	Rembrandt Harmenszoon van Rijn
Was war er?	Maler und Grafiker
Woher?	Leiden, Niederlande

Rembrandt war der stilbildendste, vielseitigste Künstler der europäischen Malerei im 17. Jahrhundert. 1626 begann er mit seiner selbstständigen künstlerischen Tätigkeit. Das Vermögen seiner ersten Ehefrau verhalf ihm zu Wohlstand, allerdings begann 1650 sein wirtschaftlicher Niedergang. Seine Gemälde, Radierungen und Zeichnungen, die sich stilistisch in vier Perioden einteilen lassen, umfassen Werke aller Bildgattungen: Historienbilder, Porträts, Landschaften, Genrebilder und Stillleben. Dem Porträt verlieh er durch die Wiedergabe des physiognomischen Ausdrucks eine bis dahin unerreichte Tiefe.

Wer?	**Pierre Auguste Renoir**
Wann?	1841–1919
Woher?	Limoges, Frankreich
Welcher Beruf?	Maler und Grafiker
Zeitgenossen?	Claude Monet, Alfred Sisley
Hauptwerk?	»Das Moulin de la Galette«

Renoir war ein Hauptmeister des französischen Impressionismus. Seine frühe Schaffensphase ist von heller Freilichtmalerei geprägt, in der er mit stimmungsvollen, sanften Farben flüchtige Eindrücke festhielt. Nach 1880 setzte eine Formverfestigung mit Betonung der Plastizität und des Linearen ein, wobei ihn die zeichnerische Malweise italienischer Kunst, ganz besonders Raffaels, beeinflusste. Die Verbindung dieser impressionistisch-lockeren und formmodellierenden Malweise kennzeichnet seinen Stil heiterer Abgeklärtheit. Der Umfang seines Werkes wird auf 4000 bis 6000 Bilder geschätzt.

Wer?	**Richard I. Löwenherz**
Wann?	1157–1199
Was war er?	König von England
Berühmte Verwandte?	Sohn von Heinrich II. und Eleonore von Aquitanien
Zeitgenosse?	Friedrich Barbarossa

Richard I. war von 1189 bis 1199 König von England und ist eine der schillerndsten Personen des Hochmittelalters. Er gelangte durch eine Verschwörung gegen seinen Vater an die Macht. Nach seiner Krönung nahm er am Dritten Kreuzzug teil, auf der Rückfahrt geriet er in Gefangenschaft des von ihm beleidigten Herzogs Leopold V. von Österreich, der ihn Kaiser Heinrich VI. übergab. Diesen musste er als Lehnsherrn anerkennen. 1194 kehrte er nach England zurück, um sofort wieder nach Frankreich aufzubrechen, wo er gegen Philipp II. kämpfte. Bei der Belagerung von Chalus kam er ums Leben.

Wer?	**Armand Jean du Plessis de Richelieu**
Wann?	1585–1642
Was war er?	Politiker und Kardinal
Woher?	Paris, Frankreich
Auch genannt?	Die rote Eminenz

Richelieu errichtete den französischen absolutistischen Einheitsstaat. Nach seiner Ernennung zum Kardinal 1622 machte König Ludwig XIII. ihn zum Ersten Minister, wodurch er großen politischen Einfluss bekam. Er reformierte die Verwaltung und entmachtete den Adel. Die Hugenotten beraubte er ihrer Sonderstellung und schaltete sie damit als politischen Machtfaktor aus. Er beendete die habsburgische Hegemonie in Europa, indem er im Dreißigjährigen Krieg den Abschluss des Westfälischen Friedens zugunsten Frankreichs vorbereitete. 1635 begründete er die Académie française als staatliche Institution.

GROSSE PERSONEN DER GESCHICHTE

Wer?	**Gerhard Richter**
Wann?	Geboren 1932
Welcher Beruf?	Maler
Woher?	Dresden (flüchtete 1961 in den Westen nach Düsseldorf)
Hauptwerk?	»Akt auf einer Treppe«

Gerhard Richter ist Vertreter einer Kunst zwischen Pop-Art und Fotorealismus. Ausgehend von Fotos, die er mit verwischten Farbtönen in Schichten übermalt oder malerisch neu gestaltet, schildert er die Gleichförmigkeit und Banalität der Konsumwelt, der Regenbogenpresse oder Familienerinnerungen. Dabei dient die fotografische Vorlage nur als Basis für kreative Manipulationen. Seine Bilder wurden im Laufe seines künstlerischen Schaffens großformatiger, abstrakter und expressiver. Ab dem Beginn der 1990er Jahre widmeten ihm zahlreiche renommierte Museen weltweit umfassende Retrospektiven.

Wer?	**Tilman Riemenschneider**
Wann?	Etwa 1460–1531
Welcher Beruf?	Bildhauer und Bildschnitzer
Wodurch berühmt?	Schnitzaltäre
Welche Zeitgenossen?	Götz von Berlichingen, Albrecht Dürer

Tilman Riemenschneider war einer der bedeutendsten Bildschnitzer und Bildhauer seiner Zeit. Seit 1483 lebte er in Würzburg, wo er als angesehener und wohlhabender Künstler erst Ratsmitglied und 1520 Bürgermeister wurde. 1525 kam er wegen der Unterstützung des Bauernkrieges in Gefangenschaft. In Riemenschneiders Kunst verbinden sich Elemente der deutschen Spätgotik mit Stilformen der beginnenden Renaissance. Seine oftmals unbemalten Holz- und Steinskulpturen bestechen durch ihre ausdrucksstarken, individualisierten Gesichter, differenzierte Gebärdensprache und faltenreiche Gewänder.

500 KURZPORTRÄTS VON A–Z

Die größten Schriftsteller der Gegenwart
in chronologischer Reihenfolge:

Hermann Hesse
(1877–1962)
➜ Porträt S. 114!

Samuel Beckett
(1906–1989)
➜ Porträt S. 25!

Robert Musil
(1880–1942)
➜ Porträt S. 187!

Albert Camus
(1913–1960)
➜ Porträt S. 42!

Franz Kafka
(1883–1924)
➜ Porträt S. 136!

Günter Grass
(Geboren 1927)
➜ Porträt S. 96!

Bertolt Brecht
(18984–1956)
➜ Porträt S. 37!

Paul Auster
(Geboren 1947)
➜ Porträt S. 17!

Ernest Hemingway
(1899–1961)
➜ Porträt S. 110!

Joanne K. Rowling
(Geboren 1965)
➜ Porträt S. 230!

GROSSE PERSONEN DER GESCHICHTE

Wer?	**Adam Ries**
Wann?	1492–1559
Woher?	Staffelstein, Deutschland
Was war er?	Mathematiker
Wodurch berühmt?	Verfasser von Rechenbüchern
Auch genannt?	Adam Riese

Adam Ries hat mit seinen Lehrwerken dazu beigetragen, dass die arabischen Zahlen die bis dahin üblichen römischen Zahlen in der Rechenpraxis ersetzten. Durch seine Bücher in deutscher Sprache machte er sie einem größeren Publikum zugänglich. In ihnen beschrieb er die Rechenweise mit einem Abakus sowie das Ziffernrechnen mit arabischen Zahlen. Ab 1518 leitete er in Erfurt eine Rechenschule, 1523 siedelte er nach Annaberg um und wurde 1539 zum »Sächsischen Hofarithmeticus« ernannt. Bis heute wird mit dem Ausdruck »nach Adam Riese« die Richtigkeit von Rechenergebnissen unterstrichen.

Wer?	**Rainer Maria Rilke**
Wann?	1875–1926
Was war er?	Dichter
Woher?	Prag, Tschechische Republik
Zeitgenossen?	André Gide, Friedrich Nietzsche, Auguste Rodin, Leo Tolstoi

Rilkes Dichtung hatte weltweite Wirkung und rief widersprüchliche Deutungen hervor. Nach dem Studium der Philosophie, Kunst- und Literaturwissenschaft führte er ein ruheloses Wanderleben, erst um 1900 widmete er sich gänzlich dichterischem Schaffen. Ausgehend von impressionistischer Stimmungslyrik (»Stundenbuch« 1905) entwickelte er das objektivierende Dinggedicht, in dem das Wesen eines Dinges als Abbild Gottes aufgefasst wird. Später verarbeitete Rilke ein eher mystisches Weltbild, mit dem er die Existenzproblematik zu überwinden suchte, so in den »Duineser Elegien« (1923).

500 KURZPORTRÄTS VON A–Z

Wer?	**Maximilien de Robespierre**
Wann?	1758–1794
Was war er?	Politiker und Revolutionär
Woher?	Arras, Frankreich
Wie gestorben?	Hingerichtet

Robespierre erstrebte während der Französischen Revolution eine radikale Demokratisierung. Zunächst als Anwalt tätig, wurde er 1789 Vertreter des dritten Standes in der Nationalversammlung. Dort forderte er die Beseitigung der Privilegien des Klerus und wurde führendes Mitglied des Jakobinerklubs. Gestützt auf Teile des Bürgertums und die unteren Volksschichten bemühte er sich, die aufklärerischen Ideale Rousseaus zu verwirklichen, wozu er sich eines ständig zunehmenden Terrors bediente. Unter Teilnahme ehemaliger Parteigänger wurde er jedoch gestürzt und ohne Prozess hingerichtet.

Wer?	**Auguste Rodin**
Wann?	1840–1917
Welcher Beruf?	Bildhauer
Woher?	Paris, Frankreich
Hauptwerke?	»Der Denker«, »Die Bürger von Calais«

Auguste Rodin war der Hauptmeister der impressionistischen Plastik Frankreichs. Er arbeitete als kunstgewerblicher Gebrauchsplastiker, bis er nach der Begegnung mit Michelangelos Werk in Florenz seinen eigenen künstlerischen Stil entwickelte. Seine immer menschlichen Figuren bestechen durch eine ausgesprochene Präsenz und Sinnlichkeit, besonders im psychischen Ausdruck. Mittels unebener Oberflächen gelingt ihm ein Licht- und Schattenspiel, das die Plastiken faszinierend lebendig wirken lässt, obwohl er gleichzeitig als erster Bildhauer aus dem Unvollendeten ein künstlerisches Prinzip machte.

GROSSE PERSONEN DER GESCHICHTE

Wer?	**Wilhelm Conrad Röntgen**
Wann?	1845–1923
Welcher Beruf?	Maschinenbauer und Physiker
Woher?	Lennep bei Remscheid
Wodurch berühmt?	Entdecker der X-Strahlen
Auszeichnung?	Nobelpreis für Physik

Röntgen entdeckte 1895 die nach ihm benannten Strahlen, die Physik und Medizin revolutionierten. Er war als Professor für Physik in Hohenheim, Straßburg, Würzburg und München tätig und arbeitete über Wärmeleitung in Kristallen, spezifische Wärme von Gasen, Kapillarität und Kompressibilität. Dem Studium der physikalischen Eigenschaften der Kristalle galt sein besonderes Interesse. Für die Entdeckung der Röntgenstrahlen erhielt er 1901 den ersten Nobelpreis für Physik. Er verzichtete auf die Patentierung seiner Entdeckung, weswegen sie schnell für medizinische Zwecke genutzt werden konnte.

Wer?	**Franklin Delano Roosevelt**
Wann?	1882–1945
Was war er?	Jurist, Politiker und US-amerikanischer Präsident
Berühmte Verwandte?	Ehefrau Anna Eleanor Roosevelt, Nichte von Theodore Roosevelt

Obwohl infolge von Kinderlähmung zeitweise auf den Rollstuhl angewiesen, war Roosevelt von 1933 bis 1945 Präsident der USA. Er wurde viermal nacheinander gewählt und bekämpfte erfolgreich die Wirtschaftsdepression. Außenpolitisch durchbrach er den Isolationismus der USA und setzte mit Friedensappellen ein Zeichen gegen die Kriegspolitik. Im Zweiten Weltkrieg gaben die USA ihre anfängliche Neutralität bald auf und zogen in den offenen Krieg gegen Japan, Deutschland und Italien. Durch Abkommen mit Stalin versuchte Roosevelt eine neue Weltordnung zu schaffen.

500 KURZPORTRÄTS VON A–Z

Wer?	**Gioacchino Antonio Rossini**
Wann?	1792–1868
Welcher Beruf?	Komponist
Welche Hauptwerke?	»Der Barbier von Sevilla«, »Die diebische Elster«, »Stabat Mater«

Rossini gilt als bedeutendster Vertreter der italienischen Opera buffa. Seine Musik zeichnet sich durch geistvolle Melodik, rhythmische Beweglichkeit und planvoll ausgebautes Orchestercrescendo aus. Sein musikalisches Talent war ihm in die Wiege gelegt, so dass er bereits mit zwölf Jahren erste Kompositionen verfasste. Mit der Oper »Tancredi« gelang ihm 1813 der Durchbruch, dem insgesamt 40 Opern folgten. 1826 bis 1830 war er Hofkomponist in Paris und königlicher Generalintendant. In den folgenden Jahren zog er sich immer mehr vom Komponieren zurück und wandte sich ganz der Kirchenmusik zu.

Wer?	**Jean-Jacques Rousseau**
Wann?	1712–1778
Was war er?	Schriftsteller und Philosoph
Woher?	Genf, Schweiz (später Frankreich)
Zeitgenossen?	D. Hume, A. Smith, Voltaire

Rousseau gehört zu den herausragenden Denkern des 18. Jahrhunderts und wurde zum Wegbereiter der modernen Pädagogik. Mit seiner Schrift über den Einfluss der Künste und Wissenschaften auf die Sitten wurde er 1750 berühmt. Er klagte darin an, dass Kultur den Menschen seines glücklichen Urzustandes beraube. In dem Erziehungsroman »Emile oder Über die Erziehung« stellte er ein Erziehungsideal vor, das die natürlichen Anlagen des Kindes frei entwickeln lassen soll. Seine politische Abhandlung »Der Gesellschaftsvertrag« war eine der theoretischen Grundlagen der Französischen Revolution.

GROSSE PERSONEN DER GESCHICHTE

Wer?	**Joanne K. Rowling**
Wann?	Geboren 1965
Welcher Beruf?	Schriftstellerin
Woher?	Edinburgh, Schottland
Wodurch berühmt?	Harry Potter
Genre?	Fantasy

Joanne Kathleen Rowling ist die erfolgreichste Kinderbuchautorin aller Zeiten. Mit dem Zauberer Harry Potter hat sie den Nerv von Kindern und Jugendlichen weltweit getroffen. Das Waisenkind Harry Potter lernt im Zauberinternat Hogwarts alles über Magie und erlebt mit seinen Freunden Ron und Hermine jede Menge Abenteuer. Außerdem bekämpft er seinen Gegenspieler, den Zauberer Voldemort, der in jeder Geschichte mächtiger wird und mit dem es am Ende zum Showdown kommt. Nachdem der erste Band mit nur 500 Exemplaren an den Start ging, wurden mittlerweile weltweit über 300 Millionen verkauft.

Wer?	**Peter Paul Rubens**
Wann?	1577–1640
Was war er?	Maler
Hauptwerke?	»Amazonenschlacht«, »Selbstbildnis mit Isabella Brant«
Zeitgenossen?	Anthonis van Dyck, Rembrandt

Rubens war das größte künstlerische Genie seiner Zeit. Als Calvinisten mussten er und seine Familie aus der flämischen Heimat fliehen, ab 1589 war er jedoch in Antwerpen tätig und gehörte ab 1598 der Lukasgilde an. Sein Frühwerk ist romanisch beeinflusst, allerdings fand er, angeregt durch italienische Meister, zu einer eigenen Bildform, die sich von Hell-Dunkel-Gegensätzen hin zu einem repräsentativen Barockstil entwickelte. Er schuf großformatige zyklische Folgen, Altarbilder, mythologische Szenen, Jagd- und Tierbilder sowie meisterhafte Porträts. Sein Werk beeinflusste alle Kunstzweige.

Wer?	**Salman Rushdie**
Wann?	Geboren 1947
Woher?	Mumbai, Indien (später britischer Staatsbürger)
Welcher Beruf?	Schriftsteller
Wodurch berühmt?	»Die satanischen Verse«

Rushdie verbindet in seinen Romanen Geschichts- und Gesellschaftsdarstellungen mit mythologischen Elementen. 1981 begründete er mit »Mitternachtskinder« seinen literarischen Ruhm, der 1989 in dem Roman »Die satanischen Verse« gipfelte. Die Darstellung des Propheten Mohammed in diesem Werk führte zu einem Todesurteil wegen Gotteslästerung durch den iranischen Revolutionsführer Chomeini. Fast zehn Jahre lang führte Rushdie ein Leben im Versteck. Erst 1998 distanzierte sich die iranische Regierung von dem Mordaufruf. 2004 wurde er Präsident des amerikanischen PEN-Clubs.

Wer?	**Earl Bertrand Russell**
Wann?	1872–1970
Woher?	Trelle, Wales
Welcher Beruf?	Mathematiker und Philosoph
Zeitgenossen?	August Bebel, Wilhelm Liebknecht, George B. Shaw

Russell war ein Vorkämpfer der internationalen Friedensbewegung. Er hielt Vorlesungen in Großbritannien, China und den USA. Dabei vertrat er eine Theorie, nach der Erkenntnis nur durch auf Daten beruhenden Erfahrungen gemacht werden könne. In der Mathematik beschäftigte er sich mit dem Themengebiet der Logik. Politisch sympathisierte er mit den Sozialdemokraten und trat als Pazifist und Gegner der Atombewaffnung auf. Zu vielen sozialen Themen bezog er öffentlich Stellung und vertrat dabei immer einen aufklärerischen Standpunkt. 1950 erhielt er den Nobelpreis für Literatur.

GROSSE PERSONEN DER GESCHICHTE

Wer?	**Andrej Sacharow**
Wann?	1921–1989
Woher?	Moskau, Russland
Was war er?	Kernphysiker und Bürgerrechtler
Wodurch gestorben?	Herzinfarkt

Andrej Sacharow war maßgeblich an der Entwicklung der sowjetischen Kernwaffen beteiligt. Seit Ende der 1960er Jahre kritisierte er das sowjetische Herrschaftssystem, forderte seine Demokratisierung und wurde einer der Wortführer der Bürgerrechtsbewegung. Dafür erhielt er 1975 den Friedensnobelpreis, allerdings wurde ihm die Ausreise zur Entgegennahme des Preises verweigert. Nach Protesten gegen die sowjetische Invasion in Afghanistan wurde er 1980 nach Gorkij verbannt, 1986 kehrt er nach Moskau zurück. 1988 wurde er in die Leitung der Akademie der Wissenschaften berufen.

Wer?	**Hans Sachs**
Wann?	1494–1576
Welcher Beruf?	Schuhmacher und Meistersinger
Woher?	Nürnberg, Deutschland
Zeitgenossen?	Johann Calvin, Martin Luther, Adam Ries, Ulrich Zwingli

Hans Sachs war der wohl bekannteste Meistersinger überhaupt. In seinen Dichtungen verband er die Tradition der Meistersinger, die sich vom höfischen Minnesang ableitete, mit humanistischem Bildungsgut und schwankhaft-satirischem Scherz. Er verstand es, in rund 1700 Schwänken, 200 Bühnenspielen und 4000 Meisterliedern die Ideen der Reformation in einfacher, dem Volk verständlicher Sprache darzustellen. Weiterhin war er ein bedeutender Vertreter des Nürnberger Fastnachtsspiels, einer Spielart der Komödie, in der er moralisierende und zugleich satirische Darstellungen entwickelte.

500 KURZPORTRÄTS VON A–Z

Wer?	**Antoine de Saint-Exupéry**
Wann?	1900–1944
Welcher Beruf?	Schriftsteller und Pilot
Woher?	Lyon, Frankreich
Wie gestorben?	Flugzeugabsturz
Hauptwerk?	»Der kleine Prinz«

Antoine de Saint-Exupéry war bereits zu Lebzeiten äußerst erfolgreich, wurde aber nach seinem mysteriösen Tod ein Kultautor der Nachkriegsjahrzehnte. Sein Beruf als Pilot führte ihn in diverse Länder Afrikas und nach Argentinien, wo er ab 1925 in Romanen und Novellen seine Erfahrungen und Erlebnisse als Flieger schilderte. Mit dem Roman »Nachtflug« gelang ihm 1931 der Durchbruch als Autor, so dass er in den folgenden Jahren seine Tätigkeiten als Autor und Pilot verband. In all seinen Werken versuchte er, seine Botschaft eines neuen Humanismus und eines brüderlichen Miteinanders zu vermitteln.

Wer?	**Niki de Saint Phalle**
Wann?	1930–2002
Was war sie?	Bildhauerin und Bühnenbildnerin
Woher?	Neuvilly, Frankreich
Richtiger Name?	Cathérine Marie-Agnès Fal de Saint Phalle

Niki de Saint Phalle wurde durch ihre »Nana-Figuren« weltberühmt. 1953 entstanden erste Bilder, sogenannte Self-Shooting-Bilder, für die sie als Aktionskünstlerin Farbbeutel auf Gipsflächen zerschoss. Die »Nana«-Frauenfiguren aus Pappmaché mit betont weiblichen Formen und leuchtenden Farben erregten ab 1964 Aufsehen, besonders die 27 Meter große, begehbare Figur »Sie«. 1968 nahm sie erstmals an einer Ausstellung des New Yorker Museum of Modern Art teil. Ihr letztes Projekt, die Ausgestaltung der Herrenhäuser Gärten in Hannover, wurde nach ihrem Tod 2003 von Mitarbeitern vollendet.

GROSSE PERSONEN DER GESCHICHTE

Wer?	**Saladin**
Wann?	1138–1193
Richtiger Name?	Jusuf Ibn Ajjub Salah Ad Din
Was war er?	Sultan von Ägypten und Syrien
Wodurch berühmt?	Kreuzzüge

Wer?	**Jean-Paul Sartre**
Wann?	1905–1980
Woher?	Paris, Frankreich
Welcher Beruf?	Schriftsteller und Philosoph
Wodurch berühmt?	Begründer des Existenzialismus
Partnerin?	Simone de Beauvoir

Saladin war einer der berühmtesten Herrscher des islamischen Orients. Nachdem er von Sultan Nur Ad-Din, dem Herrscher von Damaskus, nach Ägypten entsandt worden war, herrschte er nach dem Sturz des dortigen Kalifen 1171 als Sultan von Ägypten. Daraufhin eroberte er 1175 Syrien sowie 1187 Jerusalem, womit er die jahrzehntelange christlich-europäische Herrschaft über die Stadt beendete. Aufgrund seines diplomatischen Geschicks und respektvollen Verhaltens auch gegenüber Feinden ging er in die europäische Geschichtsschreibung und Literatur ein. So verewigte ihn beispielsweise auch in Gotthold E. Lessing in »Nathan der Weise« als Urbild des edlen Orientalen.

Jean-Paul Sartre war einer der einflussreichsten französischen Philosophen und Gesellschaftskritiker des 20. Jahrhunderts. Mit seinen Schriften wollte er dazu beitragen, eine Gesellschaft freier, eigenverantwortlich handelnder Individuen zu schaffen. Er beschäftigte sich hauptsächlich mit dem Phänomen der Freiheit des Menschen und tauschte sich darüber intensiv mit seinem Landsmann Albert Camus aus. Im Krieg Mitglied der Résistance, war er danach viele Jahre ein überzeugter Kommunist. Schließlich wandte er sich vom Kommunismus ab, in den 1960er Jahren solidarisierte er sich mit den rebellierenden Studenten. 1964 lehnte er den ihm verliehenen Literaturnobelpreis ab.

500 KURZPORTRÄTS VON A–Z

Die größten Komponisten aller Zeiten
in chronologischer Reihenfolge:

Antonio Vivaldi
(1678–1741)
→ *Porträt S. 268!*

Ludwig van
Beethoven
(1770–1827)
→ *Porträt S. 27!*

Johann Sebastian
Bach
(1685–1750)
→ *Porträt S. 18!*

Frédéric Chopin
(1810–1849)
→ *Porträt S. 48!*

Georg Friedrich
Händel
(1685–1759)
→ *Porträt S. 103!*

Robert Schumann
(1810–1856)
→ *Porträt S. 242!*

Joseph Haydn
(1732–1809)
→ *Porträt S. 106!*

Richard Wagner
(1813–1883)
→ *Porträt S. 270!*

Wolfgang Amadeus
Mozart
(1756–1791)
→ *Porträt S. 186!*

Peter Iljitsch
Tschaikowski
(1840–1893)
→ *Porträt S. 261!*

GROSSE PERSONEN DER GESCHICHTE

Wer?	**Friedrich von Schiller**
Wann?	1759–1805
Was war er?	Dichter
Welche Zeitgenossen?	J. W. von Goethe, W. von Humboldt, C. M. Wieland
Wofür berühmt?	»Klassik« der deutschen Literatur

Schiller ist einer der berühmtesten Dichter des Sturm und Drang. 1782 feierte er seinen ersten Erfolg mit »Die Räuber«, 1787 zog er nach Weimar, wo er sich intensiven Geschichtsstudien und später philosophisch-ästhetischen Themen widmete. Der daraus resultierende sittlich-ästhetische Idealismus schlug sich in seiner Dichtung nieder, die während der folgenden, von Krankheit geprägten Jahre, sehr von seiner Freundschaft zu Goethe beeinflusst wurde. In seinen Werken vergegenwärtigte er die leidende Natur des wollenden, handelnden Menschen in ihrer Tragik wie in ihrer sittlichen Freiheit.

Wer?	**Karl Friedrich Schinkel**
Wann?	1781–1841
Welcher Beruf?	Architekt, Stadtplaner und Maler
Woher?	Neuruppin, Deutschland
Hauptwerke?	»Schauspielhaus«, »Altes Museum« und »Bauakademie« in Berlin

Schinkel prägte mit seinen Bauwerken den Klassizismus in Preußen. Nach seinem Architekturstudium und Italienreisen widmete er sich zunächst der Malerei mit romantischen Stimmungslandschaften und Darstellungen gotischer Architektur. Ab 1815 arbeitete er vor allem als Baumeister, entwarf aber auch Bühnenbilder und Möbel. In seiner Tätigkeit bei der Berliner Oberbaudeputation war er für die Umgestaltung Berlins zur repräsentativen Hauptstadt zuständig. In seinen Bauten verband er Zweckmäßigkeit, klare Formensprache und klassische Elemente, etablierte aber auch gotische Formen neu.

500 KURZPORTRÄTS VON A–Z

Wer?	**Heinrich Schliemann**
Wann?	1822–1890
Was war er?	Kaufmann, Altertumsforscher und Archäologe
Woher?	Neubukow, Deutschland
Wodurch berühmt?	Ausgrabung Trojas

Schliemann gilt als Begründer der praktischen Archäologie. Er benutzte sein als Kaufmann erworbenes Vermögen, um seinen Traum, die Entdeckung der Schauplätze der homerischen Epen, zu verwirklichen. 1873 fand er im Hügel von Hissarlik an den Dardanellen das homerische Troja, außerdem unternahm er weitere Grabungen in Mykene, Tiryns, Ithaka und Orchomenos. Seine Forschungsergebnisse fanden nur langsam Anerkennung. Schliemanns Bedeutung beruht neben seinen spektakulären Funden auch auf seiner Vorgehensweise, bei der er literarische Quellen und topographische Erkundungen einbezog.

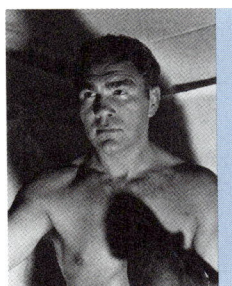

Wer?	**Max Schmeling**
Wann?	1905–2005
Was war er?	Boxsportler
Woher?	Klein-Luckow, Deutschland
Berühmte Verwandte?	Ehefrau Anny Ondra (Filmschauspielerin)

Schmeling war der erfolgreichste deutsche Boxer. Er begann seine Karriere 1924 und wurde 1927 Europameister im Halbschwergewicht, wodurch er schlagartig berühmt wurde. Bald zählte er zu den gesellschaftlichen Größen und war das Lieblingskind der Medien. 1930 bis 1932 war er der einzige deutsche Profi-Weltmeister im Schwergewicht, 1936 besiegte er den bis dahin ungeschlagenen J. Louis, verlor jedoch 1938 gegen ihn einen Weltmeisterschaftskampf. Ein Comeback nach dem Krieg scheiterte – 1947 erklärte er seinen Rückzug aus dem aktiven Sport. Insgesamt bestritt er 70 Kämpfe, 56 davon siegreich.

Wer?	**Helmut Schmidt**
Wann?	Geboren 1918
Welcher Beruf?	Politiker
Woher?	Hamburg
Zeitgenossen?	Willy Brandt, Jimmy Carter, Valéry Giscard d'Estaing

Wer?	**Arthur Schnitzler**
Wann?	1862–1931
Woher?	Wien, Österreich
Beruf?	Dramatiker und Erzähler
Zeitgenossen?	H. von Hofmannsthal, H. Mann, S. Freud

Helmut Schmidt war von 1974 bis 1982 Bundeskanzler der Bundesrepublik Deutschland. Als SPD-Politiker gehörte er von 1953 bis 1962 und von 1965 bis 1987 dem Bundestag an, dazwischen war er Innensenator in Hamburg. Seine Kanzlerschaft wurde durch ein Misstrauensvotum beendet. In seiner Politik versuchte er, die BRD international berechenbar zu machen und eine sozialliberale Reformpolitik voranzutreiben. Innerhalb seiner Partei geriet er mit seinen sicherheitspolitischen Auffassungen als Befürworter des NATO-Doppelbeschlusses 1983 in eine Minderheitsposition. Seit 1983 ist er Mitherausgeber der Wochenzeitung »Die Zeit«.

Arthur Schnitzler gilt als einer der bedeutendsten Vertreter der »Wiener Moderne«. Neben seiner Tätigkeit als Arzt bestimmte ab 1890 das Schreiben sein Leben. Der endgültige Durchbruch gelang ihm 1895 und seine Stücke etablierten sich an zahlreichen Bühnen. In seinen Werken zeichnete er ein lebendiges Bild der melancholisch-dekadenten Wiener Gesellschaft um die Jahrhundertwende, die er anhand von Einzelschicksalen analysierte. Bei seinen Betrachtungen behielt er sozialkritische und psychologische Aspekte im Blick. Er geriet mit einigen seiner Werke so sehr in die öffentliche Kritik, dass sie der Zensur zum Opfer fielen.

Wer?	**Sophie Scholl**
Wann?	1921–1943
Was war sie?	Widerstandskämpferin
Verwandter?	Bruder Hans Scholl
Auch genannt?	Geschwister Scholl
Wie gestorben?	Hingerichtet

Sophie und Hans Scholl gehörten der Widerstandsgruppe »Weiße Rose« an, die Flugblätter gegen das nationalsozialistische Regime verbreitete. Von München ausgehend, wo Hans Medizin und Sophie Philosophie studierte, tauchten diese Flugblätter in zahlreichen deutschen und österreichischen Städten auf. Am 18. Februar 1943 wurden die Geschwister an der Universität München verhaftet und am 22. Februar vom Volksgerichtshof zum Tode verurteilt und noch am selben Tag hingerichtet. Bis heute gelten sie als weltweites Symbol für den Aufstand des Gewissens gegen nationalsozialistisches Unrecht.

Wer?	**Arthur Schopenhauer**
Wann?	1788–1860
Was war er?	Philosoph
Zeitgenossen?	J. W. von Goethe, G. W. F. Hegel
Hauptwerk?	»Die Welt als Wille und Vorstellung«

Schopenhauers Philosophie ist von tiefem Pessimismus und der Idee, dass der Wille das Grundprinzip des Seins sei, bestimmt. Nach zahlreichen Reisen durch Europa führte er ab 1831 ein Leben als Privatgelehrter. Schopenhauer entwickelte Ideen von Platon, Kant und der indischen Philosophie weiter, löste sie von christlichen Werten und stellte den Willen über die Vernunft. Mit seiner Schrift »Über die Freiheit des menschlichen Willens« erhielt er 1839 erstmals Anerkennung für sein Schaffen, aber erst nach der Revolution 1848 fand die pessimistische Grundstimmung zahlreiche Anhänger.

GROSSE PERSONEN DER GESCHICHTE

Wer?	**Gerhard Schröder**
Wann?	Geboren 1944
Woher?	Mossenberg
Welcher Beruf?	Rechtsanwalt und Politiker
Wodurch berühmt?	Deutscher Bundeskanzler

Wer?	**Franz Schubert**
Wann?	1797–1828
Welcher Beruf?	Komponist
Woher?	Wien, Österreich
Woran gestorben?	Syphilis oder Typhus (bis heute ungeklärt)

Schröder war 1998 bis 2005 deutscher Bundeskanzler. Seine politische Karriere begann als Bundesvorsitzender der Jungsozialisten 1978, 1980 bis 1986 sowie 1998 bis 2005 gehörte er dem Bundestag an und war 1990 bis 1998 Ministerpräsident in Niedersachsen. In seiner Amtszeit als Kanzler einer rot-grünen Koalitionsregierung konzentrierte er sich auf Reformen im Bereich Steuern und Renten. Außenpolitisch dominierten die Beteiligung an NATO-Einsätzen, das Ringen um eine EU-Verfassung, das Streben nach einem Sitz im UN-Sicherheitsrat und das »Nein« zum Irak-Krieg. Vorgezogene Neuwahlen 2005 beendeten seine Kanzlerschaft.

Franz Schuberts Werke umfassen die gesamte Epoche der Klassik und weisen gleichzeitig weit darüber hinaus. Schon während seiner Jugend komponierte er Opern, Messen, Symphonien, Streichquartette und Lieder, was auch sein weiteres Leben bestimmen sollte. In Wien lebte er im Kreis enger Freunde, mit denen er Liederabende, sogenannte Schubertiaden, veranstaltete. In seinem Werk erkennt man vielfach Züge von Zerrissenheit, Resignation und Vereinsamung. Besonders in den späten Kammermusiken und Liedern sind Momente von Kargheit und Desillusion spürbar. Seine Kompositionen weisen damit bereits Spuren der Romantik auf.

500 KURZPORTRÄTS VON A-Z

Wer?	**Michael Schumacher**
Wann?	Geboren 1969
Was war er?	Motorsportler
Woher?	Kerpen, Deutschland
Auszeichnungen?	»Sportler des Jahres« und »Sportler des Jahrhunderts« sowie »Europas Sportler des Jahres«
Berühmter Verwandter?	Bruder Ralf (Motorsportler)

Welche Erfolge hatte Schumacher?

Keiner war so schnell wie Michael Schumacher: Siebenmal wurde er Weltmeister (1994, 1995, 2000, 2001, 2002, 2003 und 2004). Mit seinem Ferrari hat er alles gewonnen, was es im Rennzirkus zu gewinnen gibt. Als erfolgreichster Pilot der Formel 1 schrieb er Sportgeschichte. Ende der Saison 2006 beendete der Ausnahmesportler seine einmalige Formel-1-Laufbahn nach 16 Jahren und 250 Formel-1-Rennen, um bei Ferrari eine Beratertätigkeit aufzunehmen.

Wie fing alles an?

Schon mit fünf Jahren fuhr Schumacher seine ersten Kart-Rennen. Sein Vater baute ihm das erste Fahrzeug und meldete ihn im Kart-Club Kerpen-Horrem an. Für Meisterschaftsrennen war er noch zu jung. Nach Erteilung der deutschen Kart-Lizenz startete er durch! Er wurde Deutscher Junior Champion, später Junioren-Vize-Kart-Weltmeister, Deutscher Formel-König-Meister, Vize-Europameister der Formel Ford und wechselte schließlich in die Formel 3 zum WTS-Team seines Managers Willi Weber.

Für welche Teams startete er?

Michael Schumacher debütierte 1991 in der Formel 1, als ihn Willi Weber als Ersatzfahrer beim Großen Preis von Belgien in Spa im Jordan-Team unterbrachte. Noch im selben Jahr wechselte Schumacher nach einem Blitztransfer zu Benetton und gewann in Monza als Fünfter seine ersten WM-Punkte. 1995 unterschrieb Schumacher einen hoch dotierten Vertrag beim Ferrari-Team, für das er bis zum Ende seiner Karriere fuhr.

GROSSE PERSONEN DER GESCHICHTE

Wer?	**Robert Schumann**
Wann?	1810–1856
Welcher Beruf?	Komponist
Woher?	Zwickau, Deutschland
Verwandte?	Ehefrau Clara Schumann
Zeitgenossen?	Johannes Brahms, Franz Liszt

Schumann war Komponist und Pianist der Romantik. Schon als Klavierlehrer widmete er sich der Komposition und es entstanden frühzeitig zahlreiche seiner berühmtesten Klavierwerke. 1834 war er Mitbegründer der »Neuen Zeitschrift für Musik«, die »poetische« Musik zum Thema hatte. 1840 komponierte er viele seiner bekanntesten Lieder, so die Zyklen »Dichterliebe« und »Frauenliebe und –leben«. 1854 beging er einen Selbstmordversuch und lebte danach in einer Heilanstalt bei Bonn, wo er schließlich verstarb. Sein Leben hatte großen Einfluss auf die Entstehung des romantischen Künstlerbilds.

Wer?	**Albert Schweitzer**
Wann?	1875–1965
Was war er?	Theologe, Musiker, Philosoph und Arzt
Woher?	Elsass (damals Deutsches Reich)
Wodurch berühmt?	Missionsarzt in Afrika

Schweitzer praktizierte in seinem Leben eine Nächstenliebe, die von »Erfurcht vor dem Leben« gespeist war. Der Theologe und promovierte Philosoph hatte bereits grundlegende Werke zur Religionsphilosophie, Theologie und Musikgeschichte veröffentlicht, als er sich entschloss, Medizin zu studieren. Er war von dem Wunsch erfüllt, als Missionsarzt im damaligen Französisch-Äquatorialafrika (heute Gabun) tätig zu sein. Ab 1913 arbeitete in Lambaréné, wo er – mit Unterbrechungen – bis zu seinem Tod lebte. 1951 erhielt er den Friedenspreis des Deutschen Buchhandels sowie 1952 den Friedensnobelpreis.

Wer?	**Lucius Annaeus Seneca**
Wann?	Um 4 v. Chr. – 65 n. Chr.
Was war er?	Dichter und Philosoph
Auch genannt?	Seneca der Jüngere
Bekannt als?	Erzieher des Kaisers Nero
Wie gestorben?	Zum Selbstmord gezwungen

Seneca war einer der wichtigsten Vertreter der römischen Stoa. Nachdem er in Rhetorik und Philosophie ausgebildet worden war, beschäftigte er sich in seiner Philosophie besonders mit der Ethik und mahnte zu Tugend, Mitleid und Milde. Darüber hinaus erlangte er Berühmtheit als Naturforscher, Staatsmann und Schriftsteller von Tragödien, die die französische Klassik und die deutsche Barockdichtung beeinflussten. Ab 48 n. Chr. war er Erzieher des späteren Kaisers Nero. 65 n. Chr. wurde ihm vorgeworfen, an einem Komplott gegen den Kaiser beteiligt zu sein, woraufhin dieser ihn zum Selbstmord zwang.

Wer?	**George Bernard Shaw**
Wann?	1856–1950
Beruf?	Dramatiker
Woher?	Dublin, Irland
Hauptwerk?	»Pygmalion«
Zeitgenossen?	Sigmund Freud, Oscar Wilde

Shaw war ein Vertreter des intellektuellen Theaters und seine Stücke eroberten durch ihre Dialogbrillanz die Bühnen der Welt. Seine Laufbahn begann er als Musik- und Theaterkritiker, bevor er ab 1898 mit eigenen Stücken Erfolg hatte, in denen er mit satirischer Überspitzung verschiedene Ideologien aufeinandertreffen ließ. Er wurde Mitglied der linksintellektuellen »Fabian Society« und Mitautor des Gründungsmanifestes der entstehenden Labour-Partei. 1913 erschien sein »Pygmalion«, das als Vorlage für das weltberühmte Musical »My Fair Lady« diente. 1925 erhielt er den Literaturnobelpreis.

GROSSE PERSONEN DER GESCHICHTE

Wer?	**William Shakespeare**
Wann?	1564–1616
Was war er?	Dramatiker
Woher?	Stratford-upon-Avon, England
Bekannteste Werke?	»Romeo und Julia«, »König Lear«, »Hamlet«, »Othello«, »Macbeth«, »Sommernachtstraum«
Zeitgenossen?	Caravaggio, Galileo Galilei

Was war Shakespeares Leistung?

Shakespeare nimmt in der Weltliteratur eine überragende Stellung ein. In seinen Werken vereinigen sich dichterische Einbildungskraft und psychologische Beobachtungsgabe mit brillantem Ausdruck und der bühnengerechten Darstellung menschlicher Konflikte. Aufgrund der unklaren Lebensdaten wurde zwar mehrfach seine Verfasserschaft bezweifelt, jedoch erwies sich keine der Theorien als stichhaltig.

Was weiß man über ihn?

Er wurde als Sohn eines Handschuhmachers in Stratford-upon-Avon geboren. 1582 heiratete er Anne Hathaway, mit der er drei Töchter hatte. Er schloss sich in London als Dramatiker, Regisseur und Schauspieler der Theatertruppe »Lord Strange's Men« an. Um 1595 bis 1608 entstanden seine bedeutendsten Werke, unter anderem »Romeo und Julia«, »Hamlet«, »Macbeth« und »König Lear«. Als Teilhaber des Globe Theatre kam er zu einem ansehnlichen Vermögen und kehrte 1610 nach Stratford-upon-Avon zurück, wo er sich häuslich niederließ.

Romeo und Julia

Sein populärstes Stück ist »Romeo und Julia«. Mit ihm beschwört er die Utopie der reinen Liebe, die sich über alle Gebote und gesellschaftlichen Schranken hinwegsetzt. Auch wenn die Liebenden sich der erbitterten Feindschaft zwischen ihren Familien entgegenstellen – es ist vergebens. Die tragische Geschichte hat auch nach über 400 Jahren nichts von ihrer Faszination eingebüßt. Viele Künstler haben seitdem den Stoff aufgegriffen, ihn literarisch verarbeitet, vertont oder verfilmt.

Wer?	**Werner von Siemens**
Wann?	1816–1892
Woher?	Hannover, Deutschland
Was war er?	Erfinder und Industrieller
Wodurch berühmt?	Begründer der Elektrotechnik
Zeitgenossen?	Otto v. Bismarck, Alfred Krupp

Werner von Siemens war der Gründer der heutigen Siemens AG. Als Artillerieoffizier kam er mit der Telegrafie in Verbindung und schuf mit der Entwicklung eines Verfahrens zur elektrischen Galvanisierung die Basis seiner 1847 in Berlin gegründeten Telegraphen-Bau-Anstalt. Er schuf ausgedehnte Telegrafennetze, insbesondere in Russland, verlegte Seekabel für die Telegrafie und begründete durch die Erfindung der Dynamomaschine 1866 die Starkstromtechnik. 1876 baute er für die Gewerbeausstellung in Berlin die erste elektrische Eisenbahn der Welt und wenig später die erste elektrische Straßenbahn.

Wer?	**Upton Beall Sinclair**
Wann?	1878–1968
Welcher Beruf?	Schriftsteller
Woher?	Baltimore, Maryland (USA)
Zeitgenossen?	Alfred Döblin, Hermann Hesse, James Joyce

Upton Sinclair prangerte als sozialkritischer Schriftsteller in seinen Werken soziale Missstände an. Seinen ersten schriftstellerischen Erfolg feierte er 1906 mit dem Roman »Der Sumpf«, in dem er die Chicagoer Schlachthöfe beschrieb, deren Schilderung großes öffentliches Aufsehen erregte. In seinen über 100 Romanen bekämpfte er die Entartungserscheinungen der kapitalistischen Gesellschaft und engagierte sich darüber hinaus auch politisch, kandidierte für das Repräsentantenhaus, den Senat sowie bei den Gouverneurswahlen in Kalifornien. 1943 erhielt er für »Drachenzähne« den Pulitzer-Preis.

GROSSE PERSONEN DER GESCHICHTE

Wer?	**Sitting Bull**
Wann?	1831–1890
Eigentlicher Name?	Tatanka Yotanka
Was war er?	Sioux-Häuptling
Wie gestorben?	Erschossen

Sitting Bull war der Führer des letzten indianischen Freiheitskampfes 1869 bis 1876. Er organisierte den indianischen Widerstand, nachdem der Vertrag von Laramie, der den Indianern friedliches Leben in einem großen Gebiet zusicherte, von den Weißen gebrochen worden war. Es kam zur Schlacht am Little Big Horn, bei der die US-Armee in nur einer halben Stunde vernichtend geschlagen wurde. Sitting Bull floh nach Kanada, von wo aus er gegen die Vertreibung der Indianer protestierte. Nach seiner Rückkehr 1881 lebte er im Standing Rock Reservat und trat in der Wildwestshow von Buffalo Bill auf.

Wer?	**Bedřich Smetana**
Wann?	1824–1884
Welcher Beruf?	Komponist
Woher?	Prag, Tschechien
Zeitgenossen?	F. M. Dostojewski, F. Liszt
Hauptwerk?	»Die Moldau«

Smetana wurde der Begründer der tschechischen Kunstmusik, indem er eine auf Volkslied und –tanz beruhende Nationalkunst anstrebte. Früh widmete er sich der Komposition und fand bei der Eröffnung einer privaten Musikschule in Liszt einen Partner. 1856 bis 1861 war er Leiter der Philharmonie in Göteborg, nach seiner Rückkehr wurde er Kapellmeister in Prag. 1974 setzte seine Taubheit dieser Tätigkeit ein Ende. Dennoch entstand in den Jahren darauf die symphonische Dichtung »Mein Vaterland«, die ein lebendiges Bild des Landes zeichnet. Daraus berühmt wurde besonders »Die Moldau«.

Wer?	**Adam Smith**
Wann?	1723–1790
Was war er?	Nationalökonom und Philosoph
Woher?	Kirkcaldy, Schottland
Hauptwerk?	»Der Wohlstand der Nationen« (1776)
Konzept?	»Laissez faire«

Adam Smith gilt als Begründer der klassischen Nationalökonomie. Seine liberale Wirtschaftslehre basierte auf den Ideen der Aufklärung, des Naturrechts und der englischen Moralphilosophie. Nicht der Geldvorrat wie im Merkantilismus, sondern die geleistete Arbeit des Volkes ist für Smith die Quelle des nationalen Reichtums. Arbeitsteilung, Angebot und Nachfrage bestimmen nach Smith den Markt, der sich dadurch selbst reguliert. Als treibende Kraft aller wirtschaftlicher Vorgänge sah er den Eigennutz. Adam Smith forderte daher den Rückzug des Staates aus der Wirtschaft (»laissez faire«), um den freien Wettbewerb zu fördern.

Wer?	**Sokrates**
Wann?	469–399 v. Chr.
Was war er?	Philosoph
Woher?	Athen, Griechenland
Bekannte Zeitgenossen?	Demokrit, Hippokrates, Platon, Protagoras

Sokrates war einer der größten Philosophen des klassischen Griechenland. »Ich weiß, dass ich nichts weiß« – sein bekanntester Satz – war eine bewusste Untertreibung des Denkers, der wegen des Vorwurfs, er verderbe die Jugend, zum Tod verurteilt wurde. Wie ein Stadtstreicher zog er durch Athen und verwickelte seine Mitmenschen ins Gespräch. Jede Antwort hinterfragte er, um die Menschen zur kritischen Selbstreflexion und Selbsterkenntnis zu führen. Sokrates betrachtete dies als »Geburtshilfe« (Mäeutik), nicht als Lehre. Er selbst verfasste keine Schriften, seine Ideen wurden von seinem Schüler Platon wiedergegeben.

GROSSE PERSONEN DER GESCHICHTE

Wer?	**Alexander Solschenizyn**
Wann?	Geboren 1918
Was ist er?	Schriftsteller
Woher?	Kislowodsk, Südrussland
Hauptwerk?	»Der Archipel Gulag« (1973–1975)
Auszeichnungen?	Literaturnobelpreis 1970

Solschenizyn war der führende Repräsentant der intellektuellen Opposition in der Sowjetunion. Seine Erzählung »Ein Tag im Leben des Iwan Denissowitsch« (1962) war das erste Literaturwerk über die Stalin'schen Straflager. Solschenizyn wurde 1970 aus dem sowjetischen Schriftstellerverband ausgeschlossen, seine großen Romane durften in der Sowjetunion nicht erscheinen (»Krebsstation«, »Der erste Kreis der Hölle«, »Der Archipel GULAG«). 1974 wurde er aus der Sowjetunion ausgewiesen, lebte in den USA und wurde 1990 von Gorbatschow rehabilitiert. 1994 kehrte Solschenizyn nach Russland zurück.

Wer?	**Sophokles**
Wann?	Um 496–406 v. Chr.
Was war er?	Tragödiendichter
Woher?	Griechenland
Wofür bekannt?	»Ödipus«, »Elektra«
Zeitgenossen?	Herodot, Perikles, Sokrates

Sophokles war der bedeutendste griechische Tragödiendichter der Antike. Er verfasste knapp 120 Stücke, von denen noch sieben erhalten sind. Bedeutend war seine intensive Charakterdarstellung, die Einführung des dritten Schauspielers und der Bühnenmalerei, sowie die Erweiterung des Chores. Sein zentrales Thema war das Verhältnis von Mensch und Gott, wobei erstmals der Mensch mit seinem Leiden und Scheitern als Individuum dargestellt wurde. Auch heute noch werden Sophokles' Dramen wie etwa »Antigone«, »Elektra« oder »Ödipus Tyrannos« regelmäßig auf den Theaterbühnen aufgeführt.

500 KURZPORTRÄTS VON A–Z

Wer?	**Steven Spielberg**
Wann?	Geboren 1947
Welcher Beruf?	Regisseur und Produzent
Woher?	Cincinnati, Ohio (USA)
Bekannteste Filme?	»Der weiße Hai«, »E.T.«, »Indiana Jones«, »Jurassic Park«, »Schindlers Liste«, »Der Soldat James Ryan«
Auszeichnungen?	Ehrenoscar 1987, Oscar 1994 für »Schindlers Liste«

Welche Bedeutung hat Spielberg?

Spielberg ist einer der erfolgreichsten und einflussreichsten Regisseure der Gegenwart. Seine Filme ähneln modernen Märchen und faszinieren das Publikum. Während er anfangs Anerkennung für seine kommerziellen Erfolge erhielt, konnte er sich später auch als Regisseur ernsthafter Themen einen Namen machen. Kernaussage aller seiner Filme ist es, niemals die Hoffnung aufzugeben. Nur wer noch träumen kann, vermag eine bessere Welt zu schaffen.

Was machte ihn so erfolgreich?

Steven Spielberg drehte anfangs vor allem auf Spannung und Tricktechnik abzielende Filme. »Der weiße Hai« (1974) machte ihn zum Regiestar. Auch mit der Figur des Indiana Jones (»Jäger des verlorenen Schatzes«) erzielte er einen Riesenerfolg, der von dem Weltraummärchen »E.T.« (1982) noch getoppt wurde. Spielberg traf den Nerv des Publikums, Erwachsener wie Kinder, indem er eine Symbolfigur für die Sehnsucht nach Harmonie und Freundschaft schuf. Auch die professionelle Vermarktung des Films setzte weltweit Maßstäbe.

Wie entwickelte er sich weiter?

In den 1980er Jahren erweiterte Spielberg sein Repertoire. Parallel zu Kassenknüllern wie »Jurassic Park« oder »Indiana Jones« thematisierte er in »Die Farbe Lila« den Rassismus in den Südstaaten. Der persönlich wichtigste Film für ihn war »Schindlers Liste« (1993), eine authentische Geschichte über den Holocaust. Spielberg, selbst jüdischer Herkunft, gründete darauf die Shoah-Stiftung, die Berichte der Holocaust-Überlebenden archiviert.

GROSSE PERSONEN DER GESCHICHTE

Wer?	**Baruch de Spinoza**
Wann?	1632–1677
Was war er?	Philosoph und Linsenschleifer
Woher?	Amsterdam, Niederlande
Zeitgenossen?	Oliver Cromwell, Thomas Hobbes, Ludwig XIV.

Spinoza, Spross einer jüdischen Familie, war ein Vertreter des Rationalismus. Für ihn war alles beseelt: Die Welt oder die Ideen betrachtete er lediglich als zwei Seiten einer Medaille – Gottes Natur. In seinem Hauptwerk, die »Ethik«, entwickelte er in Definitionen, Beweisen und Erläuterungen eine Methode, wie man in fortschreitender Weisheit die Einheit von Philosophie und Leben erreicht und dadurch frei wird. Sein Auskommen hatte Spinoza als Linsenschleifer für optische Geräte, der feine Glasstaub dürfte seine Schwindsucht verursacht haben, an der er schon im Alter von 47 Jahren starb.

Wer?	**Mark Spitz**
Wann?	Geboren 1950
Was war er?	Schwimmer
Woher?	Modesto, Kalifornien (USA)
Bekannt wofür?	Olympische Rekorde 1972, »Sportler des Jahrhunderts«

Mark Spitz setzte als Rekordschwimmer neue Maßstäbe bei den Olympischen Spielen und wurde wegen seiner herausragenden Erfolge im Wassersport zum »Sportler des Jahrhunderts« gewählt. Der Kalifornier war der Superstar bei den Olympischen Spielen in München 1972, wo er sieben Goldmedaillen gewann und dabei jeweils einen Weltrekord aufstellte – eine bis heute unübertroffene Leistung. Bereits 1968 hatte er zwei Gold-, eine Silber- und eine Bronzemedaille gewonnen. Im Alter von 22 Jahren trat er vom Schwimmsport zurück, um seine Erfolge zu vermarkten. Heute arbeitet der Sportler als Arzt.

Wer?	**Josef Stalin**
Wann?	1879–1953
Was war er?	Diktator
Woher?	Gori, Sowjetunion
Richtiger Name?	Josef Wissarionowitsch Dschugaschwili

Als Nachfolger Lenins prägte Stalin seit den 1920er Jahren die Politik in der Sowjetunion und erweiterte den sowjetischen Einflussbereich durch ein System von abhängigen Satellitenstaaten. Der Generalsekretär der KPdSU war ab 1941 gleichzeitig Vorsitzender des Rats der Volkskommissare, ab 1946 Ministerpräsident und Oberbefehlshaber der Streitkräfte. Nach dem Hitler-Stalin-Pakt besetzte er Ostpolen, das Baltikum und Bessarabien. Seinem auf lückenloser Kontrolle und extremer Gewalt basierenden System fielen Millionen Menschen zum Opfer. Nach seinem Tod wurde der Kult um seine Person beendet.

Wer?	**Claus Graf Schenk von Stauffenberg**
Wann?	1907–1944
Was war er?	Offizier und Widerstandskämpfer
Woher?	Jettingen, Deutschland
Wie starb er?	Hinrichtung

Claus Graf Schenk von Stauffenberg war einer der führenden Widerstandskämpfer gegen Adolf Hitler. Von 1940 bis 1943 war er beim Generalstab des Heeres. Seine Empörung über die Verbrechen der Nazis in den besetzten Gebieten führten Stauffenberg zur Widerstandsbewegung. Ab Herbst 1943 war er eine entscheidende Kraft im Kampf gegen Hitler. Der Zugang zu Hitlers Hauptquartier bei Rastenburg in Ostpreußen ermöglichte ihm das Bombenattentat vom 20. Juli 1944. In der irrigen Annahme, Hitler sei tot, kehrte er nach Berlin zurück. Dort wurde er mit anderen Offizieren standrechtlich erschossen.

GROSSE PERSONEN DER GESCHICHTE

Wer?	**George Stephenson**
Wann?	1781–1848
Welcher Beruf?	Ingenieur
Woher?	Wylam-on-Tyne, England
Wodurch bekannt?	Eisenbahnpionier
Zeitgenossen?	G. S. Ohm, M. Faraday

Stephenson, der Sohn eines einfachen Bergmannes, gilt als Vater der Eisenbahn. Der Autodidakt konstruierte 1814 die erste betriebsfertige Eisenbahn mit dem Namen »Blücher«, wobei er auf das uralte Prinzip vom Spurkranz am Rad zurückgriff, das noch heute die Eisenbahn kennzeichnet. 1818 wurde er mit der Vermessung der Eisenbahnstrecke Stockton-Darlington beauftragt und gründete mit seinem Sohn Robert in Newcastle die erste Lokomotivfabrik der Welt. 1825 wurde die 39 Kilometer lange einspurige Strecke feierlich eröffnet. Das Zeitalter des Personenverkehrs mit der Eisenbahn hatte damit begonnen.

Wer?	**Robert L. Stevenson**
Wann?	1850–1894
Welcher Beruf?	Schriftsteller
Woher?	Edinburgh, Schottland
Bekannteste Werke?	»Die Schatzinsel«, »Der seltsame Fall des Dr. Jekyll und Mr. Hyde«

Robert Louis Stevenson schrieb mit seinem Buch »Die Schatzinsel« einen der erfolgreichsten Abenteuerromane der Literaturgeschichte. Der tuberkulosekranke Autor studierte zunächst Ingenieurswissenschaften und Jura, bevor er freier Schriftsteller wurde. Wegen seines Lungenleidens führte er lange ein unstetes Wanderleben und ließ sich 1890 auf Samoa nieder, wo er bis zu seinem Tode lebte. Stevenson schrieb Reiseerzählungen, Abenteuerliteratur, historische Romane, Lyrik und Essays. Bekannt wurde auch seine fantastische Erzählung »Der seltsame Fall des Dr. Jekyll und Mr. Hyde«.

500 KURZPORTRÄTS VON A–Z

Die erfolgreichsten Sportler der Gegenwart
in chronologischer Reihenfolge:

Pelé
(Geboren 1940)
➔ Porträt S. 205!

Boris Becker
(Geboren 1967)
➔ Porträt S. 25!

Muhammad Ali
(Geboren 1942)
➔ Porträt S. 188!

Stefanie (Steffi) Graf
(Geboren 1969)
➔ Porträt S. 95!

Franz Beckenbauer
(Geboren 1945)
➔ Porträt S. 24!

Michael Schumacher
(Geboren 1969)
➔ Porträt S. 241!

Eddy Merckx
(Geboren 1945)
➔ Porträt S. 179!

Lance Armstrong
(Geboren 1971)
➔ Porträt S. 14!

Carl Lewis
(Geboren 1961)
➔ Porträt S. 153!

Tiger Woods
(Geboren 1975)
➔ Porträt S. 280!

GROSSE PERSONEN DER GESCHICHTE

Wer?	**Sting**
Wann?	Geboren 1951
Was ist er?	Rocksänger
Eigentl. Name?	Gordon Matthew Sumner
Woher?	Newcastle upon Tyne, England
Bekannt durch?	»The Police« und als Solokünstler

Sting ist einer der bekanntesten Rockmusiker der Gegenwart, der Stilmerkmale aus Pop, Jazz, Klassik, Folk, Country und Reggae in seiner Musik kombiniert. 1977 gründete er die New-Wave-Band »The Police«, mit der er bis 1983 weltweit erfolgreich war. Zu seinen bekanntesten Hits gehörten »Roxanne« und »Every Breath You Take«. 1985 startete er eine Solokarriere und brachte verstärkt Jazzeinflüsse in die Musik ein. Für seine musikalischen Erfolge wurde Sting mit dem Golden Globe und mehreren Grammys ausgezeichnet. 2003 wurde »The Police« in die Rock and Roll Hall of Fame aufgenommen.

Wer?	**Karlheinz Stockhausen**
Wann?	Geboren 1928
Was ist er?	Komponist
Woher?	Mödrath, Deutschland
Hauptwerke?	Der Zyklus »Licht«
Auszeichnung?	Siemens-Musikpreis 1986

Stockhausen zählt zu den bedeutendsten Komponisten der Gegenwart und gilt als Pionier der elektronischen und seriellen Musik. Er arbeitet als Hochschullehrer und Komponist. Sein Markenzeichen ist Musik, die ohne klassische akustische Instrumente erzeugt wird. Die »Kontra-Punkte für zehn Instrumente« sind ein Beispiel für den Stil der seriellen Musik, in der nicht melodische Linien, sondern Klangfarben, Rhythmen und Einzeltonhöhen vorherrschen. Seit 1966 wird ein zunehmender Einfluss fernöstlicher Mystik offenbar. Von 1977 bis 2003 arbeitete Stockhausen am siebenteiligen Opernzyklus »Licht«.

500 KURZPORTRÄTS VON A–Z

Wer?	**Richard Strauss**
Wann?	1864–1949
Welcher Beruf?	Komponist und Dirigent
Woher?	München, Deutschland
Bekannteste Werke?	»Also sprach Zarathustra«, »Salome«, »Elektra«

Strauss führte nicht nur die symphonische Programmmusik zu einem Höhepunkt, er gilt auch als einer der bedeutendsten Opernkomponisten des 20. Jahrhunderts. Seine 15 Opern zeichnen sich durch großen klanglichen Reichtum sowie durch gedankliche und psychologische Tiefe aus. Für Strauss war die Musik auch ein Medium für poetische und programmatische Inhalte. Vielfach vertonte er literarische Themen, um welt- und kunstanschauliche Ideen musikalisch darzustellen. Von seinen Werken stehen vor allem seine Opern »Salome« und »Elektra« bis heute auf den Spielplänen der großen Opernhäuser.

Wer?	**Igor Fjodorowitsch Strawinsky**
Wann?	1882–1971
Welcher Beruf?	Komponist
Woher?	Russland (später USA)
Hauptwerke?	»Der Feuervogel«, »Petruschka«

Strawinsky ist eine der zentralen Gestalten in der Musik des 20. Jahrhunderts. Sein Repertoire reicht von den folkloristisch beeinflussten Anfängen bis zum späten Serialismus. Er trat oft als Dirigent und Pianist eigener Werke auf. Im Mittelpunkt seiner »russischen« Schaffensperiode stehen die Ballette »Der Feuervogel«, »Petruschka« und »Le sacre du printemps«. Später folgten Jazzeinflüsse sowie die klassizistische Periode mit dem »Pulcinella«-Ballett, dem Oratorium »Oedipus Rex« oder der »Psalmensymphonie«. Strawinsky lebte 1915 bis 1917 in der Schweiz, danach bis 1939 in Frankreich, später in den USA.

GROSSE PERSONEN DER GESCHICHTE

Wer?	**Meryl Streep**
Wann?	Geboren 1949
Welcher Beruf?	Schauspielerin
Woher?	Summit (USA)
Bekannteste Filme?	»Jenseits von Afrika«, »Der Teufel trägt Prada«

Wer?	**Suleiman I.**
Wann?	1494–1566
Beruf?	Osmanischer Sultan
Bekannt wodurch?	Belagerung Wiens
Zeitgenossen?	Ferdinand I., Ferdinand Magellan, Karl V., Martin Luther

Streep gehört seit den 1970er Jahren zu den Größen Hollywoods. Sie gewann insgesamt vier Golden Globe und wurde 13 Mal für den Oscar nominiert. Die begehrte Auszeichnung erhielt sie für »Kramer gegen Kramer« und ihre Rolle in »Sophies Entscheidung«. Damit ist sie die erfolgreichste Schauspielerin nach Katharine Hepburn. Streeps Paraderolle ist die starke Frau mit verletzlicher Seite, die sie mit einer Mischung aus Elan, Schüchternheit und Lebenshunger verkörpert. Zu ihren größten Filmen gehören »Die durch die Hölle gehen«, »Silkwood«, »Jenseits von Afrika«, »Das Geisterhaus«, »Die Brücken am Fluss« oder »The Hours«.

Unter Suleiman I., auch »der Prächtige« genannt, befand sich das Osmanische Reich auf dem Gipfel seiner Macht und Kultur. Es umspannte einen großen Teil des alten arabischen Kalifats und reichte weit hinein in das christliche Europa. 1521 eroberte er Belgrad, 1522 Rhodos, in der Schlacht bei Mohács 1526 Ungarn. Vergeblich belagerte er 1529 Wien, das Herz des Habsburger Reichs, stattdessen nahm er dann den Persern Tabriz und Bagdad. Auf innenpolitischer Ebene führte er umfassende Reformen im Militärwesen, im Steuersystem, in der Verwaltung und Justiz durch, zudem förderte er Dichtung, Bauwesen und Wissenschaft.

500 KURZPORTRÄTS VON A–Z

Wer?	**Bertha Freifrau von Suttner**
Wann?	1843–1914
Was war sie?	Schriftstellerin und Pazifistin
Woher?	Prag, Österreich-Ungarn
Auszeichnung?	Friedensnobelpreis 1905

Suttner errang durch ihren aufsehenerregenden Roman »Die Waffen nieder!« und als führende Persönlichkeit des Pazifismus Weltruhm. Die aus böhmischem Adel stammende Autorin gründete 1891 die »Österreichische Gesellschaft der Friedensfreunde«, die 1964 in »Suttner-Gesellschaft« umbenannt wurde. Als deren Präsidentin nahm sie an verschiedenen Friedenskongressen teil. Sie war auch Vizepräsidentin des Internationalen Friedensbüros in Bern. Suttner regte Alfred Nobel zur Stiftung des Friedensnobelpreises an, mit dem sie 1905 selbst für ihren Einsatz gegen Krieg und Gewalt ausgezeichnet wurde.

Wer?	**Edward Teller**
Wann?	1908–2003
Was war er?	Physiker
Woher?	Ungarn (später USA)
Bekannt wofür?	Arbeiten zur Atom- und Wasserstoffbombe

Teller gilt als »Vater« der Wasserstoffbombe. Der Physiker studierte zunächst Mathematik und Chemie, später Physik und promovierte 1930 in Leipzig bei Werner Heisenberg. Nach Aufenthalten in Kopenhagen und London emigrierte er 1935 in die USA. Dort schloss er sich Anfang der 1940er Jahre in Los Alamos (New Mexico) dem Kreis um Robert Oppenheimer an und wirkte am Bau der Atombombe mit. Während des Wettrüstens im Kalten Krieg fand Teller 1951 die entscheidende Formel für die Wasserstoffbombe, die ein Jahr später auf den Marshall-Inseln im Südpazifik getestet wurde.

GROSSE PERSONEN DER GESCHICHTE

Wer?	**Margaret Thatcher**
Wann?	Geboren 1925
Was war sie?	Politikerin
Woher?	Grantham, England
Bekannt wofür?	Erste Premierministerin Großbritanniens

Die konservative Politikerin wurde 1979 erste weibliche Regierungschefin Europas. Ihre konsequente monetaristische Wirtschaftspolitik (Thatcherismus) führte in Großbritannien zwar zum Sinken der Inflationsrate und zur Steigerung der Industrieproduktion, war allerdings mit hoher Arbeitslosigkeit verbunden. Ihre kompromisslose Haltung im britisch-argentinischen Falkland Konflikt trug zu ihrem Wahlsieg 1983 bei. 1984 schloss sie mit China den Vertrag über die Rückgabe Hongkongs. Ihre Wirtschaftspolitik führte später zum Popularitätsverlust ihrer Partei. 1990 trat sie als Premierministerin zurück.

Wer?	**Thomas von Aquin**
Wann?	Um 1225–1274
Was war er?	Theologe und Kirchenlehrer
Hauptwerk?	»Summa theologica« (1266–1274)
Woher?	Er stammte aus Italien und lehrte in Köln, Paris und Neapel.

Thomas von Aquin war einer der größten Denker der Scholastik, die die Einheit von Theologie und Philosophie anstrebt. Er fasste das gesamte philosophische Wissen seiner Zeit in seinem Hauptwerk »Summa« zusammen und verband die Ideen des Aristoteles mit der christlichen Offenbarung zu einem neuen Weltbild, das exakt durchdacht und durchkonstruiert war. Für Thomas waren Theologie und Philosophie zwei Wege, Gott, den Menschen und die Welt zu verstehen. Glauben war für ihn Grundlage der Theologie, die Vernunft die der Philosophie. 1567 wurde er zum Kirchenlehrer ernannt.

500 KURZPORTRÄTS VON A–Z

Wer?	**Tizian**
Wann?	Um 1477–1576
Was war er?	Maler
Woher?	Venedig, Italien
Bekannteste Werke?	»Der Zinsgroschen«, »Pietà«, »Dornenkrönung«

Tizian war Haupmeister der venezianischen Hochrenaissance. Er schuf Altarbilder, mythologische Darstellungen und meisterhafte psychologische Porträts. In seinen Bildern überwand er die Statik zugunsten einer dynamischen Aufwärtsbewegung und setzte durch die Betonung der Farbe statt der Linienführung Maßstäbe. 1516 wurde er Staatsmaler der Serenissima, 1533 ernannte ihn Karl V. zum Hofmaler, auch Philipp II. bedachte ihn mit vielen Aufträgen. Sein Spätwerk bestach durch die Darstellung seelischer Zustände und steigerte die von Lichtkontrasten bestimmten Themen zu visionärer Präzision.

Wer?	**Lew (Leo) Tolstoi**
Wann?	1828–1910
Was war er?	Schriftsteller
Woher?	Jasnaja Poljana, Russland
Bekannteste Werke?	»Krieg und Frieden«, »Anna Karenina«, »Die Kreutzersonate«

Lew Nikolajewitsch Graf Tolstoi gilt durch seine psychologisch tiefen, farbenreichen Schilderungen als einer der bedeutendsten russischen Schriftsteller des Realismus des 19. Jahrhunderts. Der Adlige erlangte mit »Krieg und Frieden« (1864 bis 1869) Weltruhm. 1877 kam es zu einer großen religiösen Krise in seinem Leben, die zur Auseinandersetzung mit der orthodoxen Staatskirche sowie mit Staat und Gesellschaft führte. Im Mittelpunkt seines Wirkens stand sein soziales Engagement und die Hinwendung zum einfachen Leben der Bauern. Den ihm zugedachten Nobelpreis lehnte er ab.

GROSSE PERSONEN DER GESCHICHTE

Wer?	**Trajan**
Wann?	53–117
Titel?	Römischer Kaiser
Bekannt wodurch?	Trajanssäule in Rom
Berühmte Zeitgenossen?	Hadrian, Nerva, Seneca, Tacitus

Marcus Ulpius Traianus war der erste römische Kaiser aus der Provinz (Spanien). 97 wurde er von Kaiser Nerva adoptiert und zum Mitregenten ernannt. Unter seiner Herrschaft erreichte das römische Imperium seine bis dahin größte Ausdehnung. Trajan eroberte das Dakerreich und richtete nach der Eroberung des Nabatäerreichs die Provinz Arabia ein. Er besiegte die Parther und eroberte Armenien und Mesopotamien. In Rom ließ er prächtige Bauten errichten, wie zum Beispiel das größte Forum der Stadt (Forum Traiani) mit zwei Bibliotheken sowie einem Triumphbogen. Seine Eroberungen sind auf der Trajanssäule in Rom dargestellt.

Wer?	**Leo Trotzki**
Wann?	1879–1940
Was war er?	Politiker
Woher?	Janowka, Ukraine
Eigentlicher Name?	Lew (Leo) Dawidowitsch Bronstein

Trotzki war einer der führenden Agitatoren während der Oktoberrevolution. 1917 wurde er (erneut) Vorsitzender des Petrograder Sowjets. 1917 bis 1927 war er Mitglied des ZK, 1919 bis 1926 des Politbüros. Als Volkskommissar für Militärwesen (1918 bis 1925) schuf er die Rote Armee. Nach Lenins Tod 1924 unterlag er gegen Stalin und verlor alle Staats- und Parteiämter. 1927 wurde er aus der Partei ausgeschlossen, 1928 nach Kasachstan verbannt und 1929 aus der UdSSR ausgewiesen. Im Exil entwickelte er den Trotzkismus und gründete 1938 die IV. Internationale. 1940 wurde er von der sowjetischen Geheimpolizei in Mexiko ermordet.

Wer?	**Peter I. Tschaikowski**
Wann?	1840–1893
Was war er?	Komponist
Woher?	Wotkinsk, Russland
Werke?	»Schwanensee«, »Der Nussknacker«

Peter Iljitsch Tschaikowski war einer der größten Symphoniker Russlands – seine Musik war von Werken der deutschen und französischen Romantik geprägt. Einen hohen Stellenwert nahm die Programmmusik ein, in der sich Tschaikowskis Emotionalität widerspiegelte. Insgesamt schuf er Kompositionen aller Gattungen, darunter Opern, Ballette, Symphonien, Solokonzerte, Kammermusik und Klavierwerke. Viele seiner Kompositionen sind fester Bestandteil des internationalen Musikrepertoires. Besonders seine Ballette, wie etwa »Schwanensee« oder »Der Nussknacker« werden immer wieder inszeniert.

Wer?	**Tschiang Kai-schek**
Wann?	1887–1975
Was war er?	Offizier und Politiker
Woher?	Fenghua, China
Wofür bekannt?	Gründung der Republik China auf Taiwan

Tschiang Kai-schek gründete die auf Taiwan beschränkte Republik China. Als junger Offizier wurde er Mitglied der Guomindang und Vertrauter von Sun Yatsen. Nach dessen Tod übernahm er die Parteiführung, eroberte Mittel- und Nordchina und wurde Chef der Nationalregierung in Nanjing. Er brach mit den verbündeten Kommunisten, kollaborierte aber mit diesen zu Beginn des chinesisch-japanischen Krieges (1937 bis 1945). Im folgenden Bürgerkrieg siegten die Kommunisten unter Mao, so dass Tschiang Kai-schek 1949 nach Taiwan floh, wo er ab 1950 bis zu seinem Tod Präsident der Republik China war.

Wer?	**William Turner**
Wann?	1775–1851
Beruf?	Maler
Woher?	London, England
Wofür bekannt?	Neuartige Aquarellmalerei
Zeitgenossen?	C. D. Friedrich, Napoleon Bonaparte

Wer?	**Tutanchamun**
Wann?	Um 1356–1337 v. Chr.
Was war er?	König und Pharao
Wo?	Ägypten
Wodurch bekannt?	Die Entdeckung seines Grabes im Tal der Könige 1922

Turner war neben J. Constable der Hauptmeister der englischen Landschaftsmalerei des 19. Jahrhunderts. Er entwickelte einen formauflösenden, den Impressionismus vorbereitenden Stil mit der Gestaltung atmosphärischer Phänomene und Elementargewalten, wie etwa »Der Schneesturm« von 1842. Seine Malerei bereitete den Weg zur Moderne, beeinflusste im besonderen Maße die Künstler Monet und Pissarro, die seine genaue Beobachtung der Naturphänomene, die Formen und das fließende Licht in seinen Bildern bewunderten. Turners Hauptwerke sind in der Tate Gallery, in der National Gallery und im British Museum in London ausgestellt.

Tutanchamun, der ägyptische Pharao der späten 18. Dynastie, regierte Ägypten etwa von 1346 bis 1337 v. Chr. Seine Herkunft ist umstritten. Er kam im Alter von etwa neun Jahren als Nachfolger Echnatons auf den Thron und starb vermutlich mit 19 Jahren. Außer der Verlegung der Residenz von Amarna zurück nach Theben und der Rückkehr zum Amun-Kult ist von seiner Herrscherzeit wenig bekannt. Zu Beginn des 20. Jahrhunderts war Tutanchamun als Pharao fast unbekannt. Erst 1922 wurde er durch Howard Carter, der sein Grab mit den Kunstschätzen fand, weltberühmt. Alles, was über ihn bekannt ist, ist aus den Grabfunden abgeleitet worden.

500 KURZPORTRÄTS VON A–Z

Die genialsten Erfinder aller Zeiten
in chronologischer Reihenfolge:

Johannes Gutenberg
(1397–1468)
➔ *Porträt S. 100!*

Thomas Alva Edison
(1847-1931)
➔ *Porträt S. 67!*

James Watt
(1736–1819)
➔ *Porträt S. 274!*

Otto Lilienthal
(1848–1896)
➔ *Porträt S. 156!*

Werner von Siemens
(1816–1892)
➔ *Porträt S. 245!*

Henry Ford
(1863–1947)
➔ *Porträt S. 75!*

Nikolaus August Otto
(1832–1891)
➔ *Porträt S. 200!*

Konrad Zuse
(1910–1995)
➔ *Porträt S. 283!*

Alexander Graham Bell
(1847–1922)
➔ *Porträt S. 28!*

Bill Gates
(Geboren 1955)
➔ *Porträt S. 88!*

Wer?	**Walter Ulbricht**
Wann?	1893–1973
Welcher Beruf?	Politiker
Woher?	Leipzig, Deutschland
Bekannte Zeitgenossen?	Otto Grotewohl, Erich Honnecker, Wilhelm Pieck, Willi Stoph

Ulbricht war die Führungsfigur der DDR. Dorthin hatte ihn eine Karriere geführt, in deren Verlauf er mit sowjetischer Unterstützung zum Staatschef avancierte. Seit 1929 Mitglied des KPD-Politbüros, lebte Ulbricht nach Hitlers Machtübernahme ab 1933 im Exil, hauptsächlich in der Sowjetunion, wo er das Nationalkomitee »Freies Deutschland« organisierte. 1945 kehrte er nach Deutschland zurück und wurde führender Politiker der neu gegründeten SED. Seit 1949 war er Stellvertretender Ministerpräsident der DDR, ab 1960 Vorsitzender des Staatsrats. 1971 wurde er von Erich Honnecker abgelöst.

Wer?	**John Hoyer Updike**
Wann?	Geboren 1932
Welcher Beruf?	Schriftsteller
Woher?	Shillington, Pennsylvania (USA)
Wofür bekannt?	Seine »Rabbit«-Romane
Altersgenossen?	Helmut Kohl, Gerhard Richter

Updike schreibt satirisch-gesellschaftskritische Romane mit subtiler Charakterdarstellung. Von 1955 bis 1957 war er Redakteur bei dem Magazin »The New Yorker«, seitdem arbeitet er als freier Schriftsteller. Großen Erfolg erzielte Updike mit den »Rabbit«-Romanen (»Hasenherz«, »Unter dem Astronautenmond«, »Bessere Verhältnisse«, »Rabbit in Ruhe«, »Rabbit, eine Rückkehr«), die sich um die Figur des Amerikaners H. Angstrom ranken. Große Popularität errang auch sein Roman »Die Hexen von Eastwick«, der verfilmt wurde. Updike erhielt unter anderem den Pulitzer-Preis und den Faulkner-Award.

500 KURZPORTRÄTS VON A–Z

Wer?	**Urban II.**
Wann?	1035–1099
Was war er?	Papst
Eigentl. Name?	Odo von Châtillon oder Lagery
Zeitgenossen?	Anselm von Canterbury, Gottfried von Bouillon

Mit dem Aufruf zur Befreiung des Heiligen Landes leitete Urban II. 1095 die Kreuzzüge ein. Urban war zunächst Prior in Cluny, bevor er Kardinalbischof von Ostia wurde. 1084 kam er als päpstlicher Legat nach Deutschland und wurde vier Jahre später zum Papst gewählt (1088 bis 1099). Seine Kreuzzugsinitiative, die in der Bevölkerung auf Begeisterung stieß, hatte auch das Ziel, die päpstliche Macht gegenüber den Kaisern zu stärken. Urban förderte als ehemaliger Angehöriger der Abtei Cluny zahlreiche Orden, nicht nur die Benediktiner, sondern auch die neu gegründeten Kartäuser und die Zisterzienser.

Wer?	**Sir Peter Alexander Ustinov**
Wann?	1921–2004
Was war er?	Schriftsteller, Schauspieler und Regisseur
Woher?	London, England

Ustinov war ein Multitalent, er arbeitete für Theater- und Opernbühnen, Film und Fernsehen, war Schriftsteller, Synchronsprecher und Philanthrop. Es war seine Rolle als Kaiser Nero in dem Monumentalfilm »Quo Vadis«, mit der er Weltruhm erlangte. 1960 erhielt er den Oscar als bester Nebendarsteller in »Spartacus«. Ein weiterer Oscar folgte 1964 für seine Rolle in »Topkapi«. Später agierte er als Detektiv Hercule Poirot in mehreren Agatha-Christie-Filmen. Ustinov, der 1990 durch Königin Elisabeth II. geadelt wurde, engagierte sich für die UNESCO sowie in der Kinderhilfsorganisation UNICEF.

GROSSE PERSONEN DER GESCHICHTE

Wer?	**Henry van de Velde**
Wann?	1863–1957
Welcher Beruf?	Architekt und Kunstgewerbler
Woher?	Antwerpen, Belgien
Bekannte Zeitgenossen?	Le Corbusier, Adolf Loos, Piet Mondrian, William Morris

Van de Velde war einer der einflussreichsten Künstler des Jugendstils. Er begann als Maler, wurde aber vor allem im Kunsthandwerk und in der Innenarchitektur stilbildend. In Deutschland entwarf er die Osthaus-Villa (Hagen) und die Inneneinrichtung des Folkwangmuseums (Essen). In Weimar gründete und baute er 1906 die kunstgewerblichen Lehranstalten, aus denen später das Bauhaus hervorging. Dieser Bau, das Werkbundtheater in Köln sowie das Kröller-Müller-Museum in Otterlo gelten als seine architektonischen Hauptwerke. Als Designer entwarf er Möbel, Gebrauchsgegenstände und Glas.

Wer?	**Giuseppe Verdi**
Wann?	1813–1901
Was war er?	Komponist
Woher?	Roncole, Italien
Hauptwerke?	»Aida«, »Othello«, »Nabucco«
Zeitgenossen?	Giacomo Puccini, Richard Wagner

Verdi führte die Opernkunst im 19. Jahrhundert zu ihrem Höhepunkt. Typisch sind in seiner ersten Phase mitreißende Chorgesänge (etwa »Nabucco«), in der zweiten Schaffensperiode (darunter »Rigoletto«, »La Traviata«) treten seine meisterhaften Arien hervor. Später ist Verdis Werk durch das realistische Musikdrama, das Nebeneinander von Gesang und orchestraler Musik gekennzeichnet (etwa »Ein Maskenball«, »Don Carlos«). Zu seinen bekanntesten Opern gehört »Aida«, die er 1871 zur Eröffnung des Suez-Kanals komponierte. »Othello« gilt als vollendetes Musikdrama italienischer Prägung.

Wer?	**Vergil**
Wann?	70–19 v. Chr.
Beruf?	Dichter
Woher?	Bei Mantua, Italien
Bekannte Zeitgenossen?	Kaiser Augustus, Julius Cäsar, Horaz

Vergil schuf mit der »Aeneis« eines der bedeutendsten literarischen Werke der Antike. Im Jahre 54 v. Chr. kam der junge Dichter nach Rom, wo er bald zu hohem Ansehen am Kaiserhof kam. Vergils Werk ist thematisch durch die Verbundenheit mit dem Landleben bestimmt, wie etwa die Hirtengedichte (»Bucolica«, »Georgica«). Größte Bedeutung übte jedoch die »Aeneis« aus, ein fast 10 000 Verse umfassendes Nationalepos Roms über die Irrfahrten des Aeneas. Zehn Jahre lang bis zu seinem Tod arbeitete er an dem vaterländischen, religiös-politisch motivierten Werk – nicht nur zum Ruhme Augustus', sondern vor allem zur mythischen Begründung Roms.

Wer?	**Jaan Vermeer**
Wann?	1632–1675
Was war er?	Maler
Woher?	Delft, Niederlande
Bedeutende Werke?	»Bei der Kupplerin«, »Dame mit Perlenhalsband«

Jaan Vermeer war der Hauptmeister des sogenannten niederländischen Interieurs. Er malte hauptsächlich bürgerliche Innenräume mit wenigen Figuren zumeist bei der Beschäftigung mit alltäglichen Arbeiten. Die einzigartige Wirkung seiner Bilder beruht vor allem auf vollkommener Beherrschung der Perspektive, minuziöser Detailschilderung sowie einer harmonisch abgestimmten Farbigkeit. Vermeer malte auch zwei Stadtansichten (»Straße in Delft«, »Ansicht von Delft«, beide um 1658). Nach seinem frühen Tod geriet er in Vergessenheit. Erst das 19. Jahrhundert erkannte seine überragende Bedeutung für die europäische Malerei.

Wer?	**Viktoria I.**
Wann?	1819–1901
Was war sie?	Königin von Großbritannien und Kaiserin von Indien
Bedeutende Zeitgenossen?	Otto von Bismarck, Benjamin Disraeli, William E. Gladstone

Die 63-jährige Regierungszeit Viktorias, das sogenannte Viktorianische Zeitalter, gilt als glänzende Epoche Großbritanniens mit höchster politischer Machtentfaltung, wirtschaftlicher Prosperität und imperialistischer Expansion. Viktoria bestieg 1837 den Thron. 1840 vermählte sie sich mit Albert von Sachsen-Coburg-Gotha, der sie beriet und ihren Regierungsstil prägte. Die Krone wurde so zu einer parteipolitisch neutralen Institution, die Einfluss auf die Regierungsbildung nehmen konnte. Viktoria, die neun Kinder hatte, handhabte die konstitutionelle Monarchie sehr eigenwillig und selbstbewusst.

Wer?	**Antonio Vivaldi**
Wann?	1678–1741
Was war er?	Geiger und Komponist
Woher?	Venedig, Italien
Bekanntestes Werk?	»Die vier Jahreszeiten«

Vivaldi gilt als einer der größten Geigenvirtuosen und Komponisten seiner Zeit, der maßgeblich die Formen des Concerto grosso und des Solokonzerts prägte. Er wurde zunächst Priester, gab die Theologie aber bald für die Musik auf. Seine schier überquellende Produktion umfasst 45 Opern und über 300 Solokonzerte, die sich durch Virtuosität und tonmalerische Effekte wie in den »Die vier Jahreszeiten« (1725) auszeichnen. Daneben entstanden sakrale Werke, Motetten und ein Stabat Mater. Die Werke waren bereits zu seinen Lebzeiten weit verbreitet und beeinflussten Komponisten wie Fasch oder Bach.

Wer?	**Alessandro Graf Volta**
Wann?	1745–1827
Was war er?	Physiker
Woher?	Como, Italien
Wofür bekannt?	Die nach ihm benannte elektrische Spannung in Volt (V)

Der Pionier auf dem Gebiet der Elektrizität trug vor allem zum theoretischen Verständnis des elektrischen Stroms bei. Im Jahre 1774 wurde Volta Physiklehrer in Como, fünf Jahre später berief ihn die Universität in Pavia zum Professor. Um 1800 arbeitete der Wissenschaftler an seiner größten Erfindung: der Volta'schen Säule, dem Vorläufer der Batterie. Diese präsentierte er 1801 in Paris der »Academie des sciences«. Weiter entdeckte der mittlerweile adlige Volta die Elektrolyse von Wasser, erfand ein Elektroskop, ein auf der Elektrolyse beruhendes Amperemeter (Voltameter) und das Voltaelement.

Wer?	**Voltaire**
Wann?	1694–1778
Was war er?	Philosoph, Publizist und Historiker
Woher?	Paris, Frankreich
Wodurch bekannt?	Spott, Witz und Scharfsinn

Voltaire war die herausragende intellektuelle Persönlichkeit seiner Zeit. Als Dichter, Philosoph und Historiker war er Inbegriff der Aufklärung. Sein Markenzeichen waren Witz, brillante Ironie und gelehrte Zitate. Seine Kritik und sein Spott richteten sich gegen den absolutistischen Staat und die Kirche. Mehrmals verhaftet, hatte er dennoch großen Erfolg – vor allem bei Hofe. Mit seinen »Lettres philosophiques« (1734) überspannte er jedoch den Bogen und flüchtete für 15 Jahre auf Schloss Cirey. 1750 wurde er von Friedrich II. eingeladen, doch nach Zwistigkeiten verließ er den preußischen Hof.

GROSSE PERSONEN DER GESCHICHTE

Wer?	**Richard Wagner**
Wann?	1813–1883
Welcher Beruf?	Komponist
Woher?	Leipzig, Deutschland
Bedeutende Werke?	»Der fliegende Holländer«, »Tannhäuser«, »Lohengrin«, »Tristan und Isolde«, »Die Meistersinger von Nürnberg«, »Der Ring des Nibelungen«

Wer war Wagner?

Wagner prägte maßgeblich die Oper des 19. Jahrhunderts und führte ein fast abenteuerliches Leben. Er begann als Kapellmeister in Würzburg, wurde später Musikdirektor in Riga, aus dem er sich hoch verschuldet »verabschiedete«. In Dresden konnte er als Kapellmeister wieder Fuß fassen, war aber gezwungen, wegen seiner Beteiligung an der Revolution 1849 in die Schweiz zu fliehen. Später zog er nach München. Dort kam es 1870 aufgrund der Heirat mit der geschiedenen Cosima von Bülow zum Skandal: Wagner wurde ausgewiesen. Er zog nach Bayreuth und rief mit der Unterstützung Ludwig II. die Bayreuther Festspiele ins Leben.

Wie erneuerte er die Oper?

Die entscheidende Bedeutung Wagners liegt in seiner Konzeption des Musikdramas, die von der Idee eines Gesamtkunstwerks getragen wurde. Darin wird die Einheit aller Künste angestrebt. Kennzeichen seines Stils sind die Wahl der Stoffe aus dem Mittelalter und der germanischen Heldensage, Sprechgesang, die unendliche Melodie und die Verwendung eines Leitmotivs.

Welche Bedeutung hat Bayreuth?

König Ludwig II. ermöglichte den Bau des Festspielhauses in Bayreuth. 1872 legte Wagner den Grundstein des Opernhauses, das mit der Uraufführung des »Ring des Nibelungen« 1876 eröffnet wurde. Im Bayreuther Festspielhaus werden alljährlich die Wagner-Festspiele abgehalten. Es kommen ausschließlich Wagner-Opern zur Aufführung. Die Leitung der Veranstaltungen liegt bis heute in den Händen der Nachfahren Richard Wagners.

500 KURZPORTRÄTS VON A–Z

Wer?	Leszek (Lech) Walesa
Wann?	Geboren 1943
Was ist er?	Politiker
Woher?	Popowo, Polen
Wodurch bekannt?	Führung der Gewerkschaftsbewegung Solidarność

Walesa hatte als Vorsitzender der unabhängigen polnischen Gewerkschaft Solidarność maßgeblichen Anteil an der Überwindung des kommunistischen Regimes in Polen. Von Beruf Elektromonteur stellte er sich als Betriebsrat in der Lenin-Werft in Danzig 1970 an die Spitze der Streikbewegung der Gewerkschaft. Von 1980 bis 1990 war er Führer der Solidarnoś und nach Verhängung des Kriegsrechts durch Jaruzelski mehrfach interniert. 1983 erhielt er den Friedensnobelpreis. 1990 bis 1995 hatte Walesa das Amt des Staatspräsidenten in Polens inne. 1998 wurde er Vorsitzender der Christdemokratie der Republik Polen.

Wer?	Albrecht von Wallenstein
Wann?	1583–1634
Was war er?	Kaiserlicher General
Wodurch bekannt?	Organisator und militärischer Stratege im Dreißigjährigen Krieg
Wie starb er?	Ermordet

Wallenstein errang als Söldnerführer für den Kaiser bedeutende Siege im Dreißigjährigen Krieg. Der Krieg machte ihn zum mächtigsten Mann im Reich: Er erlangte 58 Herrschaften, 1623 erhob ihn Kaiser Ferdinand II. in den Reichsfürstenstand und seinen Länderkomplex zum Herzogtum Friedland. 1630 wurde er auf dem Regensburger Reichstag abgesetzt, erhielt aber nach Tillys Niederlage den Oberbefehl, vertrieb die Sachsen aus Böhmen und schlug 1632 die Schlacht bei Lützen. Wegen seiner Verhandlungen mit Schweden, Brandenburg und Sachsen wurde er des Verrats bezichtigt und ermordet.

GROSSE PERSONEN DER GESCHICHTE

Wer?	**Walther von der Vogelweide**
Wann?	Um 1170–um 1230
Was war er?	Minnesänger und Spruchdichter
Werke?	140 Sangspruchstrophen und rund 75 mehrstrophige Lieder

Walther brachte die Form der höfischen Minnelyrik zu höchster Vollendung und überwand ihre Stilisierung durch eine neuartige, intensive Erlebniskraft und Gefühlswärme. Biografische Daten sind rar, nur seine Dichtung lässt einige Rückschlüsse zu. Demnach lernte er den Minnesang von Reinmar von Hagenau. Er führte ein Wanderleben bis er von Kaiser Friedrich II. im Raum Würzburg ein kleines Lehen erhielt. Walther übertrat die höfisch-ständischen Grenzen, indem er auch die Schönheit nichtadeliger Frauen besang. Er betrauerte den Verfall höfischer Sitten und den Niedergang des Stauferreichs.

Wer?	**Andy Warhol**
Wann?	1928–1987
Was war er?	Grafiker, Maler, Fotograf, Filmemacher
Woher?	Pittsburgh, Pennsylvania (USA)
Werke?	Campbell's Dose, Monroe-Porträt

Warhol zählte seit den 1960er Jahren zu den populärsten und konsequentesten Verfechtern der US-amerikanischen Pop-Art. Er begann als Werbegrafiker. Werbung und Medien bestimmten in der Folge auch seine Sujets. Seine Kunst war geprägt durch die serielle Reproduzierung von Alltagsgegenständen und Porträts bekannter Persönlichkeiten. Charakteristisch für ihn ist die Technik des Siebdrucks nach Fotovorlage, der die Wiederholung von gleichen Bildmotiven erlaubt, wie etwa sein Porträt von Marilyn Monroe. Warhol agierte auch als Schriftsteller, Musiker (Velvet Underground) und Filmregisseur.

Wer?	**George Washington**
Wann?	1732–1799
Was war er?	Offizier und Politiker
Woher?	Wakefield, Virginia (USA)
Bekannt wodurch?	Erster Präsident der USA und Namenspatron der Hauptstadt

Als militärischer Oberbefehlshaber im Unabhängigkeitskampf und durch sein Mitwirken im Verfassungskonvent gilt Washington als »Vater« der Vereinigten Staaten. Ursprünglich Plantagenbesitzer, wurde er 1775 Oberbefehlshaber der aufständischen Kolonien gegen Großbritannien. Er besiegte die Briten 1777 bei Princeton und zwang sie 1781 zur Kapitulation von Yorktown. 1789 wurde er einstimmig zum ersten US-Präsidenten gewählt und 1792 im Amt bestätigt. Er gilt wegen seiner Amtsführung als einer der »großen Präsidenten« der USA. Sein Gut Mount Vernon wurde zur nationalen Gedenkstätte.

Wer?	**Muddy Waters**
Wann?	1915–1983
Was war er?	Bluessänger und Bluesgitarrist
Woher?	Rolling Fork, Mississippi (USA)
Richtiger Name?	McKinley Morganfield
Auszeichnung?	Grammy Award

Waters ging als Vater des »Electric Chicago Blues« in die Musikgeschichte ein. Der in Mississippi geborene Musiker wurde Anfang der 1950er Jahre die Stimme des Chicago Blues. Er beeinflusste mit seinem Gesang, seinen Gitarrenakkorden und seinem Mundharmonikaspiel Musiker wie Bob Dylan, Eric Clapton und die Rolling Stones. Sein erster großer Erfolg war »I Can't Be Satisfied«, später stand sein Song »Rollin' Stone Blues« Pate für den Namen der Rolling Stones sowie des gleichnamigen US-Musikmagazins. Sein Lied »Hoochie Coochie Man« zählt zu den am häufigsten gecoverten Blues-Stücken.

GROSSE PERSONEN DER GESCHICHTE

Wer?	**James Watt**
Wann?	1736–1819
Beruf?	Feinmechaniker
Woher?	Greenock, Schottland
Bedeutende Zeitgenossen?	Napoleon Bonaparte, Lord Nelson, William Pitt d. J.

1765 machte der Feinmechaniker Watt eher durch Zufall eine Entdeckung. Bei der Reparatur einer von Thomas Newcomen konstruierten Dampfmaschine fand er heraus, wie man die erzeugte Hitze mittels Dampfdruck statt Luftdruck vielseitiger und effektiver verwenden konnte. Das war der Schritt von der atmosphärischen Kolbenmaschine zur ersten direkt wirkenden Niederdruckmaschine. Die Patentvergabe von 1769 markiert den Beginn des Industriezeitalters und die industrielle Revolution nahm ihren Anfang. Mit dem Unternehmer Matthew Boulton gründete James Watt 1774 die erste Dampfmaschinenfabrik der Welt.

Wer?	**Max Weber**
Wann?	1864–1920
Was war er?	Soziologe, Nationalökonom, Philosoph, Historiker, Theologe
Woher?	Erfurt, Deutschland
Zeitgenossen?	Marie Curie, Emil Nolde, Lenin

Weber gilt als »Gründervater« und »Klassiker« der deutschen Soziologie. Sein Werk ist faszinierend und aktuell. Seine Forschungen umspannten ein außerordentlich weites Feld. Er befasste sich unter anderem mit den Folgen der Rationalisierung der modernen Lebenswelt, mit allgemeinen soziologischen Fragen sowie mit der Bedeutung der Weltreligionen. Webers Hauptthema war die Frage, weshalb sich zuerst nur im Abendland und dort vor allem in protestantischen Ländern oder Regionen ein kapitalistisches Wirtschafts- und Gesellschaftssystem entwickelt hat (»Die protestantische Ethik und der Geist des Kapitalismus« 1904).

500 KURZPORTRÄTS VON A-Z

Wer?	**Alfred Wegener**
Wann?	1880–1930
Was war er?	Geophysiker und Polarforscher
Woher?	Berlin, Deutschland
Wo gestorben?	Grönland
Zeitgenossen?	Albert Einstein, Otto Hahn

Wegener war einer der bedeutendsten deutschen Polarforscher und Geowissenschaftler. Bahnbrechend waren seine Untersuchungen des Inlandeises Grönlands und seine Theorie der Kontinentalverschiebung. Wegener war Professor in Hamburg und Graz. Sein Hauptinteresse galt allerdings dem »ewigen Eis« in Grönland. Insgesamt viermal fuhr er dorthin, von seiner letzten Reise kehrte er nicht mehr zurück. 1931 fand eine Suchexpedition seine sterblichen Überreste. Nach Wegener wurde das 1980 gegründete Alfred-Wegener-Institut für Polar- und Meeresforschung (AWI) in Bremerhaven benannt.

Wer?	**Wim Wenders**
Wann?	Geboren 1945
Was ist er?	Regisseur
Woher?	Düsseldorf, Deutschland
Wofür bekannt?	Als einer der Hauptvertreter des deutschen Films

Wenders gilt als Repräsentant des deutschen Autorenfilms. Er gehörte zu den Gründungsmitgliedern des »Filmverlags der Autoren«, 1975 gründete er seine eigene Produktionsfirma, die »Road Movies«. Grundthema seiner Filme ist die Bindungslosigkeit und Isolation des modernen Menschen. Er debütierte 1970 mit »Summer in the City«, dem »Die Angst des Torwarts beim Elfmeter« folgte. Zu seinen bekanntesten Filmen gehören: »Im Lauf der Zeit«, »Der amerikanische Freund«, »Der Stand der Dinge«, »Paris, Texas«, »Der Himmel über Berlin«, » Buena Vista Social Club« und »The Million Dollar Hotel«.

GROSSE PERSONEN DER GESCHICHTE

Wer?	**Christoph Martin Wieland**
Wann?	1733–1813
Was war er?	Schriftsteller, Übersetzer und Publizist
Woher?	Oberholzheim, Deutschland
Zeitgenossen?	J. W. Goethe, G. E. Lessing

Wieland begründete die moderne deutsche Erzählprosa. Seine nach englischen und französischen Einflüssen entstandenen Werke, die das »Vernünftige« mit dem »Geistreichen« und »Galanten« verbanden, zeichnen ihn ebenso als Repräsentanten des Rokoko wie der Aufklärung aus. Zu seinen Hauptwerken gehören »Don Sylvio von Rosalva« und »Geschichte des Agathon«, der erste deutsche Bildungsroman. Wieland war auch Übersetzer von Shakespeare-Dramen und klassischen Autoren wie Horaz, Cicero, Aristophanes und Euripides sowie Herausgeber mehrerer Zeitschriften.

Wer?	**Oscar Wilde**
Wann?	1854–1900
Was war er?	Schriftsteller und Dandy
Woher?	Dublin, Irland
Bedeutende Werke?	»Das Bildnis des Dorian Gray«, »Salome«, »Ein idealer Gatte«

Wilde war Ende des 19. Jahrhunderts einer der führenden Vertreter der ästhetischen Bewegung des »L'art pour l'art«. Er hinterließ ein vielfältiges literarisches Werk. Der exzentrische Künstler führte ein Leben als Dandy und war aufgrund seines Witzes und Scharfsinns eine der zentralen Figuren des Londoner Gesellschaftslebens. Auf dem Höhepunkt seiner Karriere wurde er 1895 der Homosexualität angeklagt und zu einer Haftstrafe verurteilt, was seinen finanziellen, gesellschaftlichen und psychischen Ruin bedeutete. Der Roman »Das Bildnis des Dorian Gray« (1890) ist sein bekanntestes Werk.

500 KURZPORTRÄTS VON A–Z

Wer?	**Wilhelm I. der Eroberer**
Wann?	1027–1087
Was war er?	König von England und Herzog der Normandie
Bekannt wodurch?	Eroberung Englands
Zeitgenossen?	Macbeth, Eduard der Bekenner

Wilhelm herrschte in seinem von der Normandie bis nach Wales reichenden Imperium. Der uneheliche Sohn von Robert I. von der Normandie landete 1066 in England und besiegte den angelsächsischen König Harald II. in der Schlacht bei Hastings. Als König baute er mit seinen normannischen Gefolgsleuten einen Feudalstaat auf. Er führte die normannische Lehnsverfassung und Sitte in England ein. Mit dem »Domesday Book« schuf er eine Art Grundbuch über den Landbesitz Englands. Durch Aufteilung des Reiches unter seinen Söhnen löste er die Personalunion zwischen England und der Normandie auf.

Wer?	**Wilhelm II.**
Wann?	1859–1941
Was war er?	Deutscher Kaiser
Berühmte Verwandte?	Königin Viktoria (Großmutter), seine Cousins König Edward VII., Zar Nikolaus II.

Wilhelm II. war der letzte deutsche Kaiser. »Herrliche Zeiten« hatte er den Deutschen versprochen, als er 1888 den Thron bestieg, doch es kam anders. Er entließ Bismarck und sein Auftreten auf diplomatischem Parkett war durch unüberlegte Reden und Selbstüberschätzung problematisch. Die von ihm forcierte Aufrüstung belastete das Verhältnis zu Frankreich, Russland und England und schließlich löste Wilhelm durch Unterstützung Österreichs 1914 den Ersten Weltkrieg aus. Nach dem militärischen Zusammenbruch 1918 dankte er ab und ging nach Holland ins Exil, wo er bis zu seinem Tod lebte.

GROSSE PERSONEN DER GESCHICHTE

Wer?	**Robbie Williams**
Wann?	Geboren 1974
Was ist er?	Popsänger
Woher kommt er?	Stoke-on-Trent, England
Eigentl. Name?	Robert Peter Williams
Berühmt durch?	Boygroup »Take That«

Williams ist seit den 1990er Jahren einer der Superstars der Popgeschichte. Seine Karriere begann in der Boyband Take That (1990 bis 1995). Nach seinem spektakulären Austritt startete er eine Solokarriere, die wegen seiner Drogen- und Alkoholsucht 1997 zu einem Zusammenbruch führte. Mit dem Song »Angels« im selben Jahr gelang ihm der Durchbruch. EMI bot ihm für einen Exklusivvertrag 127 Millionen Euro. Obgleich in den USA eher mäßig erfolgreich, füllt der Superstar weltweit selbst größte Stadien. Zu seinen bekanntesten Alben gehören »Swing When You're Winning«, »Escapology« oder »Intensive Care«.

Wer?	**Ludwig Wittgenstein**
Wann?	1889–1951
Sein Beruf?	Philosoph
Woher?	Wien, Österreich
Sein Hauptwerk?	»Tractatus logico-philosophicus« 1921

Wittgenstein war einer der Hauptvertreter der neueren Sprachphilosophie und der modernen Logik. »Alle Philosophie ist Sprachkritik« schrieb er 1922. Zunächst beschäftigte er sich mit der Entwicklung einer Idealsprache, die die Gesamtheit der elementaren logischen Aussagen widerspiegeln und die Struktur der Welt exakt abbilden sollte. Später widmete er sich vornehmlich der philosophischen Untersuchung der Umgangssprache und stellte ein neue Theorie der Mathematik und Psychologie auf. Wittgenstein ging es darum, philosophische Probleme als Resultat eines falschen Sprachgebrauchs zu erkennen.

500 KURZPORTRÄTS VON A–Z

Die einflussreichsten Philosophen aller Zeiten
in chronologischer Reihenfolge:

Aristoteles
(384–322 v. Chr.)
➜ *Porträt S. 13!*

Voltaire
(1694–1778)
➜ *Porträt S. 269!*

Sokrates
(469–399 v. Chr.)
➜ *Porträt S. 247!*

Jean-Jacques
Rousseau
(1712–1778)
➜ *Porträt S. 229!*

Moses Maimonides
(1135–1204)
➜ *Porträt S. 168!*

Immanuel Kant
(1724–1804)
➜ *Porträt S. 137!*

John Locke
(1632–1704)
➜ *Porträt S. 161!*

Karl Marx
(1818–1883)
➜ *Porträt S. 174!*

Gottfried W.
Leibniz
(1646–1716)
➜ *Porträt S. 150!*

Friedrich Nietzsche
(1844–1900)
➜ *Porträt S. 194!*

GROSSE PERSONEN DER GESCHICHTE

Wer?	**Tiger Woods**
Wann?	Geboren 1975
Beruf?	Golfsportler
Woher?	Cypress, Kalifornien (USA)
Eigentl. Name?	Eldrick Woods
Auszeichnungen?	»Weltsportler des Jahres«

Woods ist einer der erfolgreichsten Golfer der Geschichte und bestbezahlten Sportler der Gegenwart. Er wurde 1997 als jüngster Sportler Masters-Champion der PGA (Professional Golfers Association). 2000 gewann er den sogenannten Karriere-Grand-Slam, also alle vier Major-Turniere: US-Masters, US Open, British Open und PGA-Meisterschaft. Im selben Jahr schaffte Woods als zweiter Golfer nach 1953 das »Triple«, den Sieg bei drei Major-Turnieren in einem Kalenderjahr. Zwischen 1997 und 2005 verbuchte er neun Siege bei Major-Turnieren, 2006 gewann er zum siebten Mal den PGA Grand Slam of Golf.

Wer?	**Frank Lloyd Wright**
Wann?	1869–1959
Was war er?	Architekt
Woher?	Richland Center, Wisconsin (USA)
Bekannteste Werke?	Guggenheim-Museum in New York, Haus Pauson in Phoenix

Wright gilt als einer der Hauptmeister der modernen Baukunst, insbesondere der »organischen Bauweise«, die einen Zusammenhang der Architektur mit Elementen der Kunst, Natur und der menschlichen Lebensbereiche herstellt. Die zentrale Idee hinter seinen Werken war die Integration von Gebäuden in die Landschaft. Oft in Stahlbaukonstruktionen gebaut, wurden die Gebäude ineinander verschachtelt und zu expressiver Wirkung gesteigert. Diese Gestaltungsidee wird vor allem in seinem bekanntesten Werk, der an einem kleinen Wasserfall erbauten Villa »Falling Water House«, sichtbar.

Wer?	**Orville Wright**
Wann?	1871–1948
Was war er?	Flugpionier
Woher?	Dayton, Ohio (USA)
Berühmter Verwandter?	Sein Bruder und Kollege Wilbur Wright

Wer?	**Zarathustra**
Wann?	Um 700 oder 800 v. Chr.
Was war er?	Iranischer Religionsgründer
Genannt?	Zoroaster; Sarastro
Bekannt durch?	Nietzsches »Also sprach Zarathustra«

Orville Wright und sein Bruder Wilbur (geboren 1867) schrieben als Flugpioniere im Jahre 1903 Geschichte. Angeregt von den Flugversuchen Otto Lilienthals entwickelten und konstruierten sie Flugzeuge und starteten im Dezember 1903 ihren ersten Flugversuch. Mit dem ersten tatsächlich flugtüchtigen Motorflugzeug »Flyer«, einem 12 PS (8,8 kW) starken Doppeldecker, gelang Orville Wright (das Los hatte entschieden, wer zuerst fliegt) bei Kitty Hawk im US-Bundesstaat North Carolina der erste dokumentierte Motorflug. Er legte 53 Meter in 12 Sekunden zurück! Damit schufen sie die Voraussetzungen für die weitere Entwicklung der Fliegerei.

Der altpersische Priester Zarathustra verstand sich als der von seinem Gott Ahura Mazda berufene Prophet einer reformierten monotheistischen Religion. Der Zarathustrismus war bis zur arabischen Eroberung im Jahr 642 persische Staatsreligion. Die Gläubigen, die den Islam nicht annehmen wollten, wanderten im 8. Jahrhundert nach Indien aus, wo sie noch heute Parsen heißen. Charakteristisch für den Parsismus ist ein doppelter Dualismus: der von Gut und Böse sowie der von geistiger und körperlicher Wirklichkeit. Dem guten Gott Ahura Mazda steht der böse Geist Ahriman gegenüber, bis dieser am Ende der Tage besiegt wird.

GROSSE PERSONEN DER GESCHICHTE

Wer?	**Graf Ferdinand von Zeppelin**
Wann?	1838–1917
Was war er?	Luftfahrtpionier
Woher?	Konstanz, Deutschland
Wodurch berühmt?	Luftschiff LZ 1 (»Zeppelin«)

Graf von Zeppelin – sein Name wurde zum Synonym für Luftschiffe. Der Spross einer alten mecklenburgischen Familie folgte zunächst einer Familientradition und schlug eine militärische Karriere ein. Im Alter von 52 Jahren widmete er sich dann dem Bau von Luftschiffen, von deren militärischem und volkswirtschaftlichem Nutzen er überzeugt war. Am 2. Juli 1900 stieg der erste Zeppelin am Bodensee in den Himmel. 1908 wurde die »Luftschiffbau-Zeppelin GmbH« gegründet. Die Absturzkatastrophe des Hindenburg-Zeppelins markierte 1937 allerdings das Ende der Luftschifffahrt.

Wer?	**Émile Zola**
Wann?	1840–1902
Was war er?	Schriftsteller und Journalist
Woher?	Paris, Frankreich
Bekannte Werke?	»Germinal«, »Nana«
Zeitgenossen?	H. de Balzac, G. Flaubert

Zola war wichtigster Repräsentant des naturalistischen Romans. Ihm ging es um die Darstellung der Wirklichkeit, um den Menschen in seiner Abhängigkeit von Umwelt und Herkunft. Für seine Romanfiguren gibt es kein Entrinnen aus ihrem Milieu. Für damalige Verhältnisse ungewöhnlich drastisch schildert Zola alle Facetten des bürgerlichen Lebens mit Kriminalität, Prostitution, Krankheit und Elend. Als sein Hauptwerk gilt die 20-bändige Romanfolge »Die Rougon-Macquart. Geschichte einer Familie unter dem 2. Kaiserreich« (1871 bis 1893). Als kritischer Journalist brachte er die Dreyfus-Affäre ins Rollen.

500 KURZPORTRÄTS VON A–Z

Wer?	**Konrad Zuse**
Wann?	1910–1995
Was war er?	Ingenieur
Woher?	Berlin, Deutschland
Wodurch bekannt?	Als Computer-Pionier
Zeitgenossen?	A. Lindgren, M. von Ardenne

Zuse stellte 1941 mit seiner Rechenanlage Z3 den ersten voll funktionsfähigen programmgesteuerten und frei programmierbaren Rechner der Welt vor. Der studierte Bau-Ingenieur konstruierte ab 1936 »in Heimarbeit« erste Rechenanlagen. Die Z3 ermöglichte die Addition, Subtraktion, Multiplikation, Division sowie das Quadratwurzelziehen und konnte 15 bis 20 Rechenoperationen in einer Sekunde durchführen. Zuses Rechner wurden immer leistungsstärker. Nach Kriegsende gründete er die Zuse KG, die sich auf die Serienproduktion von Rechenanlagen spezialisierte und später zur Siemens AG gehörte.

Wer?	**Huldrych (Ulrich) Zwingli**
Wann?	1484–1531
Was war er?	Reformator
Wo?	Schweiz
Zeitgenossen?	Johannes Calvin, Erasmus von Rotterdam, Martin Luther

Zwingli war erster Reformator der Schweiz. Beeinflusst von Erasmus von Rotterdam und Martin Luther wandte er sich gegen Missbräuche in der Kirche. 1522 bis 1525 baute er in Zürich die Volkskirche auf. Grundzüge seiner Reformen waren im Gottesdienst Konzentration auf die Predigt, die Abschaffung der Messe, der Firmung und der Letzten Ölung sowie die Verbannung von Bildern und Musik. Mit Luther geriet er später in Streit über die Abendmahlslehre, da Zwingli die rein symbolische Gegenwart Christi im Abendmahl lehrte. Zwingli fiel 1531 in der Schlacht von Kappel gegen die katholischen Urkantone.

EPOCHENÜBERBLICK

Vorgeschichte bis Antike Welt (40 000 v. Chr. bis 476 n. Chr.)

vor ca. 40 000 Jahren Der Jetztmensch (Homo sapiens sapiens) erscheint in Europa; Anfänge von Ackerbau und Viehzucht im Vorderen Orient – »Neolithische Revolution«
um 3100 v. Chr. Vereinigung von Ober- und Unterägypten
um 2800–2400 v. Chr. Blütezeit der sumerischen Stadtstaaten
um 2550 v. Chr. Bau der Cheopspyramide in Gizeh
um 1595 v. Chr. Die Hethiter erobern Babylon
um 1200 v. Chr. Untergang der mykenischen Kultur
um 1000 v. Chr. Entstehung des Königreichs Israel
um 800 v. Chr. Beginn der griechischen Kolonisation
753 v. Chr. Sagenhafte Gründung Roms
336–323 v. Chr. Alexander der Große schafft ein Weltreich
146 v. Chr. Die Römer zerstören Karthago
117 Größte Ausdehnung des Römischen Reichs
375 Die Hunnen dringen nach Europa vor, Beginn der Völkerwanderung
395 Teilung in West- und Oströmisches Reich
410 Westgoten unter Alarich plündern Rom
476 Absetzung des Kaisers Romulus Augustulus, Ende des Weström. Reichs

Hammurapi S. 103
Hatschepsut S. 104
Tutanchamun S. 262
Nofretete S. 195
Echnaton S. 66
Ramses II. S. 220
König David S. 57
Konfuzius S. 145
Heraklit S. 112
Aristoteles S. 13
Homer S. 122
Zarathustra S. 281
Pythagoras S. 218
Buddha S. 40
Perikles S. 206
Sophokles S. 248
Sokrates S. 247
Demokrit S. 58
Hippokrates S. 117
Platon S. 211
Alexander der Große S. 8

Lao Zi S. 149
Archimedes S. 11
Hannibal S. 104
Cäsar S. 44
Vergil S. 267
Kleopatra S. 143
Horaz S. 124
Augustus S. 17
Ovid S. 200
Arminius S. 14
Jesus von Nazareth S. 133
Seneca S. 243
Nero S. 192
Trajan S. 260
Hadrian S. 101
Ptolemäus S. 215
Mark Aurel S. 173
Konstantin der Große S. 147

Das Mittelalter (476 bis 1492)

486–507 Begründung des Frankenreichs durch Chlodwig I.
711 Die Araber dringen nach Spanien vor
800 Karl der Große wird in Rom zum Kaiser gekrönt
1054 Spaltung des Christentums in katholische und orthodoxe Kirche
1066 Der Normannenherzog Wilhelm der Eroberer wird englischer König
1077 Höhepunkt des Investiturstreites: Bußgang Heinrichs IV. nach Canossa
1095 Papst Urban II. ruft zum 1. Kreuzzug auf
1122 Konkordat von Worms legt den Investiturstreit bei
1237 Einfall der Mongolen in Russland
1337 Beginn des Hundertjährigen Krieges zwischen Frankreich und England
1356 Karl IV. erlässt die Goldene Bulle
1378–1417 Großes Schisma der Kirche
1452 Johannes Gutenberg beginnt mit dem Druck der Bibel
1453 Die Osmanen erobern Konstantinopel; Ende des Byzantinischen Reichs
1492 Kolumbus entdeckt Amerika

Mohammed S. 181
Pippin III. der Jüngere S. 210
Karl I. (der Große) S. 138
Otto I. S. 199
Wilhelm der Eroberer S. 277
Anselm von Canterbury S. 10
Urban II. S. 265
Hildegard von Bingen S. 116
Friedrich I. (Barbarossa) S. 80
Moses Maimonides S. 168
Saladin S. 234
Dschingis Khan S. 64
Richard I. Löwenherz S. 223
Walther von der Vogelweide S. 272

Franz von Assisi S. 79
Albertus Magnus S. 7
Friedrich II. S. 81
Thomas von Aquin S. 258
Marco Polo S. 212
Dante Alighieri S. 56
Franceso Petrarca S. 208
Giovanni Boccaccio S. 32
Heinrich der Seefahrer S. 109
Johannes Gutenberg S. 100
Jeanne d'Arc S. 131
Iwan III. S. 129
Donato Bramante S. 35
Sandro Botticelli S. 34
Christoph Kolumbus S. 146
Leonardo da Vinci S. 152
Tilman Riemenschneider S. 224

Erasmus von Rotterdam S. 72
Montezuma II. S. 184
Vasco da Gama S. 85
Niccolò Machiavelli S. 165
Albrecht Dürer S. 65
Lucas Cranach der Ältere S. 51
Nikolaus Kopernikus S. 147
Michelangelo S. 180
Tizian S. 259
Fernando de Magellan S. 166
Raffael S. 219
Martin Luther S. 164
Ulrich Zwingli S. 283
Hernándo Cortés S. 51
Adam Ries S. 226

Renaissance und Frühe Neuzeit (1492 bis 1789)

1512 Michelangelo vollendet die Fresken in der Sixtinischen Kapelle
1517 Martin Luther verfasst 95 Thesen und leitet damit die Reformation ein
1521–1533 Eroberung des Azteken- und Inkareiches
1530 Karl V. wird zum Kaiser gekrönt: Unter seiner Herrschaft vollzieht das Haus Habsburg den Aufstieg zur Weltmacht
1534 Heinrich VIII. löst die englische Kirche von der Bindung an Rom
1555 Augsburger Religionsfriede erlaubt zwei Konfessionen im Reich
1613 Michael Romanow wird Zar und begründet die Dynastie der Romanows
1618–1648 Dreißigjähriger Krieg
1661 Ludwig XIV. wird König von Frankreich

Suleiman I. S. 256
Hans Sachs S. 232
Johannes Calvin S. 41
Gerhard Mercator S. 178
Pieter Bruegel der Ältere S. 38
Philipp II. S. 208
Elisabeth I. S. 70
El Greco S. 96
Maria Stuart S. 172
Cervantes S. S. 45
William Shakespeare S. 244
Galileo Galilei S. 84
Johannes Kepler S. 141
Caravaggio S. 42

Peter Paul Rubens S. 230
Albrecht von Wallenstein S. 271
Kardinal Richelieu S. 223
Thomas Hobbes S. 118
Gustav II. Adolf S. 99
René Descartes S. 61
Oliver Cromwell S. 52
Rembrandt S. 222
Molière S. 182
Blaise Pascal S. 204
Jaan Vermeer S. 267
Baruch de Spinoza S. 250
John Locke S. 161
Ludwig XIV. S. 163
Isaac Newton S. 193

Gottfried Leibniz S. 150
Peter I. S. 207
Antonio Vivaldi S. 268
Vitus Jonassen Bering S. 29
Johann Sebastian Bach S. 18
Georg Friedrich Händel S. 103
Friedrich Wilhelm I. S. 82
Charles de Montesquieu S. 184
Voltaire S. 269
Benjamin Franklin S. 78
Carl von Linné S. 159
David Hume S. 127

284

EPOCHENÜBERBLICK

	1688 »Glorious Revolution« in England **1740** Friedrich der Große wird König von Preußen, das zur Großmacht heranwächst 1765 James Watt erfindet die Dampfmaschine **1776** Amerikanische Unabhängigkeitserklärung	Jean-Jacques Rousseau S. 229 Friedrich II. der Große S. 81 Denis Diderot S. 62 Maria Theresia S. 173	Madame de Pompadour S. 212 Adam Smith S. 247 Immanuel Kant S. 137 Giacomo G. Casanova S. 43 James Cook S. 50	Gotthold E. Lessing S. 153 Katharina II. S. 139 George Washington S. 273 Joseph Haydn S. 106 Christoph Martin Wieland S. 276 James Watt S. 274
Von der französischen Revolution bis zur Restauration (1789 bis 1870)	**1789** Ausbruch der Französischen Revolution **1790** Brabanter Revolution: Ein Aufstand gegen Joseph II. von Österreich erschüttert die Österreichischen Niederlande – das spätere Belgien **1791** In den USA tritt die »Bill of Rights« in Kraft. Sie besteht aus zehn Zusatzartikeln zur Verfassung, die Rede-, Presse-, Religions- und Versammlungsfreiheit sowie das Recht auf das Tragen von Waffen festschreiben **1792** Der 1. Koalitionskrieg bricht aus (bis 1797): Frankreich erklärt Österreich den Krieg **1793** König Ludwig XVI. von Frankreich wird in Paris hingerichtet **1794** Frankreich besetzt Köln und Bonn. Im linken Rheinland beginnt die 20 Jahre andauernde französische Herrschaft **1796** Napoleon erobert Mailand **1799** Frankreich erklärt Österreich den Krieg und löst damit den 2. Koalitionskrieg (bis 1802) aus **1804** Napoleon krönt sich zum Kaiser von Frankreich **1806** Ende des Heiligen Römischen Reiches Deutscher Nation; Gründung des Rheinbundes **1812** José Miguel Carrera führt die 1811 ausgebrochene Revolution in Chile gegen die spanische Herrschaft zu einem erfolgreichen Ende **1815** Niederlage Napoleons bei Waterloo; Neuordnung Europas durch den Wiener Kongress **1821** Beginn des griechischen Unanhängigkeitskampfes gegen das Osmanische Reich **1825** Bolivien wird unabhängige Republik **1830** Ausbruch der Julirevolution in Frankreich und Deutschland **1837** Die 18-jährige Viktoria besteigt den Thron von Großbritannien – ihre Regierungszeit dauert 64 Jahre **1844** Aufstand der schlesischen Weber **1848** Das Kommunistische Manifest von Marx und Engels erscheint **1848/49** In zahlreichen europäischen Ländern kommt es zu Revolutionen **1853–1856** Krimkrieg **1861** Das Königreich Italien entsteht **1861–1865** US-amerikanischer Bürgerkrieg **1866** Deutscher Krieg zwischen Preußen und Österreich	Joseph-Michel Montgolfier S. 185 Joseph II. S. 134 Georg Christoph Lichtenberg S. 154 Thomas Jefferson S. 132 Johann G. von Herder S. 113 Graf Alessandro Volta S. 269 Francisco de Goya S. 95 Johann Wolfgang von Goethe S. 92 Wolfgang Amadeus Mozart S. 186 Maximilien de Robespierre S. 227 Horatio Nelson S. 191 Friedrich von Schiller S. 236 Johann Gottlieb Fichte S. 74 Napoleon I. S. 190 Alexander von Humboldt S. 125 Ludwig van Beethoven S. 27 Georg W. F. Hegel S. 108 Friedrich Hölderlin S.121 Novalis S. 196 Caspar David Friedrich S. 82 William Turner S. 262 E. T. A. Hoffmann S. 120 Heinrich von Kleist S. 143 Carl Friedrich Gauß S. 89 Karl Friedrich Schinkel S. 236 Niccolò Paganini S. 202 Simón Bolívar S. 33 Jacob Karl Ludwig Grimm S. 97 Wilhelm Karl Grimm S. 98 Louis Jacques Mandé Daguerre S. 53 Arthur Schopenhauer S. 239 Georg Simon Ohm S. 197 Michael Faraday S. 72 Samuel Finley Morse S. 186	Gioacchino Antonio Rossini S. 229 Franz Schubert S. 240 Heinrich J. C. Heine S. 109 Alexander Sergejewitsch Puschkin S. 217 Honoré de Balzac S. 20 Victor Hugo S. 125 George Stephenson S. 252 Justus Liebig S. 155 Hans Christian Andersen S. 9 Louis Braille S. 35 Abraham Lincoln S. 158 Charles Darwin S. 56 Frédéric Chopin S. 48 Robert Schumann S. 242 Franz Liszt S. 160 Charles Dickens S. 61 Alfred Krupp S. 148 Georg Büchner S. 39 Sören Kierkegaard S. 141 David Livingstone S. 160 Richard Wagner S. 270 Giuseppe Verdi S. 266 Otto Fürst von Bismarck S. 31 Werner von Siemens S. 245 Karl Marx S. 175 Jean B. L. Foucault S. 76 Gottfried Keller S. 140 Viktoria I. S. 268 Friedrich Engels S. 71 Charles Baudelaire S. 22 Gustave Flaubert S. 75 Fjodor M. Dostojewski S. 64 Gregor Johann Mendel S. 177 Heinrich Schliemann S. 237 Louis Pasteur S. 204 Édouard Manet S. 169 Bedrich Smetana S. 246 Henrik Ibsen S. 128 Henry Dunant S. 65 Franz Joseph I. S. 79 Nikolaus August Otto S. 200 Alfred Nobel S. 195 Sitting Bull S. 246	Gottlieb Daimler S. 54 Mark Twain S. 174 Elisabeth von Österreich S. 69 Graf Ferdinand von Zeppelin S. 282 Paul Cézanne S. 46 Peter Iljitsch Tschaikowski S. 261 Émile Zola S. 282 August Bebel S. 24 Auguste Rodin S. 227 Claude Monet S. 183 Pierre Auguste Renoir S. 222 Crazy Horse S. 52 Edvard Grieg S. 97 Robert Koch S. 144 Bertha Freifrau von Suttner S. 257 Friedrich Nietzsche S. 194 Karl Benz S. 29 Ludwig II. S. 162 Wilhelm Konrad Röntgen S. 228 Joseph Pulitzer S. 215 Alexander Graham Bell S. 28 Thomas Alva Edison S. 67 Otto Lilienthal S. 156 Paul Gauguin S. 88 Iwan Pawlow S. 205 Robert L. Stevenson S. 252 Henri Becquerel S. 26 Vincent van Gogh S. 93 Oscar Wilde S. 276 Max Planck S. 211 Sigmund Freud S. 80 George Bernhard Shaw S. 243 Heinrich Hertz S. 113 Emmeline Pankhurst Wilhelm II. S. 277 Theodor Herzl S. 114 Gustav Mahler S. 167 Fridtjof Nansen S. 191 Claude Debussy S. 58 Arthur Schnitzler S. 238 Gerhart Hauptmann S. 105 Auguste Lumière S. 164

EPOCHENÜBERBLICK

Von der deutschen Reichsgründung bis zum Ersten Weltkrieg (1871 bis 1914)

1871 Proklamation des Deutschen Kaiserreichs in Versailles
1877 Großer Samurai-Aufstand in Japan, der sich gegen die Europäisierung des Landes im Zuge der Meiji-Reformen richtet
1881 Beginn des Baus des Panama-Kanals
1882 Robert Koch entdeckt den Tuberkulosebazillus
1885 Kongo-Konferenz läutet den Wettlauf um Afrika ein
1888 Als letztes westliches Land schafft Brasilien die Sklaverei ab
1890 Durch ein Massaker an 200 Sioux-Indianern beenden US-Kavalleristen die Indianerkriege
1894 Dreyfus-Affäre in Frankreich um den jüdischen Artillerie-Hauptmann Alfred Dreyfus, der wegen angeblicher Spionage lebenslänglich verbannt wird – der Fall führt 1898 zur innenpolitischen Krise
1895 Erste öffentliche Filmaufführungen mit dem »Kinematographen« der Brüder Lumière
1899 1. Haager Friedenskonferenz: Vertreter von 26 Staaten einigen sich auf die Kodifizierung des Landkriegsrechts
1900/01 Boxeraufstand gegen das Eindringen der Westmächte nach China
1905 Erste russische Revolution
1911/12 Sturz der chin. Mandschu-Dynastie und Errichtung der Republik China
1912/13 Balkankriege

Henry Ford S. 75
Henry van de Velde S. 266
Rasputin S. 220
Max Weber S. 274
Richard Strauss S. 255
Wassily Kandinsky S. 136
Marie Curie S. 53
Emil Nolde S. 196
Nikolaus II. S. 194
Maxim Gorki S. 94
Mahatma Gandhi S. 86
Henri Matisse S. 176
Frank Lloyd Wright S. 280
Rosa Luxemburg S. 165
Lenin S. 151
Karl Liebknecht S. 156
Marcel Proust S. 214
Orville Wright S. 281
Heinrich Mann S. 169
Lyonel Feininger S. 73
Roald Amundsen S. 9
Earl Bertrand Russell S. 231
Enrico Caruso S. 43
Sergej W. Rachmaninow S. 219
Hugo von Hofmannsthal S. 121
Sir Winston Churchill S. 49
Rainer Maria Rilke S. 226
Thomas Mann S. 170
Carl Gustav Jung S. 135
Albert Schweitzer S. 242
Mata Hari S. 175
Pius XII. S. 210
Konrad Adenauer S. 6
Hermann Hesse S. 114
Alfred Döblin S. 63
Upton Beall Sinclair S. 245
Paul Klee S. 142
Leo Trotzki S. 260
Josef Stalin S. 251
Albert Einstein S. 68
Otto Hahn S. 102
Alfred Wegener S. 275

Robert Musil S. 187
Mustafa Kemal Atatürk S. 16
Béla Bartók S. 21
Pablo Picasso S. 209
James Joyce S. 135
Franklin Delano Roosevelt S. 228
Edward Hopper S. 123
Igor Fjodorowitsch Strawinsky S. 255
Franz Kafka S. 136
Benito Mussolini S. 189
Leo Tolstoi S. 259
Max Beckmann S. 26
Ernst Bloch S. 31
Ludwig Mies van der Rohe S. 180
David Ben Gurion S. 28
Oskar Kokoschka S. 145
Le Corbusier S. 150
Marc Chagall S. 46
T. S. Eliot S. 69
Tschiang Kai-schek S. 261
Adolf Hitler S. 118
Ludwig Wittgenstein S. 278
Martin Heidegger S. 108
Charlie Chaplin S. 47
Dwight David Eisenhower S. 67
Ho Chi Minh S. 119
Charles de Gaulle S. 89
Fritz Lang S. 149
Molotow S. 182
Ernst Lubitsch S. 162
Francisco B. Franco S. 78
Haile Selassie I. S. 102
Walter Gropius S. 98
Walter Ulbricht S. 264
Mao Zedong S. 170
Nikita S. Chruschtschow S. 48
Ludwig Marcuse S. 172
Max Horkheimer S. 124
Carl Orff S. 198
Richard B. Fuller S. 83
George Gershwin S. 91
Bertolt Brecht S. 37

René Magritte S. 167
Golda Meir S. 177
Henry Moore S. 185
Humphrey Bogart S. 32
Ernest Hemingway S. 110
Erich Kästner S. 139
Duke Ellington S. 71
Antoine de Saint-Exupéry S. 233
Louis Armstrong S. 15
Walt Disney S. 63
Werner Heisenberg S. 110
Marlene Dietrich S. 62
Charles Lindbergh S. 158
Karl Popper S. 213
Theodor W. Adorno S. 6
George Orwell S. 199
Konrad Lorenz S. 161
Julius Robert Oppenheimer S. 198
Pablo Neruda S. 192
Salvador Dalí S. 55
Jean-Paul Sartre S. 234
Greta Garbo S. 87
Max Schmeling S. 237
Pu Yi S. 218
Hannah Arendt S. 12
Josephine Baker S. 20
Leonid Iljitsch Breschnew S. 38
Samuel Beckett S. 25
Claus Graf Schenk von Stauffenberg S. 251
Manfred von Ardenne S. 12
Astrid Lindgren S. 159
Katharine Hepburn S. 112
Simone de Beauvoir S. 22
Herbert von Karajan S. 138
Edward Teller S. 257
Francis Bacon S. 19
Konrad Zuse S. 283
Mutter Teresa S. 189
Ronald Reagan S. 221
Wernher von Braun S. 36
Erich Honecker S. 123
Albert Camus S. 42
Willy Brandt S. 36

Erster Weltkrieg und Weimarer Republik

1914–1918 Erster Weltkrieg
1917 Oktoberrevolution in Russland
1919 Versailler Vertrag und Weimarer Verfassung
1920 Der Völkerbund nimmt seine Arbeit auf
1922 »Marsch auf Rom«: Mussolini übernimmt die Macht in Italien
1923 Französische und belgische Truppen besetzen das Ruhrgebiet
1924 Adolf Hitler schreibt in der Festungshaft in Landsberg »Mein Kampf«

Thor Heyerdahl S. 116
Billie Holiday S. 122
Muddy Waters S. 273
John F Kennedy S. 140
Indira Gandhi S. 85
Leonard Bernstein S. 30
Nelson Mandela S. 168
Helmut Schmidt S. 238
Alexander Solschenizyn S. 248
Sir Edmund Hillary S. 117

Eva Maria Perón S. 206
Charlie Parker S. 203
Frederico Fellini S. 74
Helmut Newton S. 193
Johannes Paul II. S. 134
Sophie Scholl S. 239
Joseph Beuys S. 30
Andrej Sacharow S. 232
Peter Ustinov S. 265
Maria Callas S. 41
Roy Lichtenstein S. 155

Rudolf Augstein S. 16
Marcello Mastroianni S. 175
Margaret Thatcher S. 258
Ingeborg Bachmann S. 19
Fidel Castro S. 45
Miles Davis S. 57
Elisabeth II. S. 70
Marilyn Monroe S. 183
Günter Grass S. 96
»Che« Guevara S. 99

EPOCHENÜBERBLICK

(1914 bis 1933)

1928 Stalin ist nach Ausschaltung aller Rivalen Alleinherrscher der UdSSR
1929 »Schwarzer Freitag« an der Wallstreet leitet die Weltwirtschaftskrise ein
1931 Japan besetzt die Mandschurei
1932 Die NSDAP wird stärkste Partei im Reichstag

Nationalsozialismus und Zweiter Weltkrieg (1933 bis 1945)

1933 Hitler wird Reichskanzler: Beginn der nationalsozialistischen Diktatur
1935 »Nürnberger Gesetze« zur Entrechtung und Diskriminierung der Juden
1938 »Anschluss« Österreichs; Münchner Abkommen
1939 Deutscher Angriff auf Polen löst den Zweiten Weltkrieg aus
1941 Deutscher Angriff auf die UdSSR; Kriegseintritt der USA
1942 »Wannsee-Konferenz« trifft Vorbereitungen für Massenmord an Juden
1943 Deutsche Kapitulation in Stalingrad; Goebbels proklamiert den »totalen Krieg«
1944 D-Day: Alliierte landen in der Normandie
1945 Hitler verübt Selbstmord; bedingungslose Kapitulation des Deutschen Reiches; USA werfen Atombomben auf Hiroshima und Nagasaki; Ende des Zweiten Weltkriegs

Die Welt nach 1945

1945 Gründung der UNO
1949 Mit der Gründung der Bundesrepublik und der DDR ist die Teilung Deutschlands vollzogen; Gründung der Volksrepublik China
1950–1953 Koreakrieg
1953 Aufstand des 17. Juni in der DDR
1955 Beitritt der Bundesrepublik zur NATO, der DDR zum Warschauer Pakt
1956 Sowjetische Truppen schlagen Volksaufstand in Ungarn nieder
1961 Bau der Berliner Mauer
1962 Kuba-Krise zwischen den USA und der UdSSR
1968 »Prager Frühling« wird von Truppen des Warschauer Paktes gewaltsam beendet
1975 Ende des Vietnamkriegs
1985 Michail Gorbatschow leitet in der UdSSR Reformen ein
1989 Zusammenbruch der kommunistischen Herrschaft in Osteuropa; Öffnung der Berliner Mauer
1990 Wiedervereinigung Deutschlands
1991 Beginn des jugoslawischen Bürgerkriegs; Ende der Sowjetunion
1993 Durch Maastrichter Vertrag wird die Europäische Union geschaffen
1994 Nelson Mandela wird Staatspräsident Südafrikas
1999 NATO-Luftkrieg gegen Jugoslawien
2001 11. September: Terroranschläge auf World Trade Center und Pentagon
2003 Irak-Krieg beendet Herrschaft von Saddam Hussein
2004 Mit der Aufnahme zehn neuer Mitgliedstaaten vollzieht die Europäische Union ihre bislang größte Erweiterung
2006 Montenegro verlässt die Staatengemeinschaft mit Serbien

Hundertwasser S. 127
Gabriel García Márquez S. 87
Muhammad Hosni Mubarak S. 187
Karlheinz Stockhausen S. 254
Andy Warhol S. 272
Karl Lagerfeld S. 148
Giorgio Armani S. 13
Juri A. Gagarin S. 84
Woody Allen S. 7
Dalai Lama S. 54
Sir Norman R. Foster S. 76
Elvis Presley S. 213
Vaclav Havel S. 105
David Hockney S. 119
Dustin Hoffman S. 120
Saddam Hussein S. 128
Robert Redford S. 221
Kofi Annan S. 10
Georg Baselitz S. 21
John Lennon S. 151
Pelé S. 205
George W. Bush S. 39
Bill Clinton S. 49
Daniel Libeskind S. 154
Paul Auster S. 17
David Bowie S. 34
Salman Rushdie S. 231
Steven Spielberg S. 249
Meryl Streep S. 256
Zaha Hadid S. 101
Mark Spitz S. 250
Sting S. 254
Orhan Pamuk S. 202
Wladimir Putin S. 218
Jim Jarmusch S. 131
Bill Gates S. 88
Michael Jackson S. 130
Madonna S. 166
Bono S. 33
Carl Lewis S. 153
Joanne K. Rowling S. 230
Boris Becker S. 25
Steffi Graf S. 95
Michael Schumacher S. 241
Lance Armstrong S. 14
Haile Gebrselassie S. 90
Robbie Williams S. 278
Tiger Woods S. 280
Birgit Prinz S. 214
Dirk Nowitski S. 197

Jasir Arafat S. 11
Frank Owen Gehry S. 90
Audrey Hepburn S. 111
Martin Luther King S. 142
Neil Armstrong S. 15
Sean Connery S. 50
Helmut Kohl S. 144
Niki de Saint Phalle S. 233
Bob Dylan S. 66
Wolfgang Petersen S. 207
Muammar al Gaddafi S. 83
Stephen Hawking S. 106
Jimi Hendrix S. 111
John Irving S. 129
Paul McCartney S. 176
Muhammad Ali S. 188
Robert de Niro S. 60
Catherine Deneuve S. 60
Mick Jagger S. 130
Lech Walesa S. 271
Reinhold Messner S. 179
Gerhard Schröder S. 240
Franz Beckenbauer S. 24

Michail S. Gorbatschow S. 91
Boris Jelzin S. 132
Glenn Herbert Gould S. 94
Gerhard Richter S. 224
John Hoyer Ubdike S. 264
Rainer Werner Fassbinder S. 73
Eddy Merckx S. 179
Wim Wenders S. 275

Abbildungsnachweis

aisa, Barcelona (14); akg-images, Berlin (178) – Forman (1) - Lessing (17) – Stauss (2); Associated Press GmbH, Frankfurt – Sancetta (2); CDU-Bundesgeschäftsstelle (1); Corbis-Bettmann, New York (52) – AFP (7) – Reuters (8) – Springer (4) – UPI (62); Document Vortragsring e.V., München – Blasy (1); dpa Picture-Alliance GmbH, Frankfurt (1) – Abaca (2) – ASA (1) – Beck (1) – Boesl (1) – Breloer (2) – Dabrowski (1) – Deck (1) – Düren (2) – epa (1) – Hubmann (2) - Nietfeld (1) – Ossinger (2) – Pflaum (1) – Sefr (2) – Unger (1) – Weißbrod (2) – Wöstmann (1); footage Thomas Höfler, Hüsingen (2); fotolia.com – Setz (2) – Vernizzi (2); IFA-Bilderteam GmbH,Ottobrunn – Aberham (1); Ingram Publishing Ltd. (9); Interfoto, München (11) – Alinari (1) – Bridgeman (1) – Nowosti (1); Library of Congress U.S. News and World Report Coll. (1); Mauritius, Mittenwald (2) – SuperStock (6); shutterstock.com – Vladimir Pomortzeff (1); Sipa Press, Paris (5) – Chesnot (1) – Duran (1) – Fraser (1) – Ginies (1) - Graeme-Baker (1) – Knowles (1) – Maas (1) – Selders (2) – Setboun (1) – Sichov (1) – Soulou (1) – Tschaen (2); Sony BMG (1) – EPE (2); The Yorck Project, Berlin (1); ThyssenKrupp AG (1); TopFoto, Kent (29) – AAAC (2) – Alinari (4) – Ann Ronan Picture Library Courtesy Nobel Foundation/HIP (4) - Ann Ronan PictureLibrary/HIP (7) – Arena Images (1) – ArenaPAL (1) – Feltz (2) – Fernandes/TIW (2) - Frazier/TIW (1) – Graff/TIW (1) - Gubb/TIW (1) – Hedgecoe (3) – HIP (5) – Jewish Chronicle Ltd./HIP (3) - National News (1) – Novosti (1) – Oxford Science Archive (2) – PAL (6) – Polleross/TIW (1) – PressNet (1) - RHR (1) – Roger-Viollet (42) – Sweet/TIW (2) – TIW (2) – UPP (12) - Walker (2) – Will Rose (2); Warner Music Group – Steven Klein (1); Wissen Media Verlag GmbH, Gütersloh (64).

Abbildungen auf dem Cover:
akg-images, Berlin: Marilyn Monroe; Corbis-Bettmann, New York: Gandhi/UPI, Marie Curie, Dali; dpa Picture-Alliance GmbH, Frankfurt: Stephen Hawking, Orhan Pamuk; footage Thomas Höfler, Hüsingen: Cäsar; Wissen Media Verlag GmbH, Gütersloh: Rosa Luxemburg